# BURGENFÜHRER SCHWÄBISCHE ALB
## Band 4 · Alb Mitte-Nord

Bereits erschienen:

**Band 1 · Nordost-Alb**
Wandern und entdecken zwischen
Aalen und Aichelberg

**Band 2 · Alb Mitte-Süd**
Wandern und entdecken zwischen
Ulm und Sigmaringen

**Band 3 · Donautal**
Wandern und entdecken zwischen
Sigmaringen und Tuttlingen

Weitere Bände in Vorbereitung:
**BURGENFÜHRER SCHWÄBISCHE ALB**

**Band 5 · Westalb**
Wandern und entdecken zwischen
Reutlingen und Spaichingen

**Band 6 · Ostalb**
Wandern und entdecken zwischen
Ulm, Aalen und Donauwörth

**Verlag Biberacher Verlagsdruckerei**

GÜNTER SCHMITT

# Burgenführer Schwäbische Alb

BAND 4 · ALB MITTE-NORD

*Wandern und entdecken
zwischen Aichelberg und Reutlingen*

Biberacher Verlagsdruckerei

CIP-Titelaufnahme der Deutschen Bibliothek

> *Schmitt, Günter*:
> Burgenführer Schwäbische Alb / Günter Schmitt. –
> Biberach: Biberacher Verl.-Dr.
> NE: HST
>
> Bd. 4. Alb Mitte-Nord: wandern und entdecken
> zwischen Aichelberg und Reutlingen. – 1. Aufl. – 1991
> ISBN 3-924489-58-0

Günter Schmitt · Burgenführer Schwäbische Alb
Band 4 · Alb Mitte-Nord

© 1991 by Biberacher Verlagsdruckerei GmbH & Co.
D-7950 Biberach – Herstellung und Verlag

Fotografie: G. Schmitt (S. 129 C. Bizer)
Luftaufnahmen (8) F. J. Mock
Zeichnungen und Lagepläne: G. Schmitt
Buchgestaltung: Georg Janke
Lithos: R + P Reprogesellschaft mbH, Neu-Ulm
Satz und Druck:
Biberacher Verlagsdruckerei GmbH & Co., Biberach
Bindearbeiten:
Großbuchbinderei Moser GmbH & Co. KG, Weingarten
Alle Rechte der Vervielfältigung und Verbreitung
einschließlich Film, Funk und Fernsehen sowie der Fotokopie und des auszugsweisen Nachdrucks vorbehalten.
Printed in West-Germany
Erste Auflage · ISBN 3-924489-58-0

# Inhalt

| | |
|---|---|
| Vorwort | 7 |
| Turmberg (Aichelberg) | 9 |
| Gruibingen (Dürrenberg) und Mühlhausen | 15 |
| Drackenstein | 21 |
| Wiesensteig | 27 |
| Reußenstein | 35 |
| Heimenstein | 47 |
| Neidlingen | 53 |
| Merkenberg (Erkenberg) und Windeck | 61 |
| Lichtenstein (Neidlingen) | 69 |
| Lichteneck | 75 |
| Randeck | 81 |
| Limburg | 85 |
| Hahnenkamm | 91 |
| Teck | 95 |
| Obere und Untere Diepoldsburg (Rauber) | 109 |
| Sulzburg | 119 |
| Oberlenningen | 129 |
| Wielandstein | 137 |
| Hofen | 153 |
| Hohengutenberg und Wuelstein | 157 |
| Sperberseck | 163 |
| Neuffen | 169 |
| Hohenneuffen | 177 |
| Urach (Wasserburg, Schloß und ehem. Burg Pfälen) | 197 |
| Hohenurach | 209 |
| Schorren (Venedigerloch) | 225 |
| Hohenwittlingen | 229 |
| Baldeck | 237 |
| Blankenhorn | 243 |
| Seeburg | 247 |
| Littstein und Uhenfels | 253 |
| Fischburg | 259 |
| Reichenau und Hohloch | 263 |
| Münsingen mit Gomadingen und Steingebronn | 267 |
| Achalm | 275 |
| Pfullingen (Obere Burg, Schloß und Schlößle) | 287 |
| Hochbiedeck | 297 |
| Ober- und Untergreifenstein | 301 |
| Stahleck | 311 |
| Lichtenstein | 315 |
| Alter Lichtenstein | 333 |
| Meidelstetten | 337 |
| Hohengenkingen | 341 |
| Genkingen Burgstall und Steinhaus | 347 |
| Stöffeln (Stöffelberg) | 351 |
| Alte Burg (Alt-Stöffeln) | 359 |

| | |
|---|---:|
| Bergfried Grundrisse | 363 |
| Schema einer mittelalterlichen Burg | 364 |
| Schema einer bastionierten Burg | 366 |
| Worterklärungen · Begriffsbestimmungen | 368 |
| Burgentypologie und Erhaltungszustand | 371 |
| Alphabetisches Burgenverzeichnis | 374 |
| Historische Burgenkarte (Klappseite) | 376 |

# Vorwort

Die Nordseite der Schwäbischen Alb als 400 m über dem Vorland aufragender geologischer Sperriegel gleicht einer Festung mit Bastionen und Wällen. Den Besucher überrascht bei näherer Betrachtung die Vielgliedrigkeit mit dicht bewaldeten Einzelbergen und felsengekrönten Höhenzügen. Der mittlere Bereich dieses nördlichen Albtraufes zwischen Aichelberg und Reutlingen ist der bekannteste Teil der Schwäbischen Alb. Schon das dichte Netz von Wanderwegen weist auf eine frühe Erschließung.
Im Mittelalter zog es den Adel auf die exponierten Höhenlagen. So entstanden bereits im 11. Jahrhundert zahlreiche Burgen an der nördlichen Traufkante, auf vorgelagerten Zeugenbergen, auf erkalteten Vulkankegeln und an den Rändern der tief eingeschnittenen Täler.
Die romantische Lage solcher Anlagen und der Traum vom idealisierten Rittertum hat im letzten Jahrhundert zum Ausbau von Ruinen geführt. Eines der schönsten Beispiele in Deutschland ist Lichtenstein. Von Wilhelm Hauff romantisch erdacht und von Graf Wilhelm von Württemberg erbaut.
Mit Romantik hatten die Ritterburgen des Mittelalters jedoch nichts zu tun. Da gab es keine mit Damast bespannten Wände, keine gepolsterten Möbel und intarsienbelegten Truhen. Die Räume waren zugig und kalt. Verglasungen in Fenstern gehörten nicht zum Standard und oft war nur eine einzige Heizmöglichkeit die Wärmequelle der Burg.
Die Herzöge von Zähringen und die Grafen von Urach waren mit die ersten, deren Burgen zu überregionaler Bedeutung gelangten. Berthold I. „mit dem Bart" von Zähringen, eine der einflußreichsten Persönlichkeiten, erbaute die Limburg bei Weilheim. Egino I. und Rudolf, Grafen von Urach, gründeten Hohenurach und Achalm bei Reutlingen. Es folgten zahlreiche andere Burgen im nahen Umkreis.
Die Teck entstand als zähringische Folgeanlage. Ein Kranz von Satellitenburgen beweist die territoriale Bedeutung dieser Burg. Den östlichen Bereich beherrschten die Grafen von Aichelberg mit Merkenberg, Windeck und Turmberg. Hohenneuffen wurde Sitz bekannter staufischer Anhänger. Ihr Niedergang vollzog sich nach der verlorengegangenen Schlacht im Ermstal. Aus der Familie von Neuffen stammte der bedeutende Minnesänger Gottfried von Neuffen.
Am Rande der territorial entscheidenden Burgengründungen entstanden unter aufstrebenden Adelsfamilien ganze Gruppierungen von Anlagen auf engstem Raum. Die Herren von Neidlingen besaßen gleich zwei Ortsburgen; deren Söhne schufen sich neue Wohnsitze auf Heimenstein, Lichteneck, Randeck und Sulzburg. Weitere Burgenhäufungen entstanden durch die Genkinger und die Greifensteiner im Echaztal. Die Wielandsteiner Burgen bei Lenningen zählten zu den bemerkenswertesten Gruppierungen.
Am Ende der Burgenherrlichkeit erhoben die Grafen von Württemberg Urach zur Residenz. Ein herrschaftliches

Schloß entstand. Die Stadtschlösser von Pfullingen und Münsingen wurden württembergische Amtssitze und Wiesensteig gräfliche Residenz der Helfensteiner.
Die fortschreitende Modernisierung des Geschützwesens zwang zu wesentlichen baulichen Änderungen. Die Burg als Wohn- und Wehrbau war überholt. Hohenurach, Teck, Hohenneuffen und Achalm erhielten Festungscharakter. Der Hohenneuffen, über Jahrhunderte gefürchtet, gehaßt, geachtet und bewundert, wurde als eine der größten und bedeutendsten Festungen schließlich im 30jährigen Krieg nach langer Belagerung uneingenommen an den Feind übergeben. Zwar haben alle diese Burgen und Schlösser ihre damalige Funktion und Bedeutung verloren, doch ist der Reiz dieser romantischen Bauten erhalten geblieben.
Dieser vierte Band des Burgenführers Schwäbische Alb beginnt dort, wo Band 1 im Westen und Band 2 im Norden endet. Er beschreibt 60 Burgen, Schlösser, Ruinen und Burgstellen flächendeckend im Bereich der Uracher und Reutlinger Alb zwischen Aichelberg, Münsingen und Gönningen.

## Dank und Widmung

Für die bereitwillige und großzügige Unterstützung zu diesem Band danke ich Herrn Konservator Erhard Schmidt vom Landesamt für Denkmalpflege in Tübingen, Herrn Stefan Uhl, den Eignern und Pächtern der beschriebenen Anlagen, insbesondere Herrn Axel Vetter auf Hohenneuffen, den Stadtverwaltungen von Neuffen, Wiesensteig und Pfullingen sowie der Schloßverwaltung von Lichtenstein.
Für die uneingeschränkte kollegiale Unterstützung danke ich den Freien Architekten Rudolf Brändle in Münsingen und Walter Aldinger in Wendlingen. Besonderer Dank gilt Herrn Christoph Bizer für die Durchsicht der Pläne und Manuskripte zu den Wielandsteiner Burgen, Herrn Christoph Stauß für ergänzende Hinweise zu Grundrissen und die eigens zu diesem Buch gefertigten Rekonstruktionszeichnungen, Herrn Harry Seitz für Hinweise zur Geschichte und Plankorrekturen sowie Herrn Dieter Graf für die zur Verfügung gestellten Modellfotos der Burg Reußenstein.
Für die redaktionellen, organisatorischen und technischen Dinge in bewährter Weise danke ich meiner Sekretärin Eleonore Moll und der Biberacher Verlagsdruckerei mit ihren Mitarbeitern.
Widmen möchte ich auch diesen Band meiner Frau und meinen vier Töchtern als Dank für aufgebrachte Geduld und Verständnis während der jahrelangen Vorbereitungszeit für die Buchreihe des Burgenführers Schwäbische Alb.

Günter Schmitt

# Turmberg (Aichelberg)

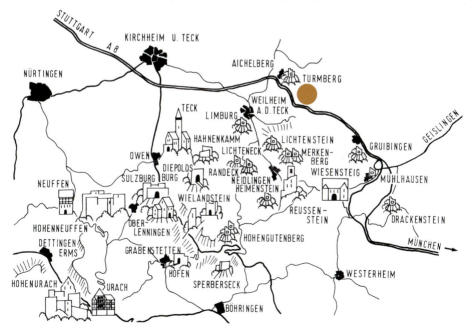

## Turmberg (Aichelberg)

Lage　Zwischen den imposanten Bergen Teck und Hohenstaufen bestimmt der aus dem Albtrauf herausragende Turmberg den Albaufstieg der Autobahn (A8) Stuttgart–München. Nördlich vorgelagert liegt der etwas niedrigere Aichelberg (siehe Burgenführer Band 1).
Die Ortschaft Aichelberg am Fuße des Berges ist direkt über die Autobahnausfahrt Aichelberg/Weilheim oder über Weilheim an der Teck oder Bad Boll erreichbar.
In Aichelberg führt vom Parkplatz des Höhenrestaurants „Waldeck" der bezeichnete Wanderweg „Aichelberg Burg" (AV Dreiblock) am Graben der Burg Aichelberg entlang in Richtung Boßler. Bei der ersten Weggabelung führt rechts ein unbezeichneter Weg in Kehren zum Berggipfel des Turmberges.
Restaurant „Waldeck" – 0,9 km Turmberg.

*Wandervorschlag:*
Vom Restaurant „Waldeck" zum Turmberg wie beschrieben. Über den Kamm auf der Südseite bis zum AV-Wanderweg absteigen. Auf diesem weiter, bezeichnet (zuerst AV Dreiblock, dann AV Dreieck), zum lohnenden Aussichtspunkt Boßler.
Aichelberg – 0,9 km Turmberg – 3,7 km Boßler.

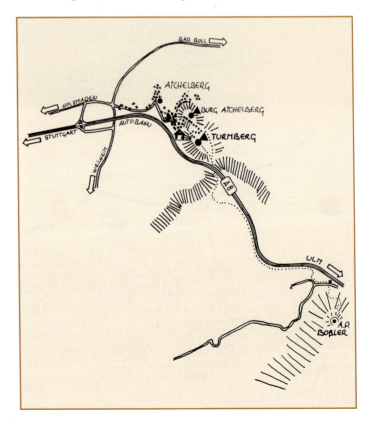

## Turmberg (Aichelberg)

| | |
|---|---|
| Gemeinde | Aichelberg, Landkreis Göppingen |
| Meereshöhe | Turmberg 608 m, Aichelberg Burg 564 m, Aichelberg Ortschaft 410–500 m, Boßler 794 m |
| Besichtigung | Frei zugänglich |
| Einkehrmöglichkeiten | Höhenrestaurant „Waldeck", weitere Gaststätten in Aichelberg |
| Wanderheim | Naturfreundehaus „Boßlerhaus" |
| Campingplatz | Schwabenalb-Ranch Aichelberg |
| Geschichte | Die ausgedehnte Burganlage auf dem Turmberg ist als Teil der Burg Aichelberg zu verstehen. Sie entstand entweder durch Erweiterung zur Sicherung der Nordflanke der Stammburg oder sie wurde als typische Höhenburg kurz vor Bekanntwerden der Aichelberger gegründet. Zur Geschichte der Grafen von Aichelberg siehe Merkenberg und Aichelberg (Burgenführer Band 1). |

**Bis 1193/94** Nachweis einer freiadligen Familie „von Aichelberg".
**Um 1200** Entstehung der Burg.
**Um 1210–1220** Diepold (I.) von Körsch-Aichelberg.
**Um 1240** Gründung der Burg Merkenberg durch die Grafen von Aichelberg.
**1334** Verkauf der Burg Aichelberg an Graf Ulrich von Württemberg. Die Burg auf dem Turmberg ist vermutlich bereits zerfallen.
**1718** Die Herzogliche Rentkammer verkauft „den sogenannten Thurnberg oder den Burgstadel zu Aichelberg ob dem Dorfe gelegen" mit Zubehör um 365 fl. an fünf Bürger von Aichelberg.

| | |
|---|---|
| Anlage | Der Turmberg ist ein 6 bis 23 m schmaler und 230 m langer Höhenrücken. Seine Hänge fallen nach allen Seiten fast gleichmäßig steil ab. An den Enden liegen verschiedene mittelalterliche Burgreste (1 + 2). |
| Nordanlage | Die Nordanlage (1) bestand aus einem viereckigen Turm (18) mit ca. 8 bis 10 m Seitenlänge. Dieser Turm diente als Verbindungsglied der unterhalb liegenden Burg Aichelberg und der Südanlage (2). Schutt (17) und geringe Reste Kernmauerwerk lassen die Außenkanten noch schwach erkennen. Ein Graben (4) begrenzt die kleine Anlage. Er ist zum Bergkamm tief eingeschnitten und zur Südwest- und Nordwestseite flach mit Wall (16) versehen. |

# Turmberg (Aichelberg)

Grundriß Gesamtanlage

1 Nordanlage Turmberg
2 Südanlage
3 Abgegrenzter Vorbereich
4 Graben Nordanlage
5 Wall
6 Grabenauswurf
7 Vorgelagerter Südgraben
8 Zwinger
9 Möglicher Zugang
10 Grabenartige Einschitte
11 Von Aichelberg
12 Höhenrücken
13 Frontgraben Südanlage
14 Abschnittsgraben 1
15 Abschnittsgraben 2
16 Wallrest
17 Mauerschutt

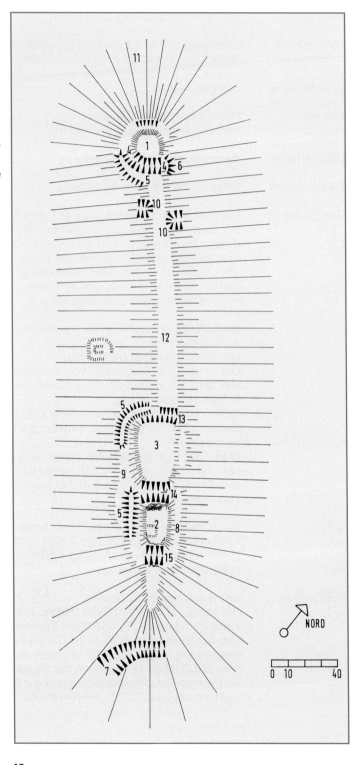

# Turmberg (Aichelberg)

Grundriß Nordanlage

4 Graben
5 Wall
6 Grabenauswurf
11 Von Aichelberg
12 Angrenzender Höhenrücken
16 Wallrest
17 Mauerschutt
18 Möglicher Mauerverlauf Turm

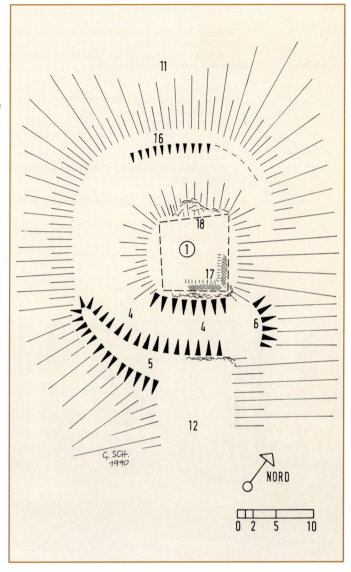

Südanlage

Am Südende weisen mehrere Grabenabschnitte auf eine größere, durchaus selbständig wirkende Anlage. Sie gliedert sich in einen abgegrenzten Vorbereich (3) (11 bis 23 m breit, 33 m lang) und einen Kernbereich (2) (8 bis 9 m breit, 23 m lang). Beide Abschnitte trennt ein 6 m tiefer Graben (14). Er mündet, durch Grabenauswurf erweitert, in eine umfassende, mit Wall und Graben versehene Zwingeranlage (8) (Reste). Nach Westen breit angelegt, streicht er zur Nordseite aus. Im Gelände findet man zahlreiche Reste von Ziegeln, Sandstein- und Schieferplatten.

# Turmberg (Aichelberg)

| | |
|---|---|
| Besitzer | Land Baden-Württemberg |
| Pläne | Lageplan bei „Die Burgen der Grafen von Aichelberg", Stauferland NWZ, Dezember 1958<br>Grundriß von K. A. Koch, in: „Die Kunst- und Altertumsdenkmale in Württemberg", Donaukreis 1924 |
| Literaturhinweise | – Beck, Hans-Otto<br>Die Burgen der Grafen von Aichelberg, in: „Stauferland", Beilage der NWZ, Dezember 1958<br>– Christ, Dr. Hans und Klaiber, Prof. Dr. Hans<br>Die Kunst- und Altertumsdenkmale in Württemberg, Donaukreis, 1924<br>– Maurer, Hans-Martin<br>Die Grafen von Aichelberg, in: „Heimatbuch Weilheim a. d. Teck", Band 3, 1969<br>– Moser<br>Beschreibung des Oberamts Kirchheim, 1842<br>– Zürn, Hartwig<br>Die vor- und frühgeschichtlichen Geländedenkmale und die mittelalterlichen Burgstellen der Kreise Göppingen und Ulm, 1961 |

*Nordanlage Turmberg mit Graben*

# Gruibingen (Dürrenberg) und Mühlhausen

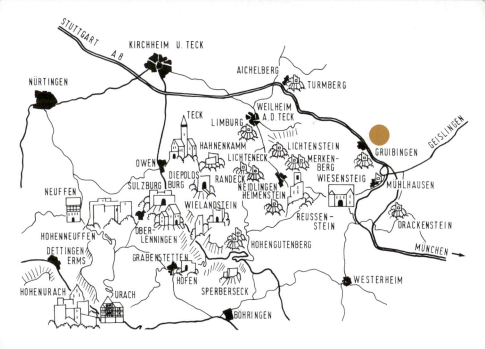

## Gruibingen (Dürrenberg) und Mühlhausen

Lage

Die Autobahn (A8) Stuttgart–München quert nach dem Aichelberger Albaufstieg das Filstal bei Mühlhausen. Kurz vor der Einmündung ins Filstal liegt die Ortschaft Gruibingen mit der Burgstelle Dürrenberg.
Die Burgstelle befindet sich südlich am äußersten Ende des Dürrenberges; sie markiert die Einmündung eines Trockentales in das Hohlbachtal. Optisch endet der Berg über dem Neubaugebiet von Mühlhausen.
Bei der ersten Straßenkreuzung nach der Autobahnausfahrt Mühlhausen/Wiesensteig in Richtung Gruibingen. Bei der nächstmöglichen Abzweigung links ins Neubaugebiet. Nördlich zum Waldrand des Dürrenberges auf unmarkiertem Weg ansteigen. Bei der Bank rechts in den Wald und auf verwachsenem Trampelpfad den Bergkamm bis zur Burgstelle aufsteigen.
Neubaugebiet – 0,4 km Burgstelle.

*Wandervorschlag:*
Von Mühlhausen bis zur Burgstelle wie beschrieben. Über die Gräben den Dürrenberg nordwestlich aufwärts bis zum Waldrand. Diesem links bis zum Wanderweg (AV Raute) folgen und, bezeichnet, bis zum Aussichtspunkt Rechberg. Ein kurzes Stück zurück und bei der Waldhütte den zweiten Forstweg nach Mühlhausen zum Baugebiet absteigen.

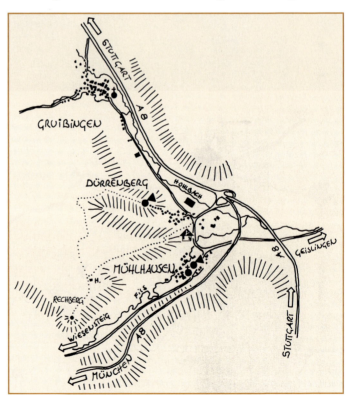

# Gruibingen (Dürrenberg) und Mühlhausen

Mühlhausen – 0,4 km Burgstelle – 2,2 km AP Rechberg – 2,3 km Mühlhausen.

| | |
|---|---|
| Gemeinden | Gruibingen und Mühlhausen, Landkreis Göppingen |
| Meereshöhe | Burg 652 m, Hohlbachtal 535 m |
| Besichtigung | Frei zugänglich |
| Einkehrmöglichkeit | Hotel-Restaurant „Höhenblick" und Gasthäuser in Mühlhausen |
| Campingplatz | Camping „Winkelbachtal", Gruibingen |
| Weitere Sehenswürdigkeit | Evangelische Pfarrkirche Gruibingen mit Wandmalereien aus dem 14./15. Jahrhundert. |
| Geschichte Dürrenberg | Die Burg auf dem Dürrenberg ist mit größter Wahrscheinlichkeit der Sitz der freiadligen Ortsherren von Gruibingen. Optisch irritiert die heutige Zuordnung des Dürrenberges zu Mühlhausen. Der historische Ortskern von Mühlhausen liegt jedoch um die Bergecke im Filstal und ist von der ehemaligen Burg nicht einsehbar. |

*Hauptgraben und Burgstelle der ehemaligen Kernburg*

# Gruibingen (Dürrenberg) und Mühlhausen

**1237** Erste urkundliche Erwähnung der Freiadligen von Gruibingen.
**1241** Berthold von Gruibingen Zeuge in einer Urkunde.
**1267** Ritter Rugger und Hug von Gruibingen urkundlich erwähnt.
**1279** Graf Ulrich von Helfenstein verleiht den Brüdern Hug, Berthold und Rugger von Gruibingen einen Hof in Heiningen.
**1391** Die Herren von Gruibingen als Truchsessen der Grafen von Spitzenberg-Helfenstein nachgewiesen. Der Stammsitz auf dem Dürrenberg ist vermutlich bereits dem Zerfall überlassen.
**1559** Eberhard von Gruibingen Burgvogt in Kirchheim.

1 Kernburg
2 Reste Wohnturm/Palas
3 Schürfgrube Kernmauerwerk
4 Zwinger
5 Wall
6 Hauptgraben
7 3. Abschnittsgraben
8 2. Abschnittsgraben
9 1. Abschnittsgraben
10 Grabenerweiterung
11 Verebnete Fläche
12 Vorburg
13 Vorburg
14 Grabenerweiterung
15 Reste Steinwall
16 Ehemaliger Zugang
17 Hochfläche
18 Grenzstein
19 Talseite
20 Hof

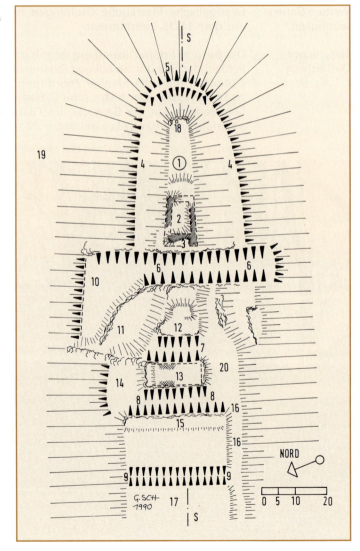

# Gruibingen (Dürrenberg) und Mühlhausen

**Anlage Dürrenberg**

Die Burgstelle auf dem Dürrenberg am südlichsten Ende der Gemarkung Gruibingen liegt in typischer Spornlage. Durch ihre beachtliche Länge von 120 m zählt sie zu den umfangreichsten Anlagen der Umgebung. Sie gliedert sich, durch Gräben getrennt, in mehrere Bereiche.

**Vorbereich**

**Vorburg**

Der 1. Abschnittsgraben (9) begrenzt einen ca. 15 x 30 m großen Vorbereich. Hinter dem 4 m tiefen 2. Abschnittsgraben (8) befand sich die eigentliche Vorburg (10–13), die sich, durch einen weiteren Graben, in weitere Bereiche aufteilte. Der dahinterliegende bis 8 m tiefe Hauptgraben (6) erweitert sich etwa 20 m unterhalb nach Nordosten zu einer künstlich angeschütteten, befestigten Terrasse (10).

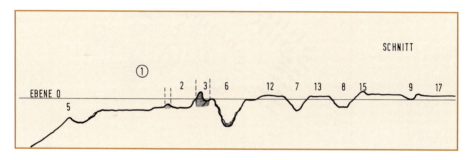

**Kernburg**

Die Kernburg (1) befand sich am Ende des Sporns. Reste von freigelegtem und angeschürftem Kernmauerwerk (3) deuten auf eine ca. 3,4 m starke Schildmauer hin. Im Anschluß lassen sich die Umrisse des Palas oder Wohnturms (2) auf trapezförmigem Grundriß erkennen (Breite 8 und 10 m, Länge 11 m). Ein 2 m breiter Zwinger (4) an den Bergflanken mündet zum Bergende in einen flachen Graben mit Wall (5).

Die nördlich des Dürrenberges als „Burgstall" bezeichnete Erhebung dürfte auf den Begriff „vor dem Burgstall" zurückgehen.

**Geschichte Mühlhausen**

Der Ortsadel von Mühlhausen wird im 12. Jahrhundert durch Perhtolfus de Mulhusen nachweisbar. Laut Oberamtsbeschreibung ist der Abbruch der Anlage im 18. Jahrhundert erfolgt.

**Anlage Mühlhausen**

Auf einer Karte von 1753 wird innerhalb der Ortslage von Mühlhausen ein ummauerter Turm dargestellt. Reste dieser Anlage befinden sich im nördlich angrenzenden Bereich des Friedhofes (7).

Ein verflachter Burghügel (1) wird von einem flachen, 7 m breiten Graben (2) und einem 3 m hohen Wall (3) umgeben. Gesamtaußenmaß: 80 x 80 m. Etwa die Hälfte der Anlage ist im freien Wiesengrundstück noch erhalten, ein Großteil durch Neubaumaßnahmen überbaut.

# Gruibingen (Dürrenberg) und Mühlhausen

1 Burghügel
2 Graben
3 Wall
4 Walldurchschnitt
5 Verebneter Wall
6 Verebneter Außenwall
7 Friedhof

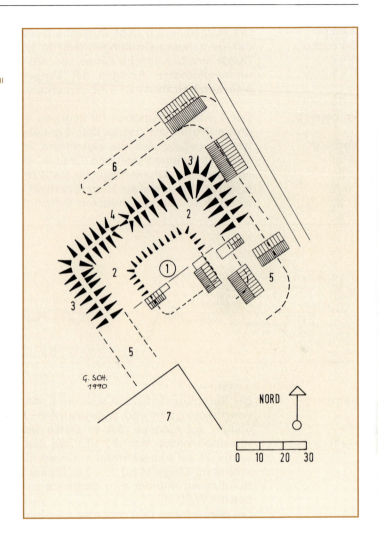

| | |
|---|---|
| Besitzer | Dürrenberg: Gemeinden Gruibingen und Mühlhausen<br>Mühlhausen: privat |
| Plan | Lageplan bei Zürn, Hartwig, siehe Literaturhinweise |
| Literaturhinweise | – Fischer, Isidor<br>Festschrift zum 100jährigen Jubiläum des Reform-Realprogymnasiums und der Realschule Geislingen, 1929<br>– Frieß, Walter<br>Geschichte Gruibingens, in: „Gruibinger Heimatbuch", 1986<br>– Jente, Rolf; Rueß, Karl-Heinz; Thierer, Paul<br>Aus den Städten und Gemeinden, in: „Der Kreis Göppingen", 1985<br>– Moser<br>Beschreibung des Oberamts Göppingen, 1844<br>– Stälin, Prof.<br>Beschreibung des Oberamts Geislingen, 1842<br>– Zürn, Hartwig<br>Die vor- und frühgeschichtlichen Geländedenkmale und die mittelalterlichen Burgstellen der Kreise Göppingen und Ulm, 1961 |

# Drackenstein

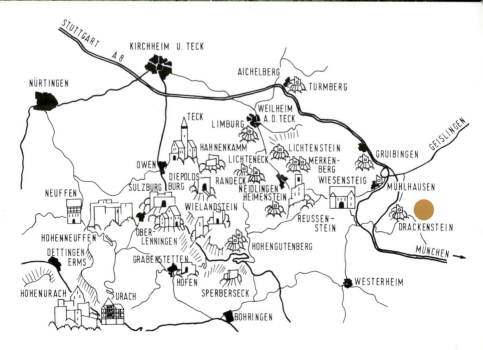

# Drackenstein

Lage

Im Bereich der Nordalb überwindet die Autobahn (A 8) München–Stuttgart zwei Höhenstufen. Die erste Stufe befindet sich kurz vor dem Filstal am Drackensteiner Hang, nahe der Ortsteile Ober- und Unterdrackenstein. Bei Unterdrackenstein liegt die Burgstelle Drackenstein.
Verschiedene Wege führen zur Ortschaft Unterdrackenstein: über die Autobahnausfahrt Mühlhausen/Wiesensteig, über Gosbach im Filstal oder von Hohenstadt oder Merklingen, beschildert, bis zur Ortschaft. Auf der gegenüberliegenden Seite des Kirchenparkplatzes beginnt hinter dem Gasthaus „Hirsch" ein unbezeichneter, schmaler Fußweg, der zunächst an privaten Grundstücken vorbei, nach rechts am Talhang aufwärts und schließlich nach links zur Burgstelle führt.
Parkplatz Kirche – 0,5 km Burgstelle.

*Wandervorschlag:*
Ausgangspunkt ist der Parkplatz an der Autobahn kurz vor Eintritt in den Drackensteiner Hang. Vom Parkplatz durch das „Impferloch" bis zur Straße Gosbach–Drackenstein absteigen. Nach Unterdrackenstein und weiter wie beschrieben zur Burgstelle.
Auf dem Rückweg an der ersten Weggabelung geradeaus zurück zum Ausgangspunkt.
Parkplatz – 1,2 km Unterdrackenstein – 0,5 km Burgstelle – 1,3 km Parkplatz.

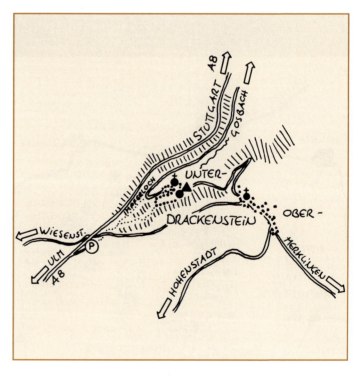

# Drackenstein

| | |
|---|---|
| Gemeinde | Drackenstein, Landkreis Göppingen |
| Meereshöhe | Burg 658 m, Unterdrackenstein 623 m, Gosbachtal 580 m, Oberdrackenstein 729 m |
| Besichtigung | Frei zugänglich |
| Einkehrmöglichkeit | Gasthaus „Hirsch", Unterdrackenstein |
| Campingplatz | Camping Hohenstadt |
| Weitere Sehenswürdigkeiten | Pfarrkirche mit Grabmälern der Herren von Westerstetten, 14. bis 16. Jahrhundert, Totenlochhöhle (Mariengrotte), Drackensteinviadukt in Unterdrackenstein. |
| Geschichte | Der Ort Drackenstein (Drachenstein) wird bereits 1137 und 1207 als „Steine" erwähnt. Die Entstehung der Burg am Talhang ist ebenso unbekannt wie die zur Burg gehörige Adelsfamilie. Im Einflußbereich der Grafen von Helfenstein gehört Drackenstein im frühen 14. Jahrhundert den Herren von Westernach bei Öhringen. |

*Mauerrest der nordwestlichen Ecke mit Tuffquader*

# Drackenstein

**1343** Burg Drackenstein Sitz einer Linie der Herren von Westerstetten.
**1395** Fritz von Westerstetten verkauft seinen Anteil an Lichteneck dem Merklin (III.) von Lichteneck.
**1445** Ursula von Westerstetten zu Drackenstein gestorben.
**1483** Familie von Westerstetten erwirbt Güter in Hohenstadt.
**1584** Tod des Hans von Westerstetten zu Drackenstein (Epitaph in der Pfarrkirche).

*Epitaph der Ursula von Westerstetten in der Pfarrkirche*

# Drackenstein

**1589** Eitel Fritz von Westerstetten verkauft Schloß und Gut Drackenstein mit beiden Ortschaften an den Freiherrn Kaspar Bernhard von Rechberg-Donzdorf.
**Ende 1589** Verkauf an den Grafen Rudolf von Helfenstein.
**1627** Verkauf an Bayern und Fürstenberg.
**1679** Abbruch des baufälligen Schlosses.
**1937** Einplanierung des Schloßgeländes zur Errichtung eines Sportplatzes.

1 Kernanlage
2 Halsgraben
3 Zugeschütteter Halsgraben
4 Grabenerweiterung
5 Grabenauswurf
6 Vorgraben
7 Reste Umfassungsmauer
8 Talseite
9 Fußweg von Unterdrackenstein
10 Zwinger

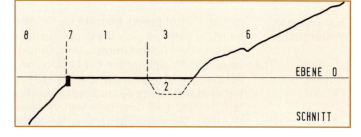

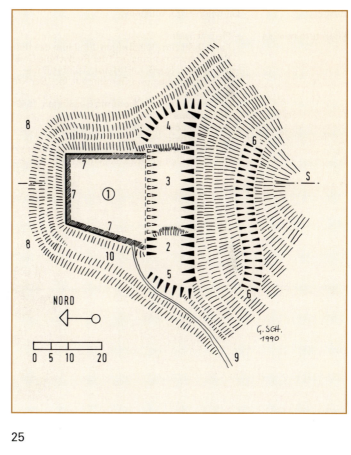

# Drackenstein

**Anlage**

Auf einer steilen, nach Norden vorkragenden Bergnase befindet sich in Talhanglage die kleine Burgstelle. Zur Südseite durchschneidet ein flacher Vorgraben (6) und ein 4 m tiefer Halsgraben (3) die Kammkante. Der Halsgraben wurde 1937 zur Anlegung des Sportplatzes weitgehendst zugeschüttet. An der westlichen Flanke des Halsgrabens sind das Grabenprofil (2) und an beiden Enden die Grabenauswürfe (4 + 5) ersichtlich.

Die Kernanlage (1) besaß einen trapezförmigen Grundriß mit 28 m an der Basis und 23, 20 und 22 m Seitenlängen. Von der Umfassungsmauer (7) sind im Sockelbereich sieben Schichten von Tuffquaderverblendung (H = 2 m) erhalten.

**Grablege der Westerstetter**

In der Katholischen Pfarrkirche St. Michael in Unterdrakkenstein befindet sich die Grablege der Herren von Westerstetten, der Schloßherren von Drackenstein. Beachtenswert sind die Epitaphien der Ursula von Westerstetten, eine Arbeit des Augsburger Steinmetzmeisters Ulrich Wolfhartshauser (siehe Abbildung), des Ulrich von Westerstetten († 1486) und des Hans von Westerstetten († 1584), ein Werk des Ulmer Bildhauers Hans Schaller.

**Besitzer**

Gemeinde Drackenstein

**Literaturhinweise**

– Fischer, Isidor
  Festschrift zum 100jährigen Jubiläum des Reform-Realprogymnasiums und der Realschule Geislingen, 1929
– Jente, Rolf; Rueß, Karl-Heinz; Thierer, Paul
  Aus den Städten und Gemeinden, in: „Der Kreis Göppingen", 1985
– Stälin, Prof.
  Beschreibung des Oberamts Geislingen, 1842
– Wais, Julius
  Albführer, Band 1, 1962
– Zürn, Hartwig
  Die vor- und frühgeschichtlichen Geländemerkmale und die mittelalterlichen Burgstellen der Kreise Göppingen und Ulm, 1961

# Wiesensteig

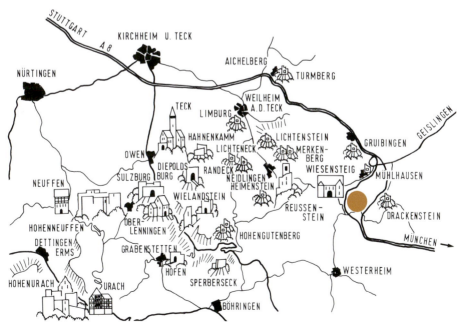

# Wiesensteig

| | |
|---|---|
| Lage | Von Geislingen an der Steige erstreckt sich nach Westen das obere Filstal. Wenige Kilometer nach der Autobahnquerung (Stuttgart–München) entspringt die Fils. Hier liegt das von steilen Talhängen begrenzte, mittelalterlich anmutende Städtchen Wiesensteig. An seinem östlichen Ende befindet sich an der Straße nach Mühlhausen das ehemalige Helfensteinische Stadtschloß.<br>Von der Autobahn (A 8) Stuttgart–München über die Ausfahrt Mühlhausen, beschildert, nach Wiesensteig. Weitere Möglichkeit: von Weilheim an der Teck, von Westerheim oder von der B 465 über Schopfloch. Wiesensteig liegt an der ausgeschilderten „Schwäbischen Albstraße". |
| Gemeinde | Wiesensteig, Landkreis Göppingen |
| Meereshöhe | Schloß ca. 590 m |
| Besichtigung | Schloß: bei öffentlichen Veranstaltungen zugänglich, jährliche „Veranstaltungsreihe im Residenzschloß", Programm bei der Stadtverwaltung. Schloßhof frei zugänglich. |

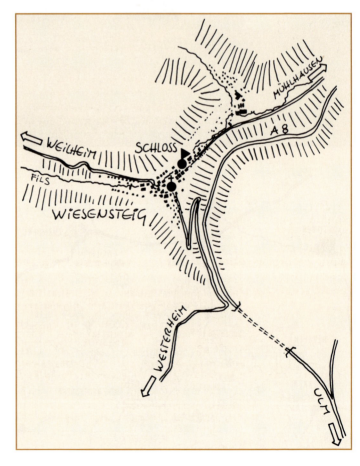

# Wiesensteig

| | |
|---|---|
| Weitere Sehenswürdigkeit | Stiftskirche St. Cyriakus |

| | |
|---|---|
| Inschrift zur Grundsteinlegung des neuen Schlosses am 17. März 1551 | „O Gott, ein Schöpfer aller Ding, <br> In Deinem Namen ich anfing. <br> Zu bauen ein neues Haus, <br> Da man zalte nach Ordnung auß: <br> Fünfzehnhundert funfzig ain, <br> Leget man den ersten Stain, <br> Uf den sibzehenten Martij, <br> Im Zeichen des Löwen wagts ich, <br> Ulrich Grave zu Helffenstain, <br> Der Bau kostet mich nicht ain klain, <br> Freiherr zu Gundelfingen, <br> von newem aufzubringen. <br> Darum so hat es sich gelengt, <br> Im fünfundfünzigsten Jar geendt. <br> O Gott laß Dirs bevolhen sein, <br> Behiets nach dem Willen Dein." |

| | |
|---|---|
| Der gnadenlose Hexenverbrenner Graf Ulrich XVII. von Helfenstein | Graf Ulrich XVII. nutzt zwischen 1562 und 1566 den vom Kaiser verliehenen Blutbann rücksichtslos zur Verbrennung von 70 Frauen als Hexen. Das Städtchen Wiesensteig zählt in diesen Jahren 800 Einwohner. Jede dritte Familie ist somit betroffen. <br> Die Reichsstadt Esslingen stellt 1562 beim Obervogt des Grafen eine Anfrage, worauf dieser am 7. August antwortet: „Graf Ulrich zu Helfenstein habe eine Untersuchung angeordnet, zwei Hexen seien hingerichtet, vier sollten morgen brennen und fünf stünden in Untersuchung." 1563 erscheint die Flugschrift: „Wahrhafftige und erschreckliche Thatten und Handlungen der 63 Hexen und Unholden so zu Wisenstaig mit dem Brandt gericht worden seindt." |

| | |
|---|---|
| Dr. Johannes Bauhin, Leibarzt des Herzogs Friedrich I. von Württemberg <br> Bericht über Schloß Wiesensteig, 1596 | „Der Graf hat ein herrlich Haus daselbsten, der auch einen großen und herrlichen Lustgarten allda in diesem Jahr angerichtet, dardurch das Wasser, die Fültz, mitten durchläuft und viel guter Fohren (Forellen) hat. Auch hat er einen Röhrbrunnen und großen Wether oder Fischteich drinnen. Und ist ein wunderbarlicher Brunn im selben Garten daraus an dreien Orten das Wasser in die Höhe über sich herausspritzet und darnach eine kleine Fischgruben macht. Mitten in der größten Quelle ist ein Loch dardurch große Fohren hin und wider schwimmen. Und ist allernächst darbei eine andere Fischgrube, so sich von dem abfließenden Wasser ergeußt, in der die Fohren mit Lebern erhalten werden, die man ihnen in der Woche dreimal zu essen gibt. Das Wasser ist so kalt und frisch, daß die Karpfen nicht lang darinnen bleiben können. <br> Oberhalb der stadt hats auch einen großen Fischweiher, den das Wasser, die Fültz, machet, und halten sich die wilden Enten darauf." |

# Wiesensteig

**Geschichte**

Vom 12. bis ins 15. Jahrhundert läßt sich ein helfensteinisches Dienstmannengeschlecht in Wiesensteig nachweisen. Als Standort ihrer Burg und des ersten Schlosses wird die heutige Gaststätte „Forsthof" angenommen. Nach dem wirtschaftlichen Niedergang der Helfensteiner und der zwangsläufigen Veräußerung des Großteils ihres Eigentums wird Wiesensteig zum Hauptort des Restbesitzes.

**1396** Die Grafen von Helfenstein überlassen die Stadt Geislingen und 27 Dörfer der Reichsstadt Ulm.

**1516** Herzog Ulrich von Württemberg läßt die Hiltenburg (siehe Band 1) niederbrennen. Die gräfliche Familie von Helfenstein zieht nach Wiesensteig.

**29. Dezember 1550** Graf Ulrich XVII. von Helfenstein erteilt dem Maurermeister Peter Biller aus Kirchheim/Teck den Auftrag zum Bau des neuen Schlosses. Als Fertigstellungstermin wird der 25. Juli 1551 vereinbart.

**17. März 1551** Graf Ulrich XVII. legt den Grundstein zum Bau des neuen Schlosses. Der vorgesehene Fertigstellungstermin wird nicht eingehalten. Ein neuer Termin wird zum 16. Oktober 1551 vereinbart.

**Oktober 1551** Das fast fertiggestellte Schloßgebäude stürzt teilweise ein. Graf Ulrich klagt vor dem Stadtgericht von Kirchheim gegen Maurermeister Peter Biller.

**12. November 1551** Vier unabhängige Meister werden bestellt, um ein bauliches Gutachten abzugeben.

**1552** Endgültiger Aufbau des Schlosses.

**1556** Hochzeitsfeier der Barbara von Helfenstein mit Graf Alwig von Sulz. 117 Personen mit Gefolge und 247 Pferden nehmen an diesem festlichen Ereignis teil.

**1562–1566** Graf Ulrich XVII. läßt über 70 Frauen als Hexen verbrennen.

**1595** Weihe der Schloßkapelle.

**1596** Graf Rudolf V. von Helfenstein erteilt den Auftrag zur Herstellung eines Lustgartens nach italienischem Vorbild.

**1595–1604** Umbau des Schlosses.

**1621/22** Graf Rudolf VI. läßt in großen Mengen Münzen prägen. Sie werden wegen ihrer Minderwertigkeit in der Folgezeit überall verboten.

**1627** Graf Rudolf VI., letzter der Helfensteiner, stirbt im Wiesensteiger Schloß.

**1642** Die Erbtöchter Maria Johanna und Isabella Eleonora verkaufen ihren Anteil an Kurfürst Maximilian von Bayern. Das restliche Drittel geht durch Heirat der Francisca Carolina an das Haus Fürstenberg.

**1647** Plünderung von Stadt und Schloß durch bayrische und königsmarkische Truppenteile.

**1648** Die Schweden setzen Wiesenteig in Brand. Verschont bleiben Schloß und neun Häuser.

**1752** Maximilian von Bayern erwirbt das restliche Drittel von Fürstenberg.

**1806–1810** Das Schloß wird Sitz des neuen Oberamts Wiesensteig.

# Wiesensteig

*Ausschnitt aus einer Stadtansicht um 1550 (Hauptstaatsarchiv Stuttgart, N 201 Nr. 3)*

**1812** Nach Auflösung des Oberamts Verkauf des Schlosses mit Schloßgarten durch die württembergische Finanzverwaltung an den Apotheker Josef Bauer, Hirschwirt Josef Schweizer und an den Seifensieder Anton Maier um 11 100 fl. Es folgt der Abbruch von drei Schloßflügeln. Der Südflügel dient als Fruchtkasten. Die Schloßgräben werden verebnet.
**1859** Das Schloß, inzwischen in Besitz der Stadt Wiesensteig, wird zum Verkauf ausgeschrieben.
**1860** Erwerb durch den Oberamtsarzt Dr. Karl Baur, Bernhard Aierle und Carl Rheinweiler um 4650 fl. Dr. Karl Baur erwirbt kurz darauf von seinen Mitkäufern das ganze Schloß.
**1881** Kauf des Schlosses um 10 000 Mark durch die Stadt Wiesensteig.
**1888** Einrichtung einer Poststelle im Erdgeschoß.
**1927** Das Schloß dient ausschließlich Wohnzwecken.
**1983–1986** Instandsetzungs- und Renovierungsarbeiten, Anbau eines Erschließungstraktes, Umnutzung zum Städtischen Bürgerhaus mit Veranstaltungssälen.

*Die Linie der Grafen von Helfenstein zu Wiesensteig*

| | |
|---|---|
| Ulrich XVII.<br>* 1524<br>† 1570 | Sohn des Grafen Ulrich XVI., Bauherr des Schlosses.<br>Gemahlin: Katharina von Montfort<br>Kinder: Rudolf V., Magdalena |

# Wiesensteig

Rudolf V.
* 1560
† 1601

Sohn des Ulrich XVII., Landhofmeister am herzoglich-bayrischen Hof in München. Er läßt das Schloß ausbauen.
Gemahlin: Katharina von Montfort
Kind: Rudolf VI.

Rudolf VI.
† 1627

Sohn des Rudolf V., letzter der Grafen von Helfenstein, Freiherr zu Gundelfingen, Herr zu Gomegnies, Wildenstein, Meßkirch und Wiesensteig; Rat und Kammerer der römisch-kaiserlichen Majestät; kurfürstlicher Durchlaucht in Bayern.
Gemahlinnen:
1. Anna Maria von Staufen
2. Anna Konstantia von Fürstenberg
Kinder: Heinrich († 1626), Maria Johanna (Landgräfin zu Leuchtenberg), Isabella Eleonora (Gräfin zu Oettingen), Francisca Carolina (Gräfin zu Fürstenberg)

Rekonstruktion
von Erdgeschoß
und 1. Obergeschoß
nach Plänen von 1758

 1 Marstall
 2 Torgewölbe
 3 Torwart
 4 Zimmer (Kammer oder Stube)
 5 Gang
 6 Tafelstube
 7 Kapelle
 8 Brotkeller
 9 Milchkeller
10 Fleischkeller
11 Holzkeller
12 Hirschkeller
13 Hofküche
14 Durchfahrt
15 Saal
16 Registratur
17 Kanzlei
18 Archiv
19 Garderobe
20 Schneiderei
21 Erhaltener Schloßflügel

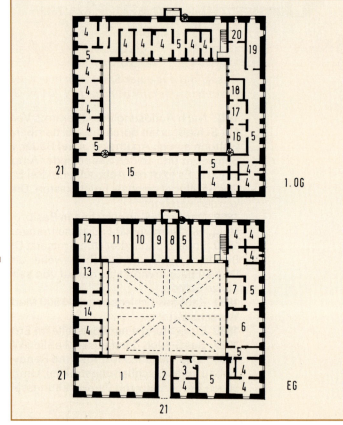

Anlage

Das Schloß im
16. Jahrhundert

Das Schloß des 16. Jahrhunderts wurde als dreigeschossige Vierflügelanlage erstellt. Die Giebel besaßen zuerst sichtbares Fachwerk. Bei der Modernisierung veränderte sich das Äußere zu einem standesgemäßen Renaissance-

# Wiesensteig

schloß. Prachtvolle Sgraffitomalerei überzog die Fassaden. Gesimse und Voluten zierten die Giebel.

Im Erdgeschoß waren Marstall, Vorratsräume, Küche und die Schloßkapelle untergebracht. Das Kreuzigungsbild des flämischen Malers Martin van Valckenborch aus der Kapelle schmückt heute den Hochaltar der Wiesensteiger Stiftskirche. In den beiden Obergeschossen befanden sich ein kleiner und großer Saal sowie Verwaltungs-, Wohn- und Schlafräume. Zum Schloß gehörten außerdem ein Kutschen- und Viehhaus, Scheuer, Waschhaus und ein Springbrunnen.

**Heutige Schloßanlage**

Von der Vierflügelanlage ist der Südflügel erhalten geblieben. Zur neuen Nutzung erhielt er im Zuge der Renovierungs- und Instandsetzungsarbeiten hofseitig einen in Anpassungsarchitektur gehaltenen Anbau (3) und einen runden Treppenturm (4).

1 Schloßhof
2 Südostflügel
3 Anbau 1983–1986
4 Treppenturm
5 Neuer Eingang
6 Torgewölbe
7 Kreuzgewölbesaal ehem. Marstall
8 Küche
9 WC-Anlagen
10 Foyer und Treppenhaus im Anbau
11 Aufenthaltsraum
12 Technikraum
13 Residenzsaal
14 Bühne
15 Unter der Empore

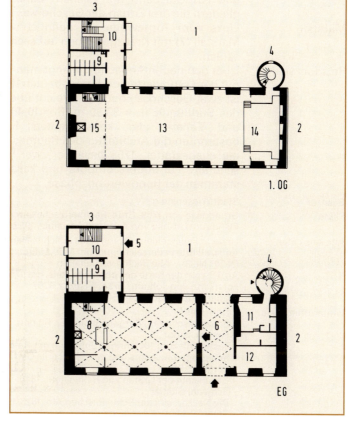

**Sgraffito- malerei**

Beim Abschlagen des Putzes konnte auf der unteren Putzschicht „Sgraffitomalerei" festgestellt werden; eine an Renaissancebauten in Oberitalien verwendete, besonders haltbare Art der Wandmalerei. Die Wände wurden

# Wiesensteig

|  |  |
|---|---|
| | zunächst mit einem Grundputz überzogen. Darüber folgte ein dünner Deckputz, in den mit Kratzeisen in feuchtem Zustand die Zeichnung eingeritzt wurde. Der Befund konnte dokumentiert und auf den neuen Putzaufbau übertragen werden; ein beachtliches Beispiel für Sgraffito-Technik in Süddeutschland. |
| Straßenseite | Die Straßenfassade ist vollständig mit Quaderung überzogen. Ein Mäanderfries begrenzt den oberen Bereich zum Gesims, das äußere Schloßportal des Torgewölbes (6) ziert das Allianzwappen des Grafen Rudolf VI. und seiner Gemahlin Anna Maria von Staufen mit der Jahreszahl 1600. Ein weiteres Allianzwappen von Rudolf VI. und seiner zweiten Gemahlin Anna Konstantia von Fürstenberg befindet sich am Rathaus. Es entstammt der Tordurchfahrt (14) des abgebrochenen Westflügels. |
| Gartenseite | Besonders schmuckvoll zeigt sich die Gartenseite. Mäanderbänder, kannelierte Pilaster mit korinthischen Kapitellen und ein Gurtband mit reichem Rankenwerk und Vasen gliedern die drei Zonen der Geschosse. |
| Marstall | Links vom Torgewölbe (6) befindet sich der ehemalige Marstall (7) mit Kreuzgewölben auf sechs stattlichen Rundsäulen. |
| Residenzsaal | Über den neuen Anbau (3) gelangt man ins 1. Obergeschoß mit dem renovierten und umgebauten Residenzsaal (13). Er ist zwei Geschosse hoch und reicht über die Gesamtlänge des Südflügels (L = 33,90 m, B = 10,40 m). Ochsenaugen und Fenster der konsequenten Fassadengliederung bestimmen die Architektur des Raumes. Vermutlich war er nie ausgestattet. 1755 besaß er zwei Bühnen als Fruchtschütten. Fußboden, Empore und kassettierte Decke entstammen der Renovierungsphase. |
| Besitzer | Stadt Wiesensteig |
| Pläne | Grundrisse von 1758, Gräfl. Rechberg'sches Archiv<br>Pläne zum Umbau von Architekt Anschütz, 1982 |
| Alte Ansichten | Lavierte Federzeichnung von Hans Joachim Hennenberger, 1630/1640<br>Aquarellierte Federzeichnung, um 1550, Hauptstaatsarchiv Stuttgart (N 201 Nr. 3) – Alle Rechte vorbehalten<br>Ansicht auf der Karte des oberen Filstals, um 1750<br>Forstkarte von Johann Lorenz Schrotz, 1757<br>Merian-Kupferstich von 1643 |
| Literaturhinweise | – Dörr, Gerd<br>   Schwäbische Alb, Burgen, Schlösser, Ruinen, HB-Bildatlas, 1988<br>– Fischer, Isidor<br>   Festschrift zum 100jährigen Jubiläum des Reform-Realprogymnasiums und der Realschule Geislingen, 1929<br>– Kerler, H. F.<br>   Geschichte der Grafen von Helfenstein, 1840<br>– Schwab, Gustav<br>   Die Neckarseite der Schwäbischen Alb, 1823/1960<br>– Stälin, Prof.<br>   Beschreibung des Oberamts Geislingen, 1842<br>– Wais, Julius<br>   Albführer, Östlicher Teil, Band 1, 1962<br>– Ziegler, Walter<br>   Schlösser der Renaissance und des Barock, in: „Göppingen", 1985<br>   Wiesensteig – Stadt und Schloß, 1986 |

# Reußenstein

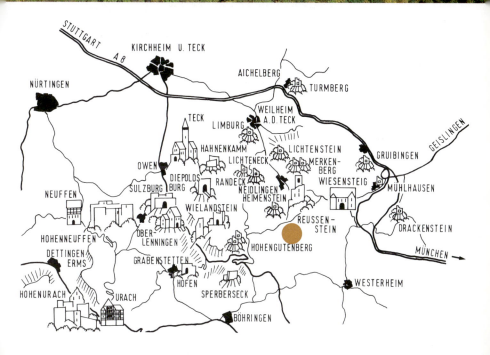

## Reußenstein

Lage    Reußenstein gehört zu den bedeutendsten Burgruinen der Schwäbischen Alb. Sie liegt am felsigen Rand des beginnenden Lindachtales südlich von Neidlingen. Gleichzeitig ist sie die einzige der zahlreichen Burgen dieses Tales, von der noch beachtliche Reste erhalten sind.
Von der B 465 zwischen Gutenberg und Donnstetten über Schopfloch in Richtung Wiesensteig zum Parkplatz hinter der Ruine.
Weitere Möglichkeiten: von Weilheim über Neidlingen in Richtung Wiesensteig oder vom Filstal über Wiesensteig in Richtung Weilheim bis zur beschilderten Abzweigung Reußentein.
Parkplatz – 0,5 km Ruine.

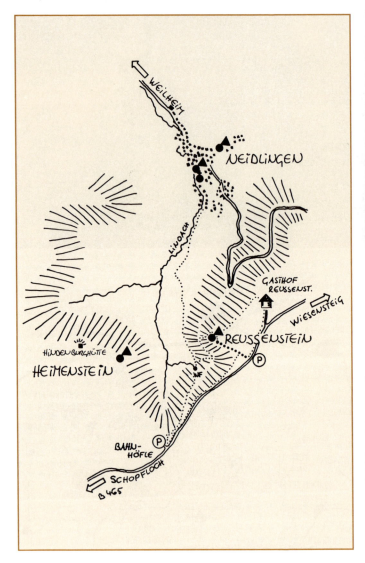

# Reußenstein

*Wandervorschlag:*
Vom Parkplatz „Bahnhöfle" führt, bezeichnet, ein Wanderweg in Richtung Neidlingen zum Neidlinger Wasserfall. Nach rechts zur Ruine aufsteigen und am Trauf entlang zum Gasthof „Reußenstein". Weiter zur Straße und auf bezeichnetem Wanderweg (AV Dreieck) zurück zum Parkplatz „Bahnhöfle".
Bahnhöfle – 1,7 km Reußenstein – 0,8 km Gasthof „Reußenstein" – 2,1 km Parkplatz „Bahnhöfle".
Erlebnisreicher ist der Aufstieg von Neidlingen zur Ruine. Ausgangspunkt ist das südliche Ortsende von Neidlingen (Kirchstraße). Der Lindach entlang, erreicht man beim Neidlinger Wasserfall den oben genannten Wanderweg, der zur Burgruine führt.
Neidlingen – 2,7 km Reußenstein.
Weiterer Wandervorschlag siehe Heimenstein.

| | |
|---|---|
| Gemeinde | Neidlingen, Landkreis Esslingen |
| Meereshöhe | Burg 760 m, Lindachtal 490 m |
| Besichtigung | Frei zugänglich |
| Einkehrmöglichkeit | Gasthof „Reußenstein" |

**Der Bau des Reußensteins**
Von Gustav Schwab

Droben von dem Berge hoch
Schaut herab das Felsenloch.
Drinn aus seiner langen Nacht
Ist der Riese Heim erwacht.

Streckt das zott'ge Haupt hervor,
Luget durch sein schwarzes Tor.
Ihm gefällt das tiefe Tal,
Der gewölbte Riesensaal.

Und er sehnt sich nach dem Licht,
Weilt in seinem Steine nicht,
Bald mit einem Schritt er stand
Auf der andern Felsenwand.

Wie am Berg der Donner grollt,
So sein Wort zu Tale rollt:
„Zwerglein, menschliches Geschlecht,
Diene mir beim Bau als Knecht!"

Wimmelnd kommen sie heran,
Maurer, Steinmetz, Zimmermann,
Bauen all auf sein Geheiß
In des Angesichtes Schweiß.

Fertig steht der Riesenstein,
Wurzelt in dem Felsen ein,
Wölbt den Saal zur Lust und Ruh,
Streckt den Turm dem Himmel zu.

# Reußenstein

An dem höchsten Fensterloch
Fehlt ein einz'ger Nagel noch.
Und der Schlosser zagend spricht:
„Da hinaus gelang ich nicht!"

Schad ist's doch um das Gebäu,
Denn es steht so frank und frei.
Wenn der Wandrer es beschaut,
Spricht: „Es ist nicht ausgebaut!"

Doch der Ries', im Augenblick,
Nimmt den Knecht bei dem Genick,
Streckt zum Fenster den hinaus,
Daß es allen ist ein Graus.

„Hämmre, meine Hand ist fest,
Daß sie dich nicht sinken läßt!
Schlag den Nagel in den Stein,
Zwischen Erd und Himmel ein!"

Draußen hängt er so mit Schreck.
Doch er wagt's und hämmert keck,
Nieder läßt der Heim ihn sacht:
„Zwerg, du hast es wohl gemacht!"

Schreitet aus dem hohen Saal
Mächtig über Berg und Tal,
Langt aus seiner Höhle Tor
Einen goldnen Schatz hervor.

Auf dem hellen Heimenstein
Nehmen sie den Baulohn ein.
Maurer, Steinmetz, Zimmerknecht,
Jedem widerfährt sein Recht.

Doch zum Schlosser spricht er: „Sohn,
Nimm du hin den reichsten Lohn,
Halt dich an den Boden fest.
Hämmre gut dein Zwergennest!"

**Geschichte** — Sagenumwoben wird die Gründung der Burg überliefert. Es ist schwierig, den tatsächlichen Erbauer oder dessen Familie festzustellen. Im 13. und 14. Jahrhundert wechseln die Namen: „Ruzze", „vom Stain". Dies ist keine Ausnahme, denn bereits im 11. Jahrhundert, und auch noch später, wird „Stein" (Stain) zu einem typischen Burgennamen-Bildungsmittel. So erkennt man auch Ritter „vom Stain" als Bewohner. Der Beiname „Ruzze", Russe bedeutet „der Russe" und ist auf einen Ritter zurückzuführen, der aus Rußland stammt oder dort gewesen ist.
Die spätere Bedeutung der Burg wird durch nachgewiesene Frondienste bezeugt. So waren die „Untertanen" von Gruibingen und Auendorf verpflichtet, Brennholz für die Burg zu schlagen und anzuliefern; die von Wiesensteig, Westerheim, Mühlhausen, Gosbach und Gruibingen mußten für die landwirtschaftlichen Erzeugnisse aufkommen.

# Reußenstein

*Modellrekonstruktion des Reußenstein von Dieter Graf*

**13. Jahrhundert, vermutlich um 1270** Erbauung der Burg.
**1284–1289** Urkundlicher Nachweis eines Ritters Cunradus Dictus Russe, Ministeriale der Herzöge von Teck, Ahnherr der späteren Familie Reuß von Reußenstein.
**1297** Herr Conrat der Rüsz.
**1301–1304** Diethoh von Stein, Ministeriale der Herzöge von Teck, in Besitz des Reußensteins. Seit 1283 mit dem Zunamen „von Kirchheim" bezeugt.
**1304–1340** Johann von Stein (Stain), Sohn des Diethoh, Vogt auf der Burg Teck.
**1340** Johann, ohne Erben, verkauft die Burg um 800 fl. an seine Vettern, die Ritter Konrad und Heinrich Reuß von Kirchheim.
**1347** Neutralitätsverpflichtung gegenüber Württemberg. Hans und Konrad Reuß, Söhne des Konrad, Eigentümer. Hans erwirbt Burg Filseck und verlegt seinen Wohnsitz nach dort.

## Reußenstein

**1371** Konrad Reuß, Chorherr und Bruder des Hans, verkauft die Burg an Konrad von Randeck. Erstmalige Bezeichnung als „Reußenstein". Die Familie behält den Namen „Reuß von Reußenstein" bis zu ihrem Aussterben 1603.
**1383** Verpfändung an Peter von Leimberg. Die Grafschaft Württemberg sichert sich das Vorkaufsrecht.
**1387** Kunz von Randeck, Edelknecht, versetzt Reußenstein seinem Onkel Hans von Lichtenstein, Ortsherr von Neidlingen, sowie seinen Söhnen Hans und Räfelin um 2240 fl.
**1388** Einnahme der Burg im Krieg des Städtebundes gegen Württemberg durch die Ritter Burkhardt von Mannsberg und Werner von Neuhausen. Anschließende Rückeroberung durch Graf Eberhard den Greiner von Württemberg. Gegen die Forderung des Eigentümers Hans von Lichtenstein behält der Graf die Burg für sich.
**1394** Rückgabe an Hans von Lichtenstein unter der Bedingung des Öffnungsrechtes.
**1419** Hans von Lichtenstein, ohne Nachkommen, übergibt den Besitz an seine Schwäger Schwarz-Fritz von Sachsenheim und Heinrich von Mannsberg.
**1428** Verkauf an Hans von Wernau.
**1438** Verkauf an Dietrich Speth von Ehestetten um 890 fl., späterer Haushofmeister der Grafen von Württemberg.
**1441** Graf Johann von Helfenstein, Domdekan in Straßburg, Domherr in Augsburg und Päpstlicher Protonotar, erwirbt die Burg Reußenstein um 1900 fl.
**Um 1454** Während der Fehde zwischen Graf Johann von Helfenstein und Graf Ulrich von Württemberg, Einnahme der Burg.
**1455** Rückgabe der besetzten Burg an Graf Johann. Dieser übergibt den Besitz seinem Bruder, dem Grafen Friedrich von Helfenstein zur Verwaltung. Nach dem Tod des Grafen Johann wird Friedrich Eigentümer. Vereinigung der Herrschaft Reußenstein mit der Herrschaft Wiesensteig.
**1476** Im Zusammenhang mit dem wirtschaftlichen Niedergang der Helfensteiner (siehe Band 1, Helfenstein und Hiltenburg) stellt sich Friedrich mit der Burg Reußenstein in den Dienst der Reichsstadt Ulm. Friedrich verpflichtet sich, im Bedarfsfall an Ulmer Kriegszügen mit elf Berittenen teilzunehmen. Als Gegenleistung erhält er vier bis sechs Söldner, im Belagerungsfalle zwanzig Büchsen- und Armbrustschützen sowie für seine Leistung den Jahressold von 600 Gulden.
**1480** Jörg von Riexingen, Burgvogt auf Reußenstein.
**1483** Friedrich stirbt, sein Sohn Graf Ludwig von Helfenstein, übernimmt die Verwaltung.
**1491** Hans von Hedingen, genannt Volkwin, Burgvogt.
**1492** Klaus von Frankfurt, Burgvogt.
**1493** Ludwig von Helfenstein stirbt. Die Vormünder der unmündigen Söhne Ulrich, Ludwig und Ludwig Helferich übernehmen die Verwaltung.
**1506** Ulm verlängert das Dienstverhältnis um zehn Jahre.

## Reußenstein

**1512** Graf Ulrich von Helfenstein verpfändet Reußenstein, Wiesensteig und die Hiltenburg an seinen Bruder Ludwig Helferich.
**1525** Graf Ludwig Helferich wird als württembergischer Obervogt von Weinsberg von den aufständischen Bauern durch die Spieße gejagt.
**Um 1550** Burg Reußenstein nicht mehr bewohnt.
**1569** Der württembergische Obervogt von Kirchheim berichtet vom beginnenden Zerfall der Burg.
**1627** Tod des letzten Grafen von Helfenstein.
**1642** Reußenstein zu zwei Dritteln in Besitz der Kurfürsten von Bayern und zu einem Drittel der Fürsten von Fürstenberg.
**1752** Eigentum der Bayrischen Hofkammer.
**1806** Württembergische Staatsdomäne.
**1835** Der König von Württemberg schenkt die Ruine seinem Adjutanten, dem Oberst von Fleischmann. Dieser verpflichtet sich, die Ruine zu erhalten und zugänglich zu machen.
**1862** Erwerb durch die Königlich-Württembergische Hofdomänekammer.
**1918** Übergang an die Herzogliche Rentkammer.
**1933** Die Hofkammer des Hauses Württemberg wird Eigentümer.
**1964** Übernahme durch den Landkreis Nürtingen und nach der Gebietsreform durch den Landkreis Esslingen.
**1965/66** Bestandssicherungsmaßnahmen durch den Landkreis Nürtingen.

*Luftaufnahme der Gesamtanlage mit Hauptburg, Vorburg und Unterburg*

# Reußenstein

1 Bergfried
2 Palas
3 Burgkapelle
4 Eingang, Palas
5 Brücke
6 Felstor
7 Balkenlöcher
8 Terrasse, ehem. Vorbau
9 Brüstungsmauer
10 Untere Terrasse, ehem. Vorbau
11 Felsenkanzel, Aussichtspunkt
12 Vorhof
13 Haupttor
14 Anbau
15 Halsgraben
16 Zugang Unterburg
17 Entlastungsbogen
18 Rundbogenfester im 1. und 2. Obergeschoß
19 Oberer Burghof
20 Palasküche
21 Unterburg
22 Tor der Unterburg
23 Nördlicher Wehrturm
24 Westturm
25 Zisterne
26 Gebäude
27 Gewölbekeller
28 Vorburg
29 Wall
30 Graben
31 Vorwall
32 Hochfläche
33 Vom Reußensteinhof
34 Von Neidlingen
35 Vom Parkplatz
36 Felsen

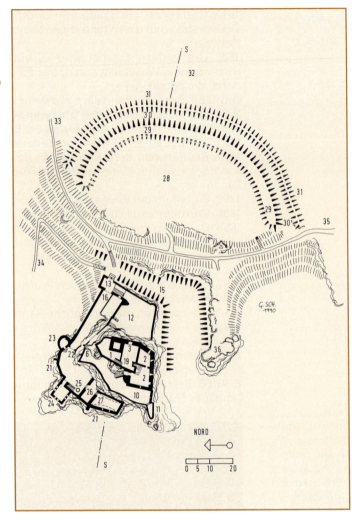

Anlage

Reußenstein vermittelt als Ruine anschaulich eine mittelalterliche Burg des 13./14. Jahrhunderts, ein unübersehbares Symbol adligen Selbstbewußtseins und die noch am besten erhaltenste Ministerialenburg der Herrschaft Teck. Durch ihre exponierte Lage auf unzugänglichem Fels mit prächtigem Weitblick ist sie außerdem die reizvollste der Umgebung.

Reußenstein gliedert sich in drei Bauabschnitte:
Die Hauptburg oder Oberburg auf der Felsspitze durch einen tiefen Halsgraben (15) von der Hochfläche getrennt, die Vorburg (28) mit Wall und Graben und die Unterburg (21) am Steilhang der westlichen und nördlichen Felspartie. Ihre Entstehung ist im wesentlichen auf zwei Bauperioden zurückzuführen:

# Reußenstein

I. Als spätstaufische Gründung um 1240 bis 1280. Bergfried und Palas mit schildmauerartiger, hoher Frontmauer. Sämtliche Wände entstanden im Verband aus gleichmäßigen Quadern. Die Vorburg wurde zur Aufnahme von Wirtschaftsgebäuden am Rande der Hochfläche angelegt.

II. Ausbau und Erweiterung unter den Grafen von Helfenstein Ende 14. oder Anfang 15. Jahrhundert. Neubau von Unterburg und Zwinger, Überbauung des oberen Burghofes zwischen Palas und Bergfried. Sämtliche Baumaßnahmen sind durch Bruchsteinmauerwerk erkenntlich.

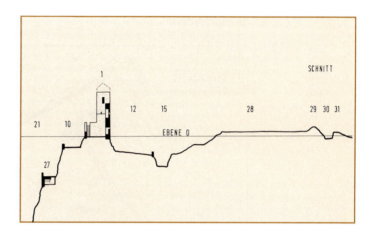

**Vorburg**

Ein breiter Fußweg führt vom Parkplatz an der Straße Schopfloch–Wiesensteig direkt zur Vorburg (28). Sie liegt an höchster Stelle der zum Trauf hin ansteigenden Hochfläche. Wall (29) und Graben (30) umfassen bergseitig eine Anlage von beachtlicher Größe (Länge ca. 74 m, Breite bis 40 m).
Es folgt der abgewinkelte, kluftartig eingeschnittene Halsgraben (15). Über Stufen erreicht man die Grabensohle mit den Resten des Haupttores (13).

**Unterburg**

Dahinter beginnt der Zwinger (16) zur Unterburg. Er führt rampenartig am Fels entlang abwärts bis zu einem rundlich ovalen Flankenturm (23). Reste von Leibungen weisen auf das ehemalige Burgtor (22). Mit Beginn des Tores (Breite 2,35 m) zweigt die auf einer Terrasse angelegte Unterburg zur westlichen Felsflanke ab. Sie liegt somit im Rücken der Kernburg und ist von oben nicht einsehbar. Die Unterburg besteht aus einem Burghof mit Zisterne (25), einem polygonalen Wohngebäude (26) mit erhaltenem, flachen Tonnengewölbe und dem bastionsartigen, viereckigen Westturm (24). Er wurde bei den Instandsetzungsarbeiten 1965/66 als Schutzhaus ausgebaut und mit einer Betondecke versehen. Auch das Gewölbe des Wohnbaus wurde mit Beton gesichert.

Nördlicher Wehrturm am Tor zur Unterburg

# Reußenstein

**Hauptburg**

Der Aufgang zur Hauptburg beginnt beim Haupttor (13). Stufen führen durch einen ehemals über eine steile Rampe aufsteigenden Zwinger zum Vorhof (12). Der Zugang verengt sich zu einem schmalen, aus dem Fels gehauenen Weg. Er überwindet eine 4 m breite Felsspalte (5) und

**Felstor**

erreicht durch ein enges Felstor (6) (B = 80 cm, H = 170 cm) die westliche Plattform. Balkenlöcher (7) und Aussparungen weisen auf eine ehemalige Überbauung des Torbereiches in Holz.

Eine neu hochgezogene Brüstungsmauer (9) auf alten Fundamenten folgt dem westlichen Felsabsturz bis zur äußersten Kanzel. Ihre Vermauerung erfolgte 1965/66 aus Sicherheitsgründen.

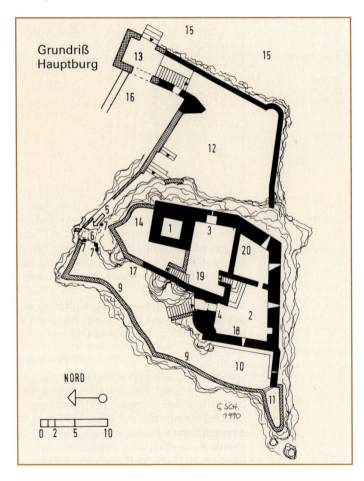

**Kernburg**

Der Zugang zur Kernburg gilt als Besonderheit. Er führt nicht wie üblich in einen Hof, sondern über Stufen durch einen 93 cm breiten Felsschlupf (4) in das Untergeschoß

**Palas**

des Palas (2). Dieser bildet eine homogene Einheit mit Bergfried (1), Küche (20) und oberem Burghof (19) und ist

# Reußenstein

*Hauptburg mit Torsituation und Bergfried von der Grabenseite*

Kapelle

Bergfried

aus einem Guß entstanden. Die Außenwände des Palas mit Tuffquaderverblendung sind feldseitig 2 m und südseitig 1,7 m stark. Hier fällt auf, daß sie auf wenig qualitätvollem Kleinquadermauerwerk aufgemauert wurde. Möglicherweise handelt es sich um Reste einer Vorgängerburg.

Aufgrund der verbliebenen Außenmauern ist erkennbar, daß der Palas aus drei Wohngeschossen, einem Untergeschoß und einem Wehrgeschoß bestand. Die Fenster sind als Scharten ausgebildet. Nur auf der Ostseite befindet sich im vierten Geschoß ein breites Fenster mit Sitzbänken und auf der Westseite drei schmale Fenster (18) in Rundbogennischen. Eine vermauerte Öffnung im Untergeschoß und eine schräg darüberliegende im dritten Geschoß führte jeweils zu einem Abtritt.

Der obere Burghof (19) befand sich ursprünglich zwischen Palas und Bergfried. Er wurde später überbaut und im oberen Geschoß eine Kapelle (3) eingerichtet. Die Nische ist noch erhalten. 1965/66 vermauerte man die durchgebrochene Außenwand. Von der sogenannten Madonna vom Reußenstein, einer spätgotischen Fresko-Malerei im Gewölbe der Nische, ist fast nichts mehr zu erkennen.

An höchster Stelle ragt der Bergfried (1) auf fast quadratischem Grundriß (5,66 x 5,95 m). Der Eingang liegt sehr hoch und war nur vom Wehrgang aus erreichbar. Das Eingangsgeschoß ist tonnenüberwölbt, die darunterliegen-

# Reußenstein

**Anbau**

den Decken bestanden aus Holzbalken. Quaderabmessung der Außenverblendung z. B. 48 x 28, 25 x 28, 47 x 26, 42 x 31 cm (L x H). In einer späteren Bauphase erhielt der Bergfried nordseitig einen zweigeschossigen Anbau (14) mit spitzem Satteldach. Die Konturen des Daches sind an der Außenmauer noch ablesbar.

**Besitzer**

Landkreis Esslingen

**Pläne**

Grundrißskizze von O. Piper, in: „Blätter des Schwäbischen Albvereins", Nr. 2, 1900
Grundriß von K. A. Koch, in: „Blätter des Schwäbischen Albvereins", Nr. 7/8, 1916
Grundriß, in: „Der Reußenstein", 1967
Grundriß nach dem Umbau 1965/66, in: „Burgruinen im Landkreis Nürtingen", 1967

**Alte Ansichten**

Lithographie von Constantin Emminger, um 1860, Biberach/Riß, Städtische Sammlungen Biberach
Blick von der Heimensteinhöhle zum Reußenstein von E. Emminger, Biberach/Riß, Städtische Sammlungen Biberach
Zeichnung von E. Emminger, Biberach/Riß, Privatbesitz
Heimensteinhöhle mit Reußenstein von Ed. Kallee, um 1860
Reußenstein von A. Seyffer, um 1815, Staatsgalerie Stuttgart
Blick von der Heimensteinhöhle, L. Mayer, 1836

**Literaturhinweise**

– Dörr, Gerd
  Schwäbische Alb, Burgen, Schlösser, Ruinen, HB-Bildatlas, 1988
– Gradmann, Wilhelm
  Burgen und Schlösser der Schwäbischen Alb, 1980
– Hauptmann, Arthur
  Burgen einst und jetzt, Band 2, 1987
– Koch, Konrad Albert
  Reußenstein, in: „Der Burgwart", Nr. 4, 1915
– Maurer, Hans-Martin
  Burgruinen im Landkreis Nürtingen, 1987
  Reußenstein, in: „Der Kreis Göppingen", 1985
– Pfefferkorn, Wilfried
  Burgen unseres Landes – Schwäbische Alb, 1972
– Piper, Otto
  Burgruinen der Alb, in: „Blätter des Schwäbischen Albvereins," Nr. 2, 1900
– Schwab, Gustav
  Die Neckarseite der Schwäbischen Alb, 1823
– Stälin, Prof.
  Beschreibung des Oberamts Geislingen, 1842
– Stierle, Paul
  Der Reußenstein (Broschüre), 1. Auflage 1987, Herausgeber: Ortsgruppe Schwäbischer Albverein Neidlingen
– Schwenkel, Prof. Dr. Hans
  Heimatbuch des Kreises Nürtingen, Band 2, 1953
– Teck – Neuffen – Römerstein
  Wanderführer, Theiss-Verlag, 1987
– Wais, Julius
  Albführer, Band 1, 1962
– Wetzel, Manfred
  Vom Land um die Teck, 1984
– Wurm, Forstmeister
  Der Reußenstein und seine Burgherren, in: „Blätter des Schwäbischen Albvereins", Nr. 11, 1927
– Zürn, Hartwig
  Die vor- und frühgeschichtlichen Geländedenkmale und die mittelalterlichen Burgstellen des Stadtkreises Stuttgart und der Kreise Böblingen, Esslingen und Nürtingen, 1956

# Heimenstein

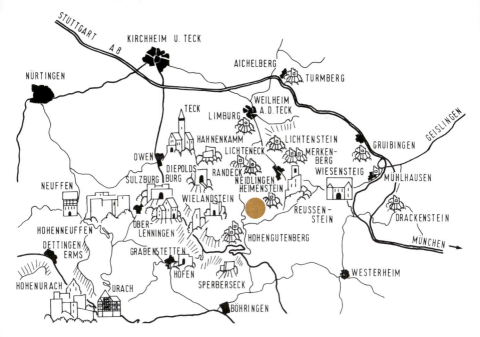

## Heimenstein

Lage
Südlich von Weilheim an der Teck erstreckt sich das Lindachtal. Es endet unweit der imposanten Ruine Reußenstein. Gegenüber ragt aus dem bewaldeten Talhang der Heimenstein mit Resten einer ehemaligen Burg.
Man erreicht ihn von der B 465 über Schopfloch in Richtung Reußenstein vom Parkplatz „Bahnhöfle" aus.
Weitere Möglichkeit: Auf der Straße Weilheim–Wiesensteig über die beschilderte Abzweigung Schopfloch–Reußenstein zum Parkplatz „Bahnhöfle". Von dort den Forstweg (AV Dreieck) in nordwestlicher Richtung am Trauf entlang folgend und an der bezeichneten Abzweigung rechts zum Heimenstein.
Parkplatz „Bahnhöfle" – 1,1 km Heimenstein.

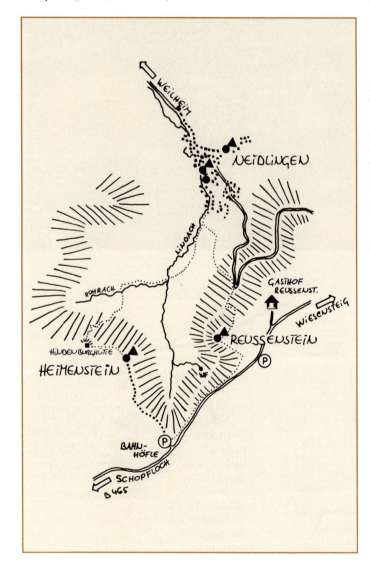

# Heimenstein

*Wandervorschlag:*
Ausgangspunkt einer lohnenden Rundwanderung ist das südliche Ortsende von Neidlingen (Kirchstraße). Zunächst der Lindach entlang (AV Dreieck) talaufwärts bis zur Einmündung der Rohrach. Der Rohrach folgen und nach 650 m links am Talhang aufwärts zur Hindenburghütte. Weiter den Trauf entlang bis zum Heimenstein und zum Parkplatz „Bahnhöfle". Talseitig rechts beschildert (AV Dreieck) zur Ruine Reußenstein und schließlich ins Tal nach Neidlingen absteigen.
Neidlingen – 3 km Heimenstein – 2,6 km Reußenstein – 2,7 km Neidlingen.

| | |
|---|---|
| Gemeinde | Neidlingen, Landkreis Esslingen |
| Meereshöhe | Burg 763 m, Lindachtal 490 m |
| Besichtigung | Frei zugänglich |
| Einkehrmöglichkeit | Gasthof „Reußenstein" |

**Die Neckarseite der Schwäbischen Alb, 1823**
Von Gustav Schwab

„Es öffnet sich am südlichen Abhang des Felsen eine schmale Höhle in demselben, die in nach Südosten durchschneidet, etwa 60 Schritte lang und von innen eng, aber wohlgeformt, lichtlos, durch herabhängende und auf dem Boden bunt hingeworfene Steinmassen unterbrochen, bald von dreifacher Mannshöhe, bald so niedrig, daß man nur gebückt durchkriechen kann. Doch lasse sich der Wandrer durch die kleine, aber ganz gefahrlose Mühseligkeit nicht abschrecken; er zünde getrost die Lichter an, verwahre sich (besonders die Frauen) gegen den Grufthauch der Höhle, und dringe, unter dem Vortritt des Führers, die Augen vorsichtig nach unten und oben gerichtet, vorwärts. Nach 50 Schritten fällt die Tageshelle wieder von der entgegengesetzten, südöstlichen Seite herein; die Kluft erweitert sich und man tritt aus der Felswand, die sich rechts und links lang hinzieht, und schroff in das Tal hinabsenkt, hervor. Hier steht man auf einem Vorsprung von etwa 8 Schritten ins Gevierte am Abgrund des Neidlinger Tals, das die herrlichste und überraschendste Ansicht gewährt.
. . . Schon der Name (Heim, Heimen Stein) deutet auf die Wohnung eines Riesen. Auch hält wirklich hier in der Höhle ein Geist über einem ungeheuren Schatze die Wache, und harrt auf das Erlösungswort. Den Bauern, die in der Abenddämmerung sich hier im dichten Walde nach Holz gelüsten lassen, hat er sich wohl auch schon leibhaftig gezeigt; sie konnten aber seine Gestalt vor Schrecken nicht behalten und beschreiben."
(Zur Sage des Riesen Heim vom Heimenstein siehe Reußenstein.)

# Heimenstein

Geschichte

Über die ehemalige Felsenburg auf dem Heimenstein ist wenig bekannt. Heimatforscher Prof. Schwenkel vermutet ihre Entstehung durch einen früh abgestorbenen Zweig des Neidlinger Ortsadels. Noch 1596 wird die Burg auf der Gadnerschen Karte abgebildet.

**Um 1240** Erster urkundlicher Nachweis eines Gerboldus Diktus de Haimenstein.
**1251** Ulrich von Hamesthain, Gefolgsmann der Herzöge von Teck, möglicher Burgherr.
**1296** Gerboldus von Heimenstein.
**1477** Margarete vom Stain von Heimenstein.

1 Kernburg
2 Graben
3 Eingang Höhle
4 Höhle
5 Schutthügel Kernmauerwerk
6 Mulde
7 Talseite
8 Felsausschnitt
9 Felsspalte
10 Höhenpunkt 763 m
11 Vom Parkplatz „Bahnhöfle"
12 Von der Hindenburghütte
13 Aussichtsfelsen
14 Möglicher Verbindungsbau

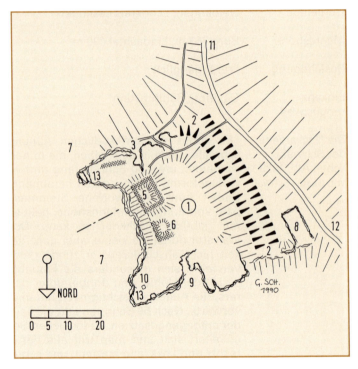

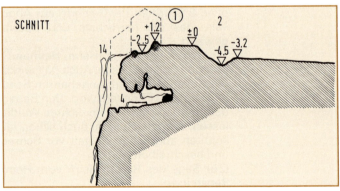

# Heimenstein

**Anlage**

Die Burgstelle liegt auf einem aus dem Talrand vorspringenden, steil aufragenden Felsturm. Sein oberstes Plateau liegt 3 m Meter über der angrenzenden Hochfläche. Am Übergang trennt ein Halsgraben (2) die beiden Bergflanken. Kernmauerwerkreste deuten darauf hin, daß im südwestlichen Bereich der Anlage sich ein rechteckiges Gebäude (5) von ca. 8 m Länge und 6 m Breite befand. Ein Wohnturm ist denkbar.

**Höhle**

Auf der Südseite beginnt der Eingang (3) zur Heimensteinhöhle (4). Ein etwa 3 m breiter Gang führt steil nach unten, knickt dreimal ab und mündet nach 80 m in das Höhlenportal. (Mit etwas Vorsicht ist die Höhle ohne Licht zu begehen.) An der darüber aufsteigenden Felswand finden sich Spuren von Mörtel. Dies weist auf ein von der Höhlenterrasse aufgebautes und an die Felswand angelehntes Bauwerk (14) als eine direkte Verbindung zur Burg. Folglich muß die Höhle in die Anlage einbezogen worden sein.

In einem weiteren Höhlengang unterhalb der Heimensteinhöhle konnte neben mittelalterlichen Keramikscherben eine feuervergoldete, romanische Pferdetrense gefunden werden.

*Burgfelsen von Südwesten mit dem Eingang zur Heimensteinhöhle*

# Heimenstein

| | |
|---|---|
| Besitzer | Land Baden-Württemberg |
| Plan | Grundriß und Schnitt von K. A. Koch, in: „Die Kunst- und Altertumsdenkmale in Württemberg", 1924 |
| Alte Ansichten | Die Höhle am Heimenstein von L. Mayer, 1836<br>Heimensteinhöhle von E. Emminger, Biberach/Riß, Städtische Sammlungen Biberach (Braith-Mali-Museum)<br>Heimensteinhöhle von Ed. Kallee, um 1860 |
| Literaturhinweise | – Binder, Hans<br>  Höhlenführer Schwäbische Alb, 1977<br>– Christ, Dr. Hans und Klaiber, Prof. Dr. Hans<br>  Die Kunst- und Altertumsdenkmale in Württemberg, Donaukreis, 1924<br>– Schwab, Gustav<br>  Die Neckarseite der Schwäbischen Alb, 1823<br>– Schwenkel, Prof. Dr. Hans<br>  Heimatbuch des Kreises Nürtingen, Band 2, 1953<br>– Wais, Julius<br>  Albführer, Band 1, 1962<br>– Zürn, Hartwig<br>  Die vor- und frühgeschichtlichen Geländedenkmale und die mittelalterlichen Burgstellen des Stadtkreises Stuttgart und der Kreise Böblingen, Esslingen und Nürtingen, 1956 |

*Höhlenöffnung vor der nordöstlichen Felsterrasse*

# Neidlingen

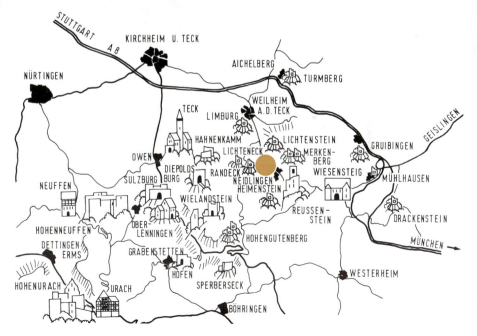

## Neidlingen

| | |
|---|---|
| Lage | Nahe der Autobahn (A8) Stuttgart–München liegt vor dem Albaufstieg die Stadt Weilheim an der Teck. Nach Süden erstreckt sich das Lindachtal mit der Ortschaft Neidlingen. Zahlreiche Burgen krönten im Mittelalter die Talränder der Umgebung. Neidlingen selbst besaß zwei Burgen und ein Schloß.<br>Von der Autobahn (A8) über die Ausfahrt Weilheim oder Mühlhausen/Wiesensteig nach Neidlingen. Weitere Straßen führen von Ochsenwang über Hepsisau und von Schopfloch (bei der B 465) am Reußenstein vorbei bis Neidlingen. |
| Gemeinde | Neidlingen, Landkreis Esslingen |
| Meereshöhe | Neidlingen 460 m |
| Besichtigung | Ehemaliges Wasserschloß:<br>im Bereich des Kindergartens zugänglich<br>Burgstall an der Lindach: nicht zugänglich<br>Burgstall „Im Hof": nicht zugänglich |

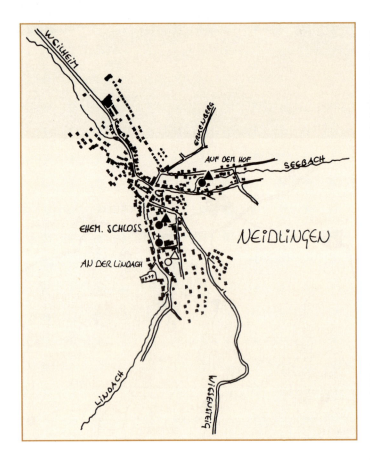

# Neidlingen

*Schloß und Dorf mit Reußenstein von K. U. Keller, um 1810 (Graphische Sammlungen, Staatsgalerie Stuttgart)*

| | |
|---|---|
| Einkehrmöglichkeiten | Gasthäuser in Neidlingen |
| Weitere Sehenswürdigkeiten | Kirche von 1746, Rathaus 1555/1760, Pfarrscheune (Gemeindehaus) und Pfarrhaus von 1597 |
| Beschreibung des Schlosses, 1842 | „Oben im Dorfe stand ein altes, sehr festes Schloß; es bildete ein Viereck mit großem, innerem Hofraum. Auf jedem der 4 Ecken war ein Turm, mit Erkern geziert, und das Ganze umgaben ein tiefer Wassergraben mit Aufzugbrücken sowie Wälle und Mauern. Im Vorhofe stand ein schöner, steinerner Brunnen mit 4 Röhren. Die Lage der nahen Schloßgüter war so, daß sie nach Erfordernis unter Wasser gesetzt werden konnten. Das Schloß diente dem Herrn des Ortes und nachmals den Vögten zur Wohnung; zuletzt wurde es als Fruchtspeicher benützt, 1821 bis 1825 aber, obwohl noch in ganz gutem Zustande, abgebrochen und mit den Gütern und Ökonomiegebäuden an die Gemeindemitglieder verkauft." |
| Geschichte der Burgen | Die Burg an der Lindach und die Burg am Seebach sind beide als Ministerialsitze des weitverzweigten Neidlinger Ortsadels anzusehen. Sie werden im 13. Jahrhundert als Dienstleute der Herzöge von Teck nachweisbar. Wer auf welcher Burg saß, ist nicht bekannt. |

# Neidlingen

**1257** Heinrich von Neidlingen als Ministeriale der Herzöge von Teck, Zeuge in einer Urkunde. Um diese Zeit geht die Obrigkeit Neidlingens von den Herzögen von Teck an die Grafen von Aichelberg.
**1273** Konrad von Neidlingen, Hofnotar des Grafen von Württemberg.
**1277** Eberhard und Ulrich von Neidlingen.
**1282** Marquard von Neidlingen, Stifter der Linie von Lichteneck (siehe Lichteneck).
**1283–1297** Ulrich von Neidlingen, Kanzler des Herzogs von Teck.
**1303** Kraft von Neidlingen, Domprobst zu Augsburg.
**1334** Die hohe Obrigkeit Neidlingens geht an Württemberg.
**1361** Urkundlicher Nachweis von Märklin dem Älteren von Neidlingen und dessen Söhne Märklin, Kraft und Konrad. Märklin nennt die Ritter Kraft und Hans von Neidlingen seine lieben Vettern.
**1370** Ulrich von Neidlingen der Ältere zu Sulzburg und Werner von Neidlingen zu Aichelberg, Bürgen des Herzogs Friedrich von Teck.
**1371** Erstmalige Erwähnung einer Burg in Neidlingen.
**1385** Übergang der ortsherrlichen Rechte an den Edelknecht Hans von Lichtenstein (siehe Lichtenstein [Neidlingen]). Er nimmt auf einer der beiden Burgen seinen Wohnsitz. Die Herren von Neidlingen sterben zu Beginn des 15. Jahrhunderts aus.
**1431** Neidlingen im gemeinsamen Besitz der Edelleute Dietrich Speth, Heinrich von Mannsberg und Peter von Liebenstein.
**1443** Dietrich Speth alleiniger Besitzer.

*Im Gebäude Kirchstraße 19 und 21 befinden sich Reste des Torhauses*

# Neidlingen

Grundriß der ehemaligen Burg „Im Hof"

1 Burghügel
2 Graben
3 Verebneter Graben
4 Gebäude
5 Seebach
6 Mulde
7 Seestraße

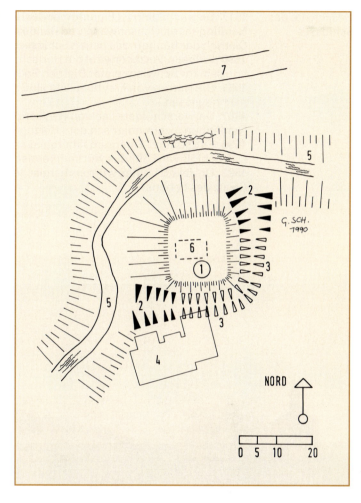

**Anlage Burg „Im Hof"**

Die ehemalige Burg „Auf dem Hof" oder „Im Hof" ist vermutlich die ältere der beiden Neidlinger Burgen. Sie liegt an einer Biegung des schluchtartig eingeschnittenen Seebachs (5). Die Oberfläche des noch deutlich erkennbaren Burghügels (1) mißt 16 x 17 m. Auf der West- und Nordseite begrenzt der Seebach und auf der Süd- und Ostseite ein inzwischen verflachter Graben (2 + 3) die Anlage. Das Wasser des Baches konnte ursprünglich in den Graben geleitet werden.

**Anlage Burg an der Lindach**

Zwischen Kirche und Pfarrhaus lag östlich der Lindach auf den Parzellen 282 und 283 die zweite Neidlinger Burg. Bis vor kurzem waren Geländespuren noch erkennbar. Sie sind durch Neubaumaßnahmen weitgehendst verschwunden. Auf dem ehemaligen Wall (ca. 55 x 55 m im Geviert) liegen die Gebäude Kirchstraße 37 bis 41. Die Kernanlage ist mit 20 x 20 m nachgewiesen.

# Neidlingen

**Geschichte des Schlosses**

**1517** Dietrich Speth ist Eigentümer der Herrschaft Neidlingen mit Ochsenwang und Randeck. Vermutlich ist Dietrich der Bauherr des neuen Schlosses.
**1530** Wilhelm Vetzer erwirbt die Herrschaft um 12 000 fl. von seinem Schwiegervater Dietrich Speth.
**1551** Die Herren von Freyberg sind als Eigentümer nachgewiesen.
**1587** Der verschuldete Leo von Freyberg vermacht Neidlingen testamentarisch dem Herzog von Württemberg.
**1596** Endgültiger Eigentumsübergang an Württemberg. Das Schloß wird Sitz des württembergischen Vogtes.
**1633** Dr. Jakob Löffler, württembergischer Kanzler, in Besitz des Lehens.

*Ehemaliger Wall der Schloßanlage im Bereich des Kindergartens*

# Neidlingen

**1634** Die Kaiserlichen erklären Neidlingen für reichsunmittelbar und übergeben die Herrschaft an den bayrischen Geheimrat von Richel.
**1648** Rückgabe an Württemberg.
**1650** Verleihung an Konrad Widerholt, Obervogt von Neidlingen, bekannt durch die Verteidigung des Hohentwiels.
**1667** Konrad Widerholt – „Herr von und zu Neidlingen" – stirbt ohne männlichen Nachkommen. Neidlingen wird herzogliches Familienfideikommißgut und unabhängige Vogtei.
**1807** König Friedrich von Württemberg läßt die Vogtei Neidlingen aufheben und teilt sie dem Oberamt Wiesensteig zu. Aufgabe des Schlosses als Amtssitz.
**1810** Neidlingen wird dem Oberamt Kirchheim zugeteilt.
**1821–1825** Abbruch der Schloßanlage.

1 Lage des ehem. Wasserschlosses
2 Wall
3 Verebneter Wall
4 Kindergarten
5 Mauer des ehem. Torhauses
6 Kirchstraße
7 Lindach
8 Kirche
9 Wasserschloßweg

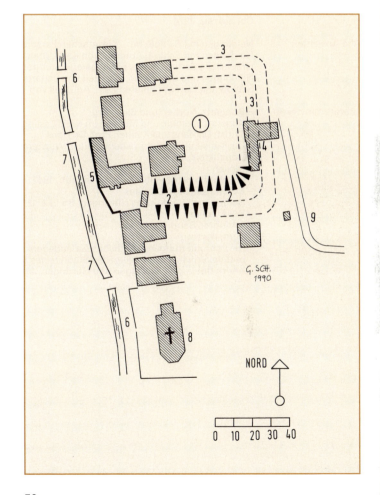

# Neidlingen

| | |
|---|---|
| Anlage Wasserschloß | Nördlich der mittelalterlichen Burg an der Lindach lag das großzügig angelegte Wasserschloß. Aufgrund mehrerer Abbildungen und Beschreibungen (Gemeindegüterbuch von 1842, Aufzeichnungen des Werkmeisters Jakobi, Balingen) ergibt sich folgende Darstellung: Das Schloß war eine Vierflügelanlage (1) innerhalb eines Grabens und Walles (2) mit Zwingermauer, besaß Rundtürme an drei Ecken und 42 Zimmer im Inneren. Der Vorhof mit steinernem Brunnen war umgeben von Bräuhaus, Scheuer mit Schafstall, Torwarthaus mit Amtsknecht- und Schäferwohnung. Außerdem gehörten zur Schloßanlage ein Backhaus und eine Schafstallung. Erhalten geblieben sind Reste des vier Meter hohen Walles (2) im Bereich des Kindergartens (4) und Reste des Torhauses (5) im Gebäude Kirchstraße 19 und 21. |
| Besitzer | Burgstellen: Privat<br>Ehemaliges Wasserschloß: Privat und Gemeinde Neidlingen |
| Plan | Lageplan, in: „Die Kunst- und Altertumsdenkmale in Württemberg", Donaukreis, 1924 |
| Alte Ansichten | Neidlingen mit Schloß, im: „Kieserschen Forstlagerbuch" von 1683/85<br>Neidlingen mit Schloß, Aquarell von Karl Urban Keller, um 1810, Graphische Sammlungen, Staatsgalerie Stuttgart<br>Neidlingen und die Pfanne, Aquarell von Eduard Kallee, Privatbesitz<br>Schloß und Dorf mit Reußenstein, Aquarell von 1815, Privatbesitz |
| Literaturhinweise | – Bongartz, Norbert und Biel, Jörg<br>  Kunstarchäologie und Museen im Kreis Esslingen, 1983<br>– Christ, Dr. Hans und Klaiber, Prof. Dr. Hans<br>  Die Kunst- und Altertumsdenkmale in Württemberg,<br>  Donaukreis, 1924<br>– Moser<br>  Beschreibung des Oberamts Kirchheim, 1842<br>– Schwenkel, Prof. Dr. Hans<br>  Heimatbuch des Kreises Nürtingen, Band 2, 1953<br>– Wais, Julius<br>  Albführer, Band 1, 1962<br>– Zürn, Hartwig<br>  Die vor- und frühgeschichtlichen Geländedenkmale und die mittelalterlichen Burgstellen des Stadtkreises Stuttgart und der Kreise Böblingen, Esslingen und Nürtingen, 1956 |

# Merkenberg (Erkenberg) und Windeck

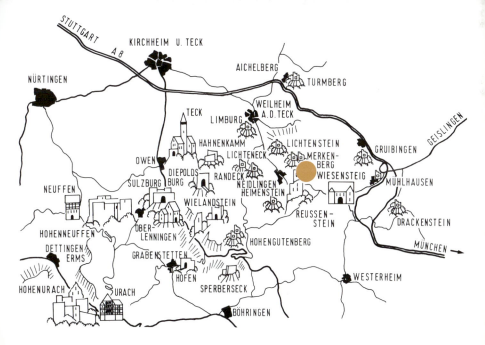

# Merkenberg (Erkenberg) und Windeck

Lage

Neidlingen liegt südlich von Weilheim an der Teck im Lindachtal. Über der Ortschaft erhebt sich der markante, talbeherrschende Erkenberg mit der ehemaligen Burg Merkenberg. Ein langgestreckter, schmaler Höhengrat verbindet den Berg mit der Hochfläche, an dessen höchster Stelle die Burg Windeck lag.

In Neidlingen von der Ortsmitte beim Rathaus dem bezeichneten Erkenbergweg (AV Dreieck) bis zur Ostseite des Berges folgen. Im Wald die erste Abzweigung links bis zum Höhengrat. Auf dem Höhengrat wieder links bis zum unteren Graben und schließlich auf schmalem Fußpfad zum Gipfel aufsteigen.

Nach Windeck den Weg zum Grat zurück und diesen geradeaus (AV Dreieck) direkt zur Burgstelle.

Neidlingen – 2,6 km Erkenberg – 1,3 km Windeck.

*Wandervorschlag:*
Von Neidlingen zum Erkenberggipfel wie oben beschrieben. Weiter zur Burgstelle Windeck. Über den Höhenkamm zur Hochfläche aufsteigen. Am Trauf entlang nach Süden (AV Dreieck, HW 1) und bei der Einmündung des Forstwegs „Alte Steige" nach rechts ins Tal zurück zum Ausgangspunkt.

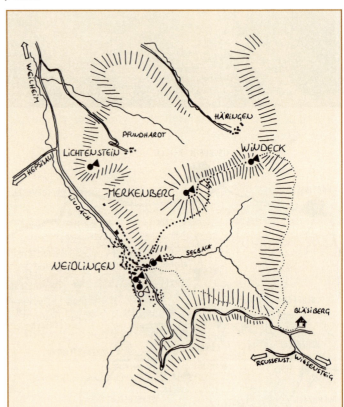

# Merkenberg (Erkenberg) und Windeck

Neidlingen – 2,6 km Erkenberg – 1,3 km Windeck – 5,1 km Neidlingen.
Weitere Wandermöglichkeit siehe Lichtenstein (Neidlingen).

| | |
|---|---|
| Gemeinde | Neidlingen, Landkreis Esslingen |
| Meereshöhe | Merkenberg 743 m, Windeck 722 m, Neidlingen 460 m |
| Besichtigung | Merkenberg und Windeck frei zugänglich |
| Einkehrmöglichkeiten | Gasthäuser in Neidlingen und Gasthaus „Bläsiberg" |
| Weitere Sehenswürdigkeiten | Siehe Neidlingen |
| Geschichte | Vom ursprünglichen Burgennamen „Merkenberg" ist durch falsche Worttrennung „Am Merkenberg" das „M" verlorengegangen.<br>Auf der ursprünglichen Siedlung der Hallstattzeit erbauen die Grafen von Aichelberg ähnlich der Zähringer ihre zweite Burg (siehe Turmberg und Aichelberg [Burgenführer Band 1]). So steil der gesellschaftliche Aufstieg der Bauherren erfolgt ist, so plötzlich ist auch ihr Niedergang zu sehen. In diesem Zusammenhang steht auch der baldige Zerfall der Burg.<br>Die urkundlich nie erwähnte Burg Windeck ist möglicherweise als Schutzburg oder Vorwerk zur Burg Merkenberg aus strategischen Gründen gegen die Albhochfläche entstanden. |

**Um 1200** Mögliche Gründung der Burg Merkenberg unter Graf Egino von Aichelberg.
**1247** Erstmalige Erwähnung der Burg; die Brüder Diepold und Ulrich nennen sich „von Merkenberg (Merckenberc)".
**1282** Nach dem Tod des Diepold (II.) von Aichelberg-Merkenberg wird das Erbe geteilt. Diepold (III.) erhält Güter an Neckar und Fils mit Wendlingen, Ulrich (II.) Weilheim und Udihild die Burg Merkenberg. Friedrich, ihr Ehemann, nennt sich Graf von Zollern-Merkenberg.
**1310–1313** Diepold und Ulrich ergreifen im Reichskrieg gegen Graf Eberhard von Württemberg die Seite des Kaisers.
**1320** Letzte Erwähnung des Ulrich II. als Graf von Merkenberg, Stadtgründer von Weilheim. Über seinen weiteren Werdegang ist nichts bekannt.
**1334–1339** Übergang der Herrschaft an Württemberg, die Burg wird dem Zerfall überlassen. Ende der Herrschaft Aichelberg-Merkenberg-Weilheim als selbständige politische Einheit.
**1535** Merkenberg als Burgstall bezeichnet.

# Merkenberg (Erkenberg) und Windeck

*Die Linie des Diebold (I.)*

| | |
|---|---|
| Diepold (I.)<br>um 1210, 1220 | von Körsch-Aichelberg<br>Gemahlin: Tochter Mangolds von Otterswang<br>Kinder: Mangold, Egino |
| Egino<br>um 1210, 1245 | Sohn des Diepold (I.)<br>Kinder: Diepold (II.), Ulrich (I.) von Merkenberg |
| Diepold (II.)<br>1247, 1272 | von Aichelberg-Merkenberg, Sohn des Egino.<br>Gemahlin: Agnes von Teck?<br>Kinder: Diepold (III.), Ulrich (II.), N.N., Udilhild |
| Udilhild | Tochter des Diepold (II.)<br>Gemahl: Graf Friedrich von Zollern-Merkenberg<br>Kinder: Friedrich, nennt sich bis 1305 von<br>Zollern-Merkenberg |

*Wall und Graben auf der Nordwestseite des Burgberges*

# Merkenberg (Erkenberg) und Windeck

*Die Linie des Diepold (III.)*

**Diepold (III.)**
1282, 1318

Sohn des Diepold (II.)
Gemahlin: N. von Rechberg?
Kinder: Ulrich (III.), Albert, Agnes

**Albert**
1318, 1363

Sohn des Diepold (III.)
Gemahlin: Guta von Landau
Kinder: Eberhard, Konrad, Anna
Über Konrad verhängt 1418 König Sigmund die Reichsacht, worauf vermutlich der Grafentitel entzogen wird.

*Die Linie des Ulrich (II.)*

**Ulrich (II.)**
1283, 1320

Sohn des Diepold (II.)
Kinder: Ulrich (IV.), Diepold (IV.)

**Ulrich (IV.)**
1314, 1352

Sohn des Ulrich (II.)
Gemahlin: N. von Gundelfingen
Kinder: Mechthild, Ulrich (V.)?

Merkenberg
Übersicht Kernburg und
Vorbefestigung

1  Hauptburg
4  Verebnete Fläche
5  Ehemaliger Zugang
12 Unterer Graben
13 Vorbefestigung
14 Berggrat nach Windeck

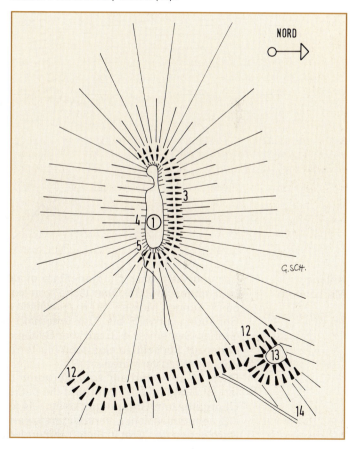

# Merkenberg (Erkenberg) und Windeck

Merkenberg

1 Hauptburg
2 Graben
3 Wall
4 Verebnete Fläche
5 Ehemaliger Zugang
6 Lage eines Gebäudes
7 Flache Mulde
8 Einbuchtung
9 Mulde
10 Fußpfad
11 Talseite

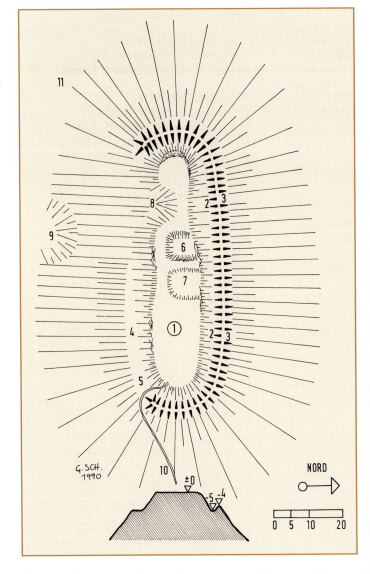

Anlage Merkenberg

Der von West nach Ost gerichtete ovale Bergkegel besitzt eine abgeschrotete Oberfläche von ca. 13 m Breite und 65 m Länge. Mulden (6 + 7) weisen auf die Lage von Gebäuden. Etwa 5 bis 8 m unterhalb umgreift ein Wall-Graben-System (2 + 3) auf drei Seiten den Berg. Der Wall endet zur Südseite in eine schmale Terrasse (4). Hier ist der Zugang (5) zu vermuten.

Etwa 40 m unterhalb zum Berggrat beginnt ein 160 m langer Graben (12). Er umzieht die östliche Bergflanke. Am Übergang zum Grat umgibt er eine 14 x 15 m große Fläche (13), ein zusätzliches Verteidigungswerk zum Schutze der Burg gegen den Grat in Richtung Windeck (14).

# Merkenberg (Erkenberg) und Windeck

Windeck

1 Kernanlage
2 Vorderer Graben
3 Hinterer Graben
4 Verebneter Graben
5 Hinterer Abschnitt
6 Vorderer Abschnitt
7 Fußpfad zur
  Albhochfläche
8 Von Erkenberg

Anlage Windeck

An höchster Stelle des ca. 1,6 km langen Grates zwischen Burgstelle Merkenberg und Hochfläche liegt die Burgstelle Windeck. Ein vorderer (2) und ein hinterer (3) Graben durchschneiden den Grat. Auf der Nordseite (4) ist der Graben verflacht. Die Oberfläche bildet etwa ein Rechteck von 15 x 7 bis 8 m. Vermutlich war die westlich angrenzende Ebene (5) ebenfalls befestigt.

# Merkenberg (Erkenberg) und Windeck

| | |
|---|---|
| Besitzer | Merkenberg: Land Baden-Württemberg<br>Windeck: Gemeinde Neidlingen |
| Pläne | Lageplan Merkenberg, in: „Die Burgen der Grafen von Aichelberg", NWZ Dezember 1958<br>Lageplan Merkenberg und Windeck, in: „Die Kunst- und Altertumsdenkmale in Württemberg", Donaukreis, 1924 |
| Literaturhinweise | – Beck, Hans-Otto<br>Die Burgen der Grafen von Aichelberg, in: „Stauferland", Heimatbeilage der NWZ, Dezember 1958<br>– Christ, Dr. Hans und Klaiber, Prof. Dr. Hans<br>Die Kunst- und Altertumsdenkmale in Württemberg, Donaukreis, 1924<br>– Maurer, Hans-Martin<br>Heimatbuch Weilheim a. d. Teck, Band 3, 1969<br>– Moser<br>Beschreibung des Oberamts Kirchheim, 1842<br>– Reichardt, Lutz<br>Ortsnamenbuch des Kreises Esslingen, 1982<br>– Schwenkel, Prof. Dr. Hans<br>Heimatbuch des Kreises Nürtingen, Band 2, 1953<br>– Wais, Julius<br>Albführer, Band 1, 1962<br>– Zürn, Hartwig<br>Die vor- und frühgeschichtlichen Geländedenkmale und die mittelalterlichen Burgstellen des Stadtkreises Stuttgart und der Kreise Böblingen, Esslingen und Nürtingen, 1956 |

*Burgstelle Windeck von Nordwesten mit hinterem Graben*

# Lichtenstein (Neidlingen)

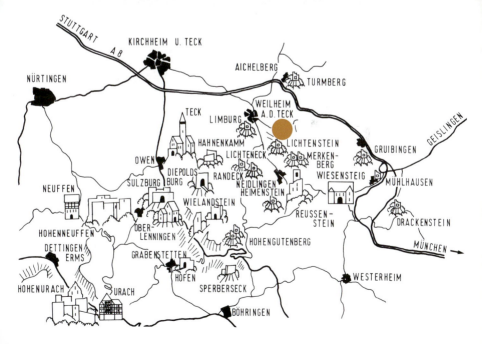

# Lichtenstein (Neidlingen)

Lage

Nördlich von Neidlingen in Richtung Weilheim an der Teck erhebt sich an der rechten Talseite die bewaldete Kuppe des Butzenberges mit der Burgstelle Lichtenstein. Die kleine Erhebung wirkt als Ausläufer des wesentlich höheren Merkenberges.
Vom Neidlinger Ortsende talseitig rechts in Richtung Weilheim, am Aussiedlerhof vorbei zur östlich an den Berg anschließenden Hochfläche aufsteigen. Nach links führt ein fast ebener Weg zur Burgstelle.
Neidlingen – 1,2 km Lichtenstein.
Die Burgstelle ist auch vom Weiler Pfundhardt aus direkt erreichbar.
Pfundhardt – 0,7 km Lichtenstein.

*Wandervorschlag:*
Von der Ortsmitte in Neidlingen den bezeichneten Erkenbergweg (AV Dreieck) zum Merkenberg (siehe Merkenberg) aufsteigen. Auf dem Fußpfad über die nordwestliche Bergflanke zum Weiler Pfundhardt absteigen. Weiter zur Burgstelle Lichtenstein (Neidlingen) und auf oben beschriebenem Weg zurück nach Neidlingen.
Neidlingen – 2,6 km Erkenberg – 2,3 km Lichtenstein – 1,2 km Neidlingen.

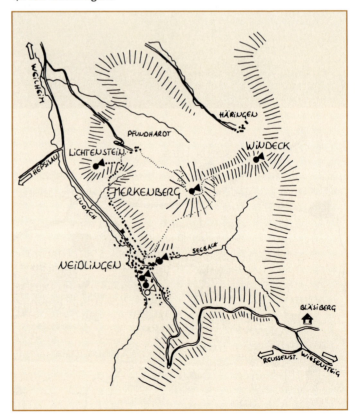

# Lichtenstein (Neidlingen)

| | |
|---|---|
| Gemeinde | Neidlingen, Landkreis Esslingen |
| Meereshöhe | Burg 550 m, Merkenberg 743 m, Lindachtal 430 m |
| Besichtigung | Frei zugänglich |
| Einkehrmöglichkeiten | Gasthäuser in Neidlingen und Häringen |
| Lichtenstein<br>In Beschreibung des Oberamts Kirchheim, 1842 | „Westlich, gegen Hepsisau, am Fuße des Merkenberges, läuft ein zweiter kleinerer Berg in einen stumpfen Kegel aus, der wie jener eine prächtige Aussicht in das Unterland aufschließt. Es ist der Lichtenstein, der ein um so freundlicheres Ansehen gewährt, als er bis an den Gipfel mit Weinreben bedeckt ist. Auch hier stand eine Burg, die übrigens von Erkenberg aus beherrscht werden konnte. Die Befestigungen sind noch etwas sichtbar. Sie muß aber schon frühe abgebrochen worden sein, da ihrer der Bericht von 1535 nicht mehr gedenkt. Der Lichtensteiner Wein gehört zu den besseren des Bezirkes; er ist angenehm und gesucht." |

*Burgstelle Lichtenstein von der Bergseite mit Halsgraben*

# Lichtenstein (Neidlingen)

| | |
|---|---|
| Geschichte | Der Name Lichtenstein steht in Verbindung mit der romantischen Ritterburg über Honau. Im 14. Jahrhundert erbaut vermutlich ein Zweig der Familie von Lichtenstein eine weitere Burg auf dem Butzenberg bei Neidlingen.<br><br>**1357** Eberhard von Lichtenstein und seine Gemahlin Adelheid von Lichteneck erhalten von Hans und Eberhard die Rüssen 200 fl.<br>**1377** Raven von Lichtenstein fällt in der Schlacht bei Reutlingen.<br>**1379** Johann von Lichtenstein erwirbt von Herzog Friedrich von Teck ein Haus in Kirchheim.<br>**1385** Hans von Lichtenstein stiftet für seinen gefallenen Bruder Raven eine Jahrzeit im Kirchheimer Kloster. Hans erhält die ortsherrlichen Rechte von Neidlingen und verlegt seinen Wohnsitz dorthin.<br>**1387** Kunz von Randeck versetzt die Burg Reußenstein seinem Onkel Hans von Lichtenstein um 2240 fl.<br>**1430** Salmi (Salome) von Lichtenstein verkauft Teile ihres Erbgutes in Neidlingen an den Armenkasten der Stadt Weilheim.<br>**1431** Peter von Liebenstein und Kaspar von Schlat verkaufen den von Hans von Lichtenstein ererbten Besitz in Hepsisau der Wallfahrtskapelle Dotzburg bei Wiesensteig.<br>**Mitte 15. Jahrhundert** Burg Lichtenstein vermutlich als Wohnsitz aufgegeben. |

*Die Linie der Herren von Lichtenstein (Neidlingen)*

| | |
|---|---|
| Eberhard<br>1357 | möglicher Bauherr der Burg Lichtenstein auf dem Butzenberg.<br>Gemahlin: Adelheid von Lichteneck<br>Kind: Johann |
| Johann<br>1378, 1379 | Sohn des Eberhard<br>Kinder: Hans, Raven |
| Hans<br>1385, † vor 1431 | Sohn des Johann, Ortsherr von Neidlingen, Pfandherr der Burg Reußenstein.<br>Gemahlin: Guta von Neuhausen<br>Kinder: Hans, Räfelin, Salmi (Salome) – Gemahlin des Heinrich von Mannsberg, Agnes († 1445) – Gemahlin des Peter von Liebenstein |
| Hans<br>1429, 1445 | Sohn des Hans, ohne Nachkommen.<br>Gemahlin: Elisabeth von Wernau |

# Lichtenstein (Neidlingen)

1 Kernburg
2 Graben
3 Verebneter Wall
4 Angrenzende Hochfläche
5 Aufgeschichtete Mauersteine
6 Kernmauerwerk
7 Ehem. Burghof oder breiter Zwinger
8 Lage eines Gebäudes
9 Hütte
10 Talseite

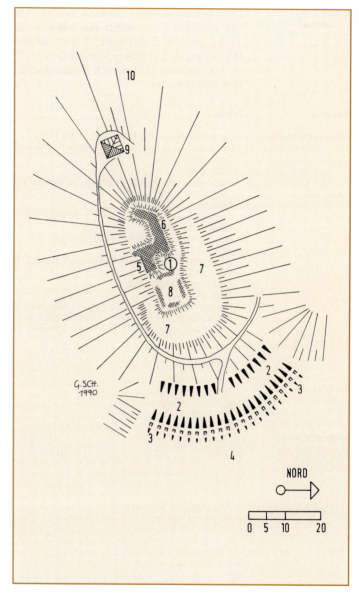

Anlage

Die Burgstelle liegt auf einem flachen, ins Lindachtal vorspringenden Bergkegel. Ein bogenförmig angelegter Halsgraben (2) bietet Schutz zur angrenzenden Hochfläche (4). Der Wall (3) ist verebnet. Zwei Bereiche können unterschieden werden: eine vorgelagerte Terrasse (7) und die Kernanlage (1).

Die zur Feldseite orientierte und noch nach Westen reichende 9 bis 10 m breite Terrasse (7) ist als Vorhof oder erweiterter Zwinger zu verstehen. Der Zugang von der südöstlichen Bergflanke kann hier angenommen werden.

## Lichtenstein (Neidlingen)

**Kernburg**

Die Kernanlage war auf eine Fläche von 8 x 30 m begrenzt. Sie bestand vermutlich aus einem Gebäude (8) (ca. 8 x 11 m), einem Zwischenhof und einem wohnturmartigen Hauptbau (6) auf polygonalem Grundriß.
Im Hangschutt finden sich Keramikscherben und vereinzelt Braunjuraquader.

**Besitzer**

Privat

**Literaturhinweise**

– Christ, Dr. Hans und Klaiber, Prof. Dr. Hans
  Die Kunst- und Altertumsdenkmale in Württemberg, Donaukreis, 1924
– Götz, Rolf
  Hans von Lichtenstein und sein Hepsisauer Besitz, in: Heimatbuch „Hepsisau", 1987
– Moser
  Beschreibung des Oberamts Kirchheim, 1842
– Reichardt, Lutz
  Ortsnamenbuch des Kreises Esslingen, 1982
– Schwenkel, Prof. Dr. Hans
  Heimatbuch des Kreises Nürtingen, Band 2, 1953
– Wais, Julius
  Albführer, Band 1, 1962
– Zürn, Hartwig
  Die vor- und frühgeschichtlichen Geländedenkmale und die mittelalterlichen Burgstellen des Stadtkreises Stuttgart und der Kreise Böblingen, Esslingen und Nürtingen, 1956

# Lichteneck

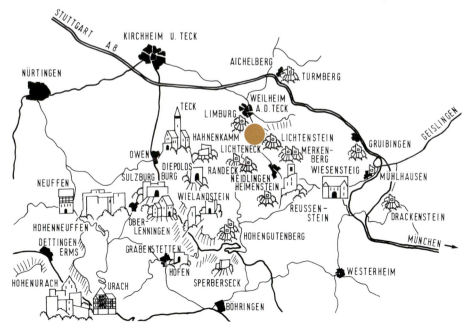

# Lichteneck

Lage
Zwischen Weilheim an der Teck und Neidlingen mündet der Zipfelbach in die Lindach. Kurz nach der Einmündung führt eine Straße zur Ortschaft Hepsisau. Am südlichen Talhang von Hepsisau liegt im dichten Wald die Burgstelle Lichteneck. Der Burghügel ist von der Straße Hepsisau–Schopfloch (Schwäbische Dichterstraße) gut zu erkennen (80 m Entfernung). Eine Parkmöglichkeit besteht direkt an der Straße.

*Wandervorschlag:*
Von Hepsisau in Richtung Schopfloch–Ochsenwang bis zur Querung des Zipfelbaches (Waldende zum Randecker Maar). Eine Parkmöglichkeit besteht bei der Straßenkurve. Unterhalb der Straße in Richtung Hepsisau führt ein Fußweg zur Burgstelle Lichteneck. Die Straße überqueren und

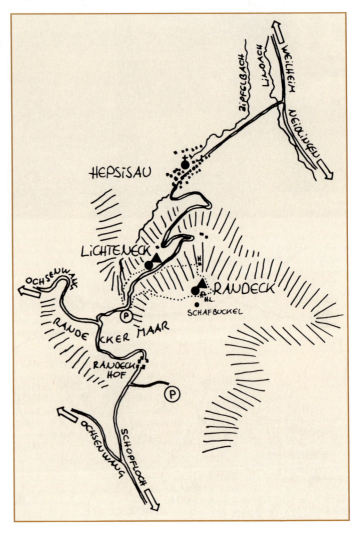

# Lichteneck

dem Forstweg bis zur ersten Gabelung folgen (Hütte). Den Fußweg am Talhang zum Heidenloch aufsteigen, danach rechts am Trauf entlang bis zur Burgstelle Randeck. Weiter am Waldrand entlang bis zum Wiesenende und schließlich im Wald abwärts zum Ausgangspunkt zurück. Zipfelbach – 0,6 km Lichteneck – 1,2 km Randeck – 1,1 km Zipfelbach. Weiterer Wandervorschlag siehe Randeck.

| | |
|---|---|
| Gemeinde | Weilheim-Hepsisau, Landkreis Esslingen |
| Meereshöhe | Burg ca. 615 m, Hepsisau 465 m, Randeck ca. 790 m |
| Besichtigung | Frei zugänglich |
| Weitere Sehenswürdigkeiten | Randecker Maar, Höhle Heidenloch |
| Lichteneck In Beschreibung des Oberamts Kirchheim, 1842 | „Etwa ½ Std. oberhalb Hepsisau, rechts an der Randecker Steige, erhob sich aus dem bewaldeten ‚Lichtenecker Garten' einst die Burg Lichteneck, wovon der noch sog. ‚Schloßgarten' und die Gräben übrig sind, welche von Randeck aus mit Wasser gefüllt werden konnten." |
| Geschichte | Marquard von Neidlingen ist vermutlich der Bauherr der Burg Lichteneck. Er entstammt dem weitverzweigten Neidlinger Ortsadel. Seine Brüder Ulrich und Eberhard bewohnen die Neidlinger Ortsburgen. |

**1282** Marquard (I.) von Neidlingen, Bürge in einer Urkunde des Herzogs Ludwig von Teck anläßlich der Festlegung der Mitgift für seine Tochter Agnes.
**1289–1299** Mehrmalige Nennung des Marquard (I.) von Neidlingen zu Lichteneck in Urkunden des Herzogs Hermann von Teck.
**1317** Marquard (I.) vermacht seiner Tochter Berta als Nonne im Kloster Kirchheim ein regelmäßiges Einkommen. Die Söhne Kraft, Hermann, Merklin und Heinrich erhalten jeweils ein Viertel von Burg und Herrschaft. Kraft (I.) wird Stadtherr in Wendlingen.
**1363–1369** Konz von Lichteneck Söldner in Diensten der Stadt Pisa.
**1377** In der Schlacht bei Reutlingen fallen Heinz und Ulrich von Lichteneck.
**1392** Edelknecht Merklin (III.) von Lichteneck bewohnt die Hiltenburg.
**1395** Merklin (III.) versucht, die Anteile seiner Verwandten an Lichteneck aufzukaufen. Er erwirbt von Fritz von Westerstetten, Erbe des Kraft von Lichteneck, dessen Anteil für 142 fl.
**1397** Konrad von Lichteneck, Domherr zu Augsburg, verkauft sein „Viertel der Feste zu Lichteneck" seinem Vetter Merklin (III.).

## Lichteneck

**1420** Merklin (V.) verkauft seinen Besitz in Böhringen an die Grafen von Württemberg.
**1435** Die Grafen Ludwig und Ulrich von Württemberg verleihen ihren Sitz zu Kirchheim an Kraft (IV.) von Lichteneck.
**1452** Jakob von Lichteneck, vermutlich letzter Bewohner der Burg.
**1468** Graf Eberhard im Bart überträgt Kraft von Lichteneck das Kirchheimer Lehen als freies Eigentum.
**1504** Lichteneck als Burgstall bezeichnet.

*Die Herren von Lichteneck*

| | |
|---|---|
| Marquard (I.)<br>1282–1317 | Sohn des 1258 genannten Heinrich von Neidlingen, vermutlich Bauherr der Burg.<br>Kinder: Ulrich (I.), Kraft (I.), Hermann, Merklin (II.), Heinrich, Berta, Adelheid (siehe Lichtenstein [Neidlingen]) |
| Kraft (I.)<br>1317, 1357<br>† vor 1360 | Sohn des Marquard (I.), Ritter<br>Gemahlin: Elisabeth von Neuhausen<br>Kinder: Kraft (II.), Hans (I.) – Domherr zu Augsburg, Heinz (II.), Katharina – Gemahlin des Fritz von Westerstetten |
| Hermann<br>1317<br>† vor 1357 | Sohn des Marquard (I.)<br>Kinder: Ulrich (II.), Konrad (I.), Bethe, Katharina |
| Heinrich<br>1305, 1357<br>† vor 1359 | Sohn des Marquard (I.)<br>Kinder: Konz (II.), Kraft (III.), Hans (II.), Merklin (IV.) |

*Die Linie des Merklin (II.)*

| | |
|---|---|
| Merklin (II.)<br>1317, 1347 | Sohn des Marquard (I.)<br>Kinder: Ulrich (III.), Merklin (III.), Agnes – Nonne in Kirchheim |
| Merklin (III.)<br>1353, 1397 | Sohn des Merklin (II.), Edelknecht<br>Kind: Merklin (V.) |
| Merklin (V.)<br>1395, 1420<br>† vor 1427 | Sohn des Merklin (III.)<br>Gemahlin: Agnes von Scharenstetten<br>Kinder: Kraft (IV.), Jakob, Magdalena – Priorin in Kirchheim |
| Kraft (IV.) | Sohn des Merklin (V.), Ritter, württembergischer Lehensmann, Haushofmeister in Urach, letzter der Lichtenecker.<br>Gemahlinnen:<br>1. Margareta Gaißburg<br>2. Agnes Kräftin |

# Lichteneck

1 Hauptburg
2 Schutthügel
3 Tuffsteineckquader
4 Mulde
5 Reste
  Umfassungsmauer
6 Innerer Graben
7 Grabenausweitung
8 Grabenauswurf
9 Wall
10 Äußerer Graben
11 Mauerschutt
12 Damm
13 Wasserlauf
14 Talseite
15 Von der Hauptstraße
   Hepsisau–Schopfloch
16 Äußerer Wall

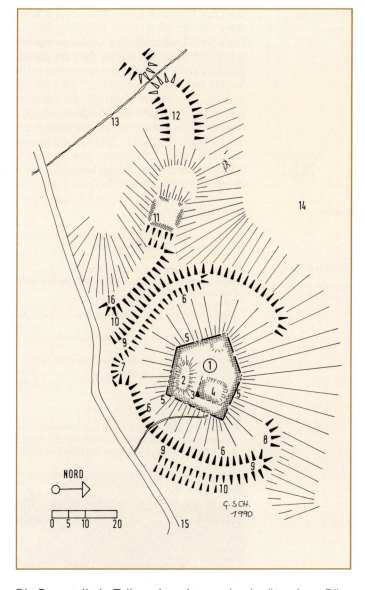

Anlage

Die Burgstelle in Talhanglage ist von hochstämmigen Bäumen völlig überdeckt. Ein ausgeprägtes Graben-Wall-System (6, 9, 10) umgibt den Burghügel (1). Er ragt noch bis 8 m über die Hangterrasse. Wälle und Gräben sind im südöstlichen Bereich durch Wegebau teilweise verebnet. Nach Westen verbreitert sich der äußere Wall (16) kuppenförmig zu einer kleinen Plattform (11). Ein etwa 9 x 10 m großes Gebäude ist denkbar (Fundamente). Die Kuppe verflacht nach Westen und endet in einem Damm (12). Dieser bildete ein Stauwehr für den von Randeck kommenden Wasserlauf (13).

# Lichteneck

Kernburg

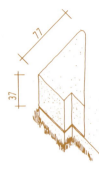

Die Oberfläche der ehemals polygonalen Kernanlage (1) ist stark durchwühlt. Eine Deutung des Grundrisses ist nur annähernd möglich. Die Umfassungsmauer (5) mißt unterschiedliche Seitenlängen. Sie ist durch erhaltene Außenverblendung und Kernmauerwerk erkennbar. Quader am Sockel der Außenmauer z. B. 58 x 40, 100 x 45, 107 x 30 cm (L x H). Der Schutthügel (2) zur Feldseite kann möglicherweise als Turm und die Mulde (4) als Wohnbau interpretiert werden. Die südliche Gebäudeecke ist durch einen Tuffquader (3) ersichtlich. Das Gebäude stand an dieser Stelle frei und etwa 3,5 m von der Außenmauer entfernt. Der Wirtschaftshof der Burg befand sich vermutlich auf der verebneten Fläche am Steilhang unter der Burg.

Besitzer   Land Baden-Württemberg

Plan   Grundriß Burgstelle, in: „Die Kunst- und Altertumsdenkmale in Württemberg", Donaukreis, 1924

Literaturhinweise
- Christ, Dr. Hans und Klaiber, Prof. Dr. Hans
  Die Kunst- und Altertumsdenkmale in Württemberg, Donaukreis, 1924
- Götz, Rolf
  Die Herren von Lichteneck, in: Heimatbuch „Hepsisau", 1987
- Moser
  Beschreibung des Oberamts Kirchheim, 1842
- Reichardt, Lutz
  Ortsnamenbuch des Kreises Esslingen, 1982
- Schwenkel, Prof. Dr. Hans
  Heimatbuch des Kreises Nürtingen, Band 2, 1953
- Wais, Julius
  Albführer, Band 1, 1962
- Zürn, Hartwig
  Die vor- und frühgeschichtlichen Geländedenkmale und die mittelalterlichen Burgstellen des Stadtkreises Stuttgart und der Kreise Böblingen, Esslingen und Nürtingen, 1956

*Erhaltene Tuffquaderecke des möglichen Palas*

# Randeck

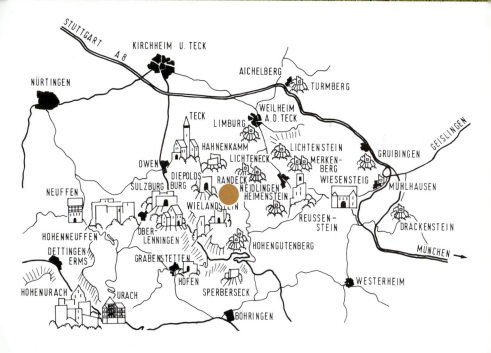

## Randeck

Lage

Zwischen Neidlingen und Weilheim an der Teck liegt in einem Seitental der Lindach die Ortschaft Hepsisau. Am südlichen, dicht bewaldeten Talhang befand sich die Burg Lichteneck (siehe Lichteneck). Darüber ragen die Heidenlochfelsen, die einst die Burg Randeck trugen. Von Weilheim an der Teck über Hepsisau in Richtung Schopfloch führt nach dem Hofgut Randeck eine Straße nach links (0,4 km) zum Wanderparkplatz. Dem befestigten Weg in nördliche Richtung über die freie Hochfläche zum Höhenpunkt „Schafbuckel" folgen. Geradeaus weiter direkt zum Trauf (Naturdenkmal). Den Felsen entlang wenige Meter nach links zur nicht sofort erkennbaren Burgstelle (Bank). Parkplatz – 1,2 km Randeck.

*Wandervorschlag:*
Vom Wanderparkplatz zur Burgstelle Randeck wie oben beschrieben. Am Naturdenkmal (Tafel) dem Weg zunächst in Richtung Neidlingen folgen, bei der ersten Abzweigung links zur Burgstelle Lichteneck. Den Weg unterhalb der Straße taleinwärts. Nach Erreichen des Zipfelbaches die Straße überqueren und am Waldrand entlang über den Wirtschaftshof Randeck zurück zum Ausgangspunkt.

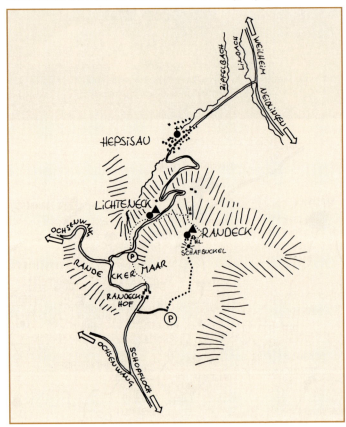

## Randeck

Parkplatz – 1,2 km Randeck – 1,2 km Lichteneck – 1,8 km Parkplatz. Weiterer Wandervorschlag siehe Lichteneck.

| | |
|---|---|
| Gemeinde | Weilheim an der Teck, Ortsteil Hepsisau, Landkreis Esslingen |
| Meereshöhe | Burg ca. 790 m, Lichteneck ca. 615 m, Hepsisau 465 m |
| Besichtigung | Frei zugänglich |
| Einkehrmöglichkeit | Gasthof „Randeck" |
| Weitere Sehenswürdigkeiten | Randecker Maar, Höhle Heidenloch |
| Friedrich von Randeck, Bannerführer Pisas | Viele schwäbische Ritter stehen in Diensten italienischer Städte. So Friedrich von Randeck seit 1356 im Dienst Pisas. 1368 als Bannerführer genannt, erhält er für den ersten Monat außer dem Sold für sein Banner eine Provision von 27 fl. In seinem Banner stehen auch Konz (II.) von Lichteneck und Konrad von Neidlingen. Kaiser Karl IV. beauftragt 1369 die Stadt Florenz, an Friedrich jährlich 150 Goldgulden zu zahlen. |
| Geschichte | Die Gründung der Burg Randeck ist auf Heinrich oder Bosso von Randeck zurückzuführen. Sie entstammen dem weitverzweigten Geschlecht des Neidlinger Ortsadels. Heinrichs Bruder Marquard (I.) kann als Bauherr der wenig unterhalb gelegenen Burg Lichteneck angenommen werden. Ihr gemeinsamer Vater ist der 1258 erwähnte Heinrich von Neidlingen. Die kleine Burg diente vermutlich bereits zu Beginn des 14. Jahrhunderts den Randeckern nicht mehr als Wohnsitz und ist bald zerfallen. |

**1280** Bosso von Randeck.
**1292–1297** Mehrmalige Erwähnung des Ritters Heinrich von Randeck im Gefolge der Herzöge von Teck.
**1327–1344** Konrad von Randeck, Domkustos in Augsburg.
**1348–1381** Markwart von Randeck, Bischof von Augsburg, seit 1356 Reichsverweser in Italien und seit 1365 Patriarch von Aquileja.
**1361** Eberhard von Randeck, Dekan zu Speyer.
**1363** Graf Eberhard der Greiner verleiht dem Ritter Eberhard von Randeck einen Herrensitz in Kirchheim (ehemalige Wasserburg).
**1364** Graf Ulrich X. von Helfenstein und seine Gemahlin Maria von Bosnien stiften auf Bitten des Propstes Eberhard von Randeck das Spital in Wiesensteig.
**1387** Kunz von Randeck versetzt seinem Onkel Hans von Lichtenstein die Burg Reußenstein.
**Um 1500** Die Familie von Randeck ausgestorben.

## Randeck

1 Kernburg
2 Graben
3 Wallrest
4 Felsstufe
5 Mauerverlauf
6 Mauerschutt
7 Geländestufe
8 Aussichtspunkt
9 Mögliche Lage des Tores
10 Nachbarfelsen
11 Talseite
12 Hochfläche
13 Vom Schafbuckel

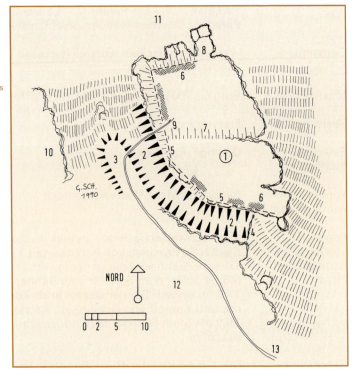

Anlage
Die Burg Randeck war eine kleine, unscheinbare Anlage auf einer abgegrenzten Felsplatte. Ein bogenförmiger, aus dem Fels gebrochener Graben (2) mündet nordwestlich in eine Hangrinne. Der Wall (3) ist weitgehendst verebnet.
Die Kernanlage (1) war in einen südlichen (ca. 10 x 12 m) und einen nördlichen (ca. 11 x 12 m), 1,5 m tiefer liegenden, Bereich aufgeteilt. Geringe Reste von Fundamenten (5 + 6) lassen den Verlauf der Umfassungsmauer erkennen. Im Gelände finden sich Scherben von Keramik und Hohlziegeln.

Besitzer
Land Baden-Württemberg

Literaturhinweise
– Christ, Dr. Hans und Klaiber, Prof. Dr. Hans
   Die Kunst- und Altertumsdenkmale in Württemberg, Donaukreis, 1924
– Das Land Baden-Württemberg, Band 3, 1978
– Diehl, Adolf
   Schwäbische Ritter und Edelknechte im Dienst von Pisa und Lucca
– Moser
   Beschreibung des Oberamts Kirchheim, 1842
– Reichardt, Lutz
   Ortsnamenbuch des Kreises Esslingen, 1982
– Schwenkel, Prof. Dr. Hans
   Heimatbuch des Kreises Nürtingen, Band 2, 1953
– Zürn, Hartwig
   Die vor- und frühgeschichtlichen Geländedenkmale und die mittelalterlichen Burgstellen des Stadtkreises Stuttgart und der Kreise Böblingen, Esslingen und Nürtingen, 1956

# Limburg

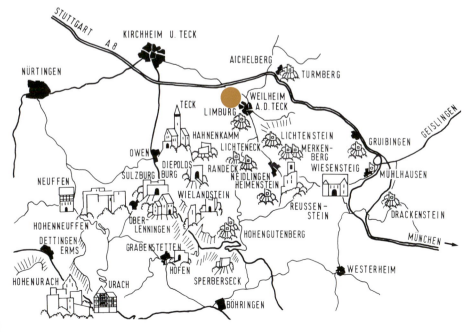

# Limburg

Lage

Zwischen Kirchheim unter Teck und Aichelberg liegt am Fuße der Schwäbischen Alb die Stadt Weilheim an der Teck. Durch die nahe Lage zur Autobahn Stuttgart–München (A8) ist sie beliebter Standort für zahlreiche Ausflüge zu den Burgen des Lindachtales und der weiteren Umgebung. Im Süden der Stadt erhebt sich der markante Vulkankegel der Limburg.

Über die Autobahnausfahrt Weilheim/Aichelberg nach Weilheim an der Teck. Von dort in Richtung Dettingen unter Teck und am Ortsende links zum Parkplatz beim Friedhof. Weiter auf bezeichnetem Weg (AV Winkel) zuerst die befestigte „Weinsteige", dann auf dem Burgweg in Kehren aufwärts zum prächtigen Aussichtsgipfel mit der Burgstelle.

Parkplatz – 1,5 km Limburg.

*Wandervorschlag:*
Aufstieg zum Gipfel wie oben beschrieben. Abstieg bis zur Einmündung des Fußpfades in den breiten Weg. Nach links den Berg umrunden (Weinberge) und zurück zum Ausgangspunkt.

Parkplatz – 1,5 km Limburg – 2,3 km Parkplatz.

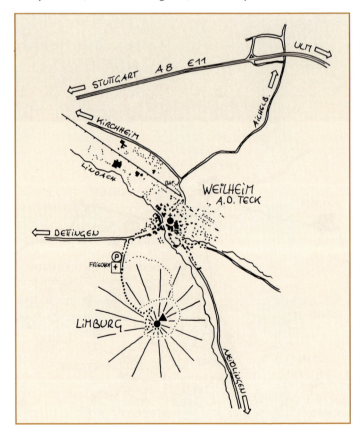

# Limburg

| | |
|---|---|
| Gemeinde | Weilheim an der Teck, Landkreis Esslingen |
| Meereshöhe | Burg 598 m, Weilheim 380 m |
| Besichtigung | Frei zugänglich |
| Campingplatz | Schwabenalbranch Aichelberg bei Aichelberg |
| Weitere Sehenswürdigkeiten | Altstadt von Weilheim, Evangelische Pfarrkirche St. Peter 1489 bis 1522, Architekt Peter von Koblenz |
| Die Sage vom Lindwurm auf der Limburg | Der Sage nach geht der Burgenname Limburg (Lindburg) auf den Lindwurm zurück, der in einer Höhle des Berges hauste. Lange Zeit hielt er ein schönes, junges Mädchen gefangen. Schließlich entschloß sich der heilige Georg vom Merkenberg, das Mädchen zu befreien. Er nahm seine Lanze und zog auf den Berg. Vor der Höhle spornte er seinen Schimmel, ritt in die dunkle Höhle und durchbohrte das Ungeheuer. |
| Beschreibung der Michaelskapelle auf der Limburg Von Karl Dreher | „Seit Anfang des 16. Jahrhunderts befindet sich eine Michaelskapelle auf dem Berg, der von ihr längere Zeit den Namen Michelsberg führt. An ein Langhaus schloß sich ein erhöhter Chor an. In ihm stand der Hauptaltar in einer geschlossenen Altarnische. Zwei Nebenaltäre waren in den Ostecken des Langhauses. Der Bodenbelag des Chores bestand aus Backsteinplatten mit Ornamenten. Das einzige Bild, das vielleicht noch die wirklichen Formen der alten Limburg zeigt, ist das Gründerbild in der Kirche. Leider ist es aber in diesem Teil nicht mehr recht deutlich." |
| Geschichte | Die Limburg ist eine der ältesten romanischen Hochadelsburgen in Schwaben, der Bauherr, eine der einflußreichsten Persönlichkeiten der damaligen Geschichte, Herzog Berthold I. „mit dem Bart" entstammt dem Geschlecht der Zähringer. Seine Vorfahren sind die Haupterben alaholfingischer Besitzungen und Geblütsrechte.<br>Der Name Limburg (Lindburg) geht vermutlich auf die Bedeutung „Burg an der Lindach" zurück. Berthold nennt sich „de Lintburg". |

**Um 1050–1070** Berthold I. von Zähringen läßt die Limburg erbauen.
**1066** Berthold I. auf dem Fürstentag in Tribur.
**1073** Berthold I. Besuch bei König Heinrich IV. auf der Harzburg. Die Burg wird belagert. Berthold verhandelt mit den aufständischen Sachsen.
**1075** Sieg der vereinigten Heere des Königs, Bertholds und anderer Reichsfürsten über die Sachsen an der Unstrut.
**1076** Berthold gehört zur papstfreundlichen deutschen Fürstenopposition. In der Versammlung zu Tribur wird dem König ein Ultimatum gestellt.

## Limburg

**1077** Die Fürstenversammlung setzt Heinrich IV. ab und wählt den Schwabenherzog Rudolf zum König. Heinrich IV. kehrt aus Italien zurück, stellt ein starkes Heer auf und zerstört die Besitzungen Bertholds. Der Chronist Ekkehard berichtet, Berthold habe sich auf die Limburg (Castro Lyntberg) zurückgezogen, sei erkrankt, habe den Verstand verloren und sei nach einer Woche geistiger Verwirrung gestorben.
**1078** Bezeichnung der Limburg als „oppidum".
**1100** Markgraf Hermann II. nennt sich „von Limburg", zwölf Jahre später „von Baden". Er ist der Stammvater der noch lebenden Markgrafen und Großherzöge von Baden. Die Burg wird als Stammsitz verlassen. Burgbeamte werden eingesetzt, die sich nach der Burg nennen.
**Um 1130** Mögliche Zerstörung der Burg, danach Wiederaufbau.
**Um 1150** Gründung der Burg Teck, die Limburg wird vermutlich bald aufgegeben.
**15. Jahrhundert** Erbauung der neuen Michaelskapelle durch das Kloster St. Peter.
**1453** Verkauf der Burg an die Stadt Weilheim.
**Um 1578** Abbruch der Michaelskapelle.
**1913/14** Freilegung der Grundmauern.

*Die Herzöge von Zähringen (Limburg)*

| | |
|---|---|
| Berthold I.<br>† 1078 | Sohn des Berthold (III.), Graf in der Ortenau, im Breisgau und Thurgau, Herzog von Kärnten und Markgraf von Verona, Bauherr der Limburg.<br>Gemahlinnen:<br>1. Richwara Herzogin von Kärnten und Lothringen<br>2. Beatrix von Pfirt<br>Kinder: Hermann I., Markgraf von Verona, Graf im Breisgau, Gebhard, Luitgard, Berthold II. |
| Hermann I.<br>† 1091 | Sohn des Berthold I., Markgraf von Verona, Graf im Breisgau.<br>Gemahlin: Judith von Backnang<br>Sohn: Hermann II., Stifter der Linie „von Baden" |
| Berthold II.<br>† 1111 | Sohn des Berthold I. Herzog von Zähringen.<br>Gemahlin: Agnes von Rheinfelden<br>Kinder: Rudolf, Berthold III., Agnes, Petrissa, Konrad I., Luitgard, Judith |
| Konrad I.<br>†1152 | Sohn des Berthold II., Herzog von Burgund.<br>Gemahlin: Clementina Gräfin von Namur<br>Kinder: Berthold V., Rudolf, Albert, Hugo, Clementina |
| Albert<br>† 1195 | Sohn des Konrad, Herzog von Teck.<br>(siehe Burg Teck) |

# Limburg

1 Südturm
2 Nordturm
3 Graben
4 Umfassungsmauer
5 Hauptzugang nach Grabung 1913/14
6 Höhenpunkt 597,8 m
7 Michaelskapelle
8 Untere Burg
9 Brunnen
10 Zwinger
11 Fußweg von Weilheim
12 Lindachtal
13 Richtung Weilheim
14 Verebnete Fläche
15 Vorhof
16 Hinweistafel

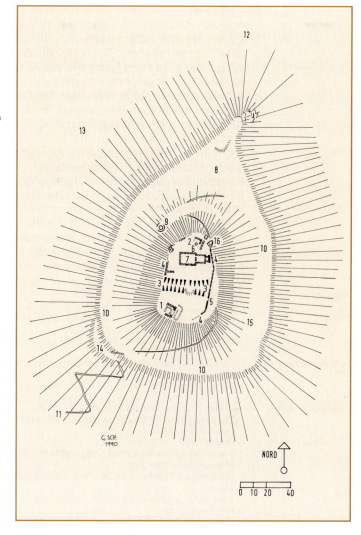

**Anlage**

Auf dem schon früh besiedelten Bergkegel entstand eine der bedeutendsten mittelalterlichen Höhenburgen des 11. Jahrhunderts. Sie umfaßte ähnlich der Achalm und des Hohenstaufen nicht nur den gesamten Gipfel, sondern teilte sich, durch einen Graben (3) getrennt, in zwei Bereiche.

Aufgrund der Ausgrabungen von 1913/14 stellte Karl Dreher folgendes fest:

„...daß die länglich-rechteckige Hauptburg durch einen breiten Graben (3) in eine südliche und nördliche Hälfte zerfiel. Sie war umspannt von einer 1,3 m breiten Mauer (4) aus mächtigen Quadern, wahrscheinlich aus dem 11. Jahrhundert. In der Ostmauer der südlichen Hälfte war der Haupteingang (5) mit einem 2,5 m breiten Tor. An der

# Limburg

südlichen Schmalseite befand sich ein Turm (1) mit rechteckigem Grundriß 9,5 zu 7 m. Die Mauerstärke betrug 1,2 m. Auf der Schmalseite der Nordhälfte war ein nach innen vorspringender Turm (2). An die westliche Umfassungsmauer und den Nordrand des Abschnittsgrabens war ein Gebäude angelehnt, von dem ein 4 m langer Maueransatz erhalten ist. 10 m unterhalb des Gipfels ist eine kleine Terrasse mit fließendem Wasser (9). 20 m darunter ist ein Absatz, der vielleicht palisadenartig befestigt war. Mauertürme waren nicht vorhanden."

Die damals freigelegten Mauerzüge sind nur noch konturartig festzustellen (Geländespuren). Reste der Umfassungsmauer liegen beim ehemaligen Zugang (5) noch frei. Der Brunnen (9) mit 97 cm Durchmesser wurde neu aufgemauert. Etwa 16 bis 20 m unter dem Gipfel umzieht ein 6 bis 9 m breiter Zwinger (10) den Berg. Er erweitert sich nach Südosten und bildet im Norden aus topographischen Gründen eine nasenförmige Terrasse. Eine untere Burg (8) mit Wirtschaftsgebäuden ist anzunehmen.

| | |
|---|---|
| Besitzer | Stadt Weilheim |
| Pläne | Grundriß und Schnitte, in: „Die Kunst- und Altertumsdenkmale in Württemberg", Donaukreis, 1924, und „Heimatbuch Nürtingen", Band 1, 1953 |
| Alte Ansichten | Stifterbild mit Darstellung der Limburg und Stifter Berthold I. von Zähringen<br>Weilheim und die Limburg von Ed. Kallee, Cannstatt |
| Literaturhinweise | – Christ, Dr. Hans und Klaiber, Prof. Dr. Hans<br>Die Kunst- und Altertumsdenkmale in Württemberg, Donaukreis, 1924<br>– Dreher, Karl<br>Weilheim an der Teck einst und jetzt, 1939<br>– Maurer, Hans-Martin<br>Heimatbuch Weilheim an der Teck, Band 3, 1969<br>– Moser<br>Beschreibung des Oberamts Kirchheim, 1842<br>– Reichardt, Lutz<br>Ortsnamenbuch des Kreises Esslingen, 1982<br>– Schwenkel, Prof. Dr. Hans<br>Heimatbuch des Kreises Nürtingen, Band 1 + 2, 1953<br>– Schwennicke, Detlev<br>Europäische Stammtafeln, Band 1, 1980<br>– Zürn, Hartwig<br>Die vor- und frühgeschichtlichen Geländedenkmale und die mittelalterlichen Burgstellen des Stadtkreises Stuttgart und der Kreise Böblingen, Esslingen und Nürtingen, 1956 |

# Hahnenkamm

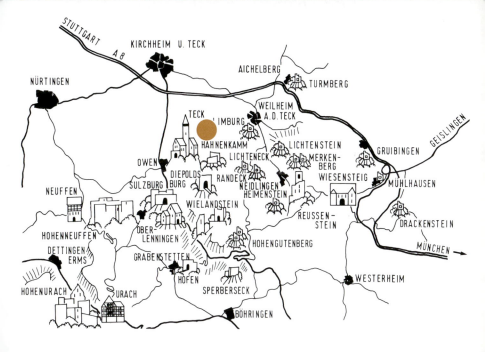

# Hahnenkamm

Lage

Östlich der Teck erhebt sich über dem Giesnaubachtal bei Bissingen der prächtige Aussichtsfelsen Breitenstein. Etwas unterhalb ragt ein kleiner Basalttuffkegel aus dem Talhang. Auf ihm liegen die Mauerreste der ehemaligen Burg Hahnenkamm.
Die Straße von Bissingen an der Teck nach Ochsenwang führt direkt durch die Senke zwischen Talhang und Vulkankegel. Parkmöglichkeit besteht an der Straße und am einmündenden Forstweg. Aufstieg – 0,2 km.

*Wandervorschlag:*
Vom südlichen Ortsende in Bissingen, beschildert (AV Dreieck), über die Ruine Hahnenkamm zum Breitenstein aufsteigen. Am Trauf entlang rechts bis zur Diepoldsburg. Weiter zur Ruine Rauber. Zunächst auf dem Berggrat in Richtung Teck bis zum Sattelbogen absteigen und auf bezeichnetem Weg zurück nach Bissingen.
Bissingen – 1,4 km Hahnenkamm – 1,3 km Breitenstein – 3,4 km Rauber – 2,9 km Bissingen.
Weiterer Wandervorschlag siehe Teck.

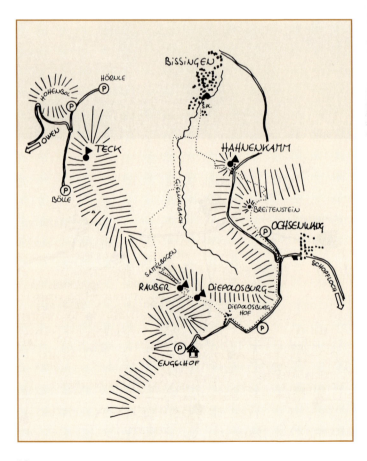

# Hahnenkamm

| | |
|---|---|
| Gemeinde | Bissingen an der Teck, Landkreis Esslingen |
| Meereshöhe | Burg 606 m, Giesnaubachtal 440 m, Breitenstein 811 m |
| Besichtigung | Frei zugänglich |
| Einkehrmöglichkeit | Gaststätte „Engelhof" bei Diepoldsburg |
| Wanderheim | Burg Teck |
| Geschichte | Hahnenkamm zählt zu einer Reihe von Satellitenburgen, welche die Herzogsburg auf der Teck zu schützen hatte. Sie ist ähnlich der Burgen um den Hohenstaufen Ausdruck territorialen Machtempfindens.<br><br>**Um 1250–1270** Gründung der Burg Hahnenkamm (Hannankamp) durch die Herzöge von Teck.<br>**1297** Gumpold von Hahnenkamm.<br>**Um 1300** Herzog Hermann von Teck beurkundet mehrere Verträge auf Hahnenkamm.<br>**1303** Herzog Hermann verkauft die ererbte Hälfte der Teck und der Stadt Kirchheim an Habsburg. Die Burgen Hahnenkamm und Diepoldsburg werden in den Vertrag mit eingeschlossen, der Verkauf wird jedoch nicht vollzogen.<br>**1326** In Besitz der Grafen von Württemberg, zeitweise Verpfändung der Burg.<br>**1420** Reichslehen der württembergischen Herrschaft Teck.<br>**15. Jahrhundert** Zerfall der Burg.<br>**1973** Bestandserhaltende Maßnahmen durch die Staatliche Forstverwaltung und den Schwäbischen Albverein. |
| Anlage | Hahnenkamm war eine kleine Gipfelburg in Talhanglage. Am Übergang vom Sattel zum Bergkegel finden sich Reste von Wall und Graben. Von hier führt der ehemalige Burgweg (10) nach rechts um den Berg zur nordwestlich gerichteten Torseite (2). Er mündet in einen Vorhof (3), der sich zur Südseite als Zwinger (6) fortsetzt. |
| Kernburg | Die Umfassungsmauer der Kernburg (1) (Bruchsteinmauerwerk) umgab einen polygonalen Grundriß. Größte Weite 30,5 m. Mauerstärken am Tor rechts (von innen) 182 cm, H = 280 cm, links 165 cm; Mauerstärke Südseite 150 cm. Vom Tor führt eine Rampe (7) zur 4 m höher liegenden Ebene. Hier standen die Hauptgebäude der Burg. Der Grundriß ist nicht mehr ablesbar. |
| Buckelquader | An der Westecke (4) steckt halb im Erdreich ein Quader mit einseitigem, wenig bearbeitetem Buckel (3,5 cm). Abmessung: 66 x 37 x 33 cm (L x B x H), Randschlag: 5,5 cm breit. |

# Hahnenkamm

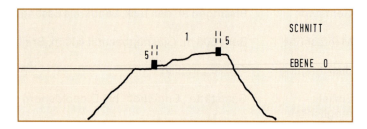

1 Hauptburg
2 Tor
3 Äußerer Burghof
4 Ecke mit Buckelquader
5 Umfassungsmauer
6 Erhaltene Außenkante, davor Zwinger
7 Rampe
8 + 9 Verebnete Flächen
10 Von der Straße

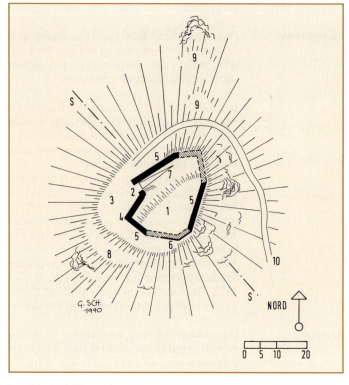

| | |
|---|---|
| Besitzer | Land Baden-Württemberg |
| Plan | Grundriß und Schnitt von K. A. Koch, in: „Die Kunst- und Altertumsdenkmale in Württemberg", Donaukreis, 1924 |
| Literaturhinweise | – Christ, Dr. Hans und Klaiber, Prof. Dr. Hans<br>Die Kunst- und Altertumsdenkmale in Württemberg, Donaukreis, 1924<br>– Moser<br>Beschreibung des Oberamts Kirchheim, 1842<br>– Reichardt, Lutz<br>Ortsnamenbuch des Kreises Esslingen, 1982<br>– Schwenkel, Prof. Dr. Hans<br>Heimatbuch des Kreises Nürtingen, Band 2, 1953<br>– Wais, Julius<br>Albführer, Band 1, 1962<br>– Zürn, Hartwig<br>Die vor- und frühgeschichtlichen Geländedenkmale und die mittelalterlichen Burgstellen des Stadtkreises Stuttgart und der Kreise Böblingen, Esslingen und Nürtingen, 1956 |

# Teck

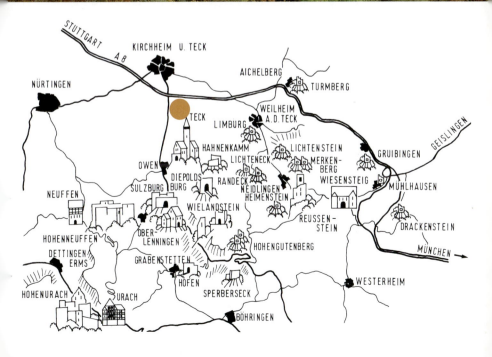

## Teck

Lage

Die Teck zählt zu den prägnantesten Burgen und als Wahrzeichen der nördlichen Alb zu den besuchenswertesten. Weithin sichtbar reckt sie sich mit ihrem spitzen Turm vor den Albtrauf bei Kirchheim.
Von der A8 Stuttgart–München nach der Ausfahrt Kirchheim über Kirchheim unter Teck in Richtung Lenningen. In der Ortschaft Owen führt eine beschilderte Straße zu den Parkplätzen unterhalb der Teck. Am „Hohenbol", einer lohnenden Aussichtskuppe, gabelt sich die Straße. Nach rechts zum Parkplatz „Bölle", nach links zum Parkplatz „Hohenbol" und weiter zum Parkplatz „Hörnle".
Von jedem der Parkplätze ist ein Aufstieg, beschildert, zur Burg möglich.
Bölle – 1,0 km Teck, Hohenbol – 1,5 km Teck, Hörnle – 1,4 km Teck.

*Wandervorschlag:*
Ausgangspunkt dieser lohnenden Rundwanderung ist das südliche Ortsende von Bissingen an der Teck (Sportplatz). Auf bezeichnetem Weg (AV Dreieck) zur östlichen Talseite über die Burgruine Hahnenkamm zum Breitenstein aufsteigen. Nach rechts am Trauf entlang bis zum Hof Diepoldsburg. Über den Grat zur Ruine Rauber und über den Sattelbogen zur Teck. Zunächst auf dem Forstweg in Richtung Parkplatz „Hörnle", dann rechts ab, beschildert, zurück zum Ausgangspunkt.
Bissingen – 2,7 km Breitenstein – 2,7 km Diepoldsburg – 3,5 km Teck – 2,5 km Bissingen.

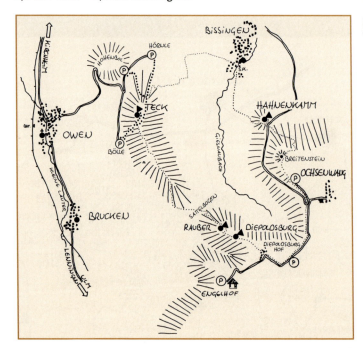

## Teck

| | |
|---|---|
| Gemeinde | Owen, Landkreis Esslingen |
| Meereshöhe | Burg 773 m, Owen 397 m |
| Besichtigung | Frei zugänglich<br>Turm täglich geöffnet (außer Dienstag) |
| Wanderheim | Burg Teck des Schwäbischen Albvereins, ganzjährig geöffnet |
| Einkehrmöglichkeit | Gaststätte „Burg Teck", Dienstag Ruhetag |
| Angebliche Belagerung, 1286 | Graf Eberhard von Württemberg soll 1286 mit seinem Heer die Teck belagert haben. Mehrere Versuche, die Burg im Handstreich einzunehmen, scheiterten. Eberhard versuchte nun, die Eingeschlossenen auszuhungern. Als die Vorräte in der Burg zur Neige gingen und die Übergbe bevorstand, entschloß man sich zu einer List. Sie fütterten mit ihrem letzten Korn ein Kalb, schlachteten es und warfen den gefüllten Wanst über die Mauern. Die Württemberger ließen sich täuschen, schlossen auf ausreichend Vorräte und zogen ab. Daraufhin ging bei der Besatzung in Anspielung auf die „Wecken" (Rauten) des teckschen Wappens der Spruch um: „Zu Teck lassen wir uns nicht erschrecken, denn wir haben noch Jahr und Tag genug Wecken." |
| Einnahme der Burg, 1519 | Im Krieg des Schwäbischen Bundes gegen Herzog Ulrich von Württemberg war die Teck nur schwach besetzt. Das Heer der Reichsstädte zog vor die Burg und forderte Verhandlungen zur Übergabe. Um die Bedingungen erfahren zu können, erschienen die Verteidiger allesamt am Tor. Völlig unbemerkt legten die Städter im Rücken des Tores Leitern an die Mauer, überstiegen sie und überrumpelten kurzerhand die Burgbesatzung. |
| Die Zerstörung der Burg, 1525 | Die aufständischen Bauern zogen am 1. Mai 1525 vor die Stadt Kirchheim und verlangten Einlaß. Der württembergische Vogt war auf den Hohenneuffen geflohen. Gegen das Versprechen, nicht zu plündern, öffneten die Kirchheimer den Bauern schließlich die Tore. Am 3. Mai 1525 führt Hans Metzger aus Besigheim im Auftrag des Bauernführers Hans Wunderer die Bauern auf die Teck. Dies geschah gegen den Befehl des Bauernobersten Matern Feuerbacher. Metzger verlangte die Herausgabe der drei Geschütze und versprach die Schonung der Besatzung. Obwohl gut gerüstet, wurde das Burgtor geöffnet. Die Bauern drangen in die Burg ein, plünderten Gebäude und Vorratskeller und legten schließlich Feuer. So wurde die Teck ein Raub der Flammen. Nur die Burgkapelle blieb verschont. An einen Wiederaufbau war nicht zu denken. Die einst stattliche Burg zerfiel allmählich. |

# Teck

**Beschreibung der Teck, um 1600**

„... ist das Bergschloß Teck, das vor so vielen Jahren im herrlichen Wesen gestanden, dieser Zeit ohne menschliche Wohnung, da abgegangen. Liegt wüst und öd auf einem schönen und zierlichen Berg, hat inwendig des Gemäuers einen grünen, schönen und weiten Platz. Die umliegende Landschaft ist an Wein, Korn und allerlei Früchten ganz fruchtbar und wohl angebaut, also daß Württemberg durch diese Herrschaft nicht wenig gemehrt und geziert worden."

**Das Sibyllenloch und die Sage von der Sibylle auf der Teck**
Von Gustav Schwab, 1823

„Am untersten Rande des großen westlichen Burgfelsens öffnet sich eine hohe und weite, von der Natur gebaute Grotte, das Sibyllenloch genannt. Der Weg führt durch den Wald hinab, eines Büchsenschusses Länge, an dem hohen Felsen vorbei; er gewährt den einzigen Standpunkt, von dem aus die Trümmer auf dem schroffen Felsen sich wirklich kühn und pittoresk ausnehmen. Die Höhle selbst, von Waldgesträuch umgeben, ist über Felsen schwer und, weil sie am Abgrund liegt, mit großer Behutsamkeit zu besteigen. Die Grotte selbst ist von braunen Felsen, die drohend aus der Decke herunterhangen, hoch und schön gewölbt, die Aussicht auf den weiten Westen und die untergehende Sonne aus ihrer dunklen Einfassung neu und unvergleichlich. Nach einer mäßigen Tiefe verengt sich die Höhle so, daß man auf dem Bauche hineinkriechen muß. Wohin und wie weit sie führt, ist unergründet, einige meinen mittäglich aufwärts gegen die Burg, so sich wieder ein längst verschüttetes Loch findet. Die Volkssage führt sie zwei Stunden durch des Berges Eingeweide fort, bis nach Guttenberg. An den Eingang pflanzt sie einen großen Hund, den Wächter eines ungeheuren Schatzes. In den Kriegen des 16. Jahrhunderts forschten diesem spanische und andre Kreigsknechte nach, und wagten sich mit vieler Verwegenheit in die Höhle; sie brachten aber nichts andres mit als zerrissne Kleider.

Den Namen Sibyllenloch hat der Höhle ohne Zweifel auch die Volkssage gegeben. Die Sibylle soll hier, als Prophetin und Hexe, gehaust haben und mit feurigem Zauberwagen ins Tal hinabgefahren sein. Auf der Stelle, über die der Wagen in der Ebene fuhr, verdorrt noch auf den heutigen Tag Gras, Kraut und Halm. Mit jedem Frühjahr erscheint der rote Strich quer durch das Feld. Das Phänomen ist nicht zu leugnen. Kommt es vielleicht von einem unterirdischen Gang her, der eine Strecke Feldes unterminiert und das Wachstum hindert?"

**Geschichte**

Der Teckberg ist bereits in der Hallstattzeit (800–400 v. Chr.) und vielleicht noch später besiedelt. Im 11. Jahrhundert treten die Zähringer in der Umgebung auf. Herzog Berthold I. von Zähringen gründet um 1050 bis 1070 die Limburg. Ihr Herrschaftsgebiet verlagert sich allmählich in das Oberrheingebiet, in den Südschwarzwald und in die Schweiz. Trotzdem erscheint es Konrad von Zähringen

# Teck

*Die Teck mit Albvereinswanderheim und Resten der Burg von Süden*

wichtig genug, eine neue, größere Burg auf der Teck erbauen zu lassen. Sie wird zur herzoglichen Residenz und Mittelpunkt höfischen Lebens. Nachdem die Hohenstaufen und die zähringische Hauptlinie ausstirbt, sind die Burgherren der Teck die einzigen in Schwaben, die den Herzogtitel führen.

**1152** Herzog Berthold IV. von Zähringen erhält von König Friedrich Barbarossa die Herrschaft über Burgund und Provence. Als Gegenleistung verspricht er, die königlichen Rechte zu wahren und am geplanten Feldzug nach Italien mit je fünfhundert gepanzerten Reitern und Bogenschützen teilzunehmen. Als Pfand übergibt er seine Burg Teck.
**1156** Berthold IV. erhält die Burg Teck zurück.
**1186** Adelbert, Bruder des Berthold IV., nennt sich „Herzog von Teck". Die Burg wird zur Residenz.

# Teck

**1189–1195** Adelbert im Gefolge Kaiser Heinrichs VI.
**1286** Angebliche Belagerung der Burg durch Graf Eberhard von Württemberg.
**Um 1299** Teilung des Besitzes.
**1303** Herzog Hermann verkauft seine Hälfte an Habsburg. Edelmann Wernher von Ehingen wird als Vogt und Graf Eberhard von Nellenburg als „Pfleger" eingesetzt.
**1315** Die Grafen von Württemberg sind Pfandinhaber der habsburgischen Hälfte.
**1326** Württemberg ist Eigentümer der habsburgischen Hälfte.
**1350** Schwenzlin von Hofen ist Burgvogt auf der Teck.
**1359** Die Grafen von Württemberg sind Pfandinhaber der teckschen Hälfte.
**1377** Johann Konrad, Jungherzog von Teck, zieht mit 133 deutschen Rittern nach Ferrara. Er heiratet die Tochter des Markgrafen Aldobrandini.
**1381** Württemberg kommt durch Kauf der teckschen Anteile in Besitz der ganzen Burg. Die Familien der Herzöge von Teck ziehen in die neuerworbene Herrschaft Mindelheim.
**1412** Das zur ehemaligen Herzogsburg gehörende Gestüt am Fuß des Berges wird zu einer herrschaftlichen Schäferei und Melkerei umgenutzt.
**1439** Die Herzöge von Teck sind ausgestorben.
**1495** Der Kaiser verleiht dem neuen Herzogtum Württemberg das Recht, Titel und Wappen des Herzogtums Teck zu führen.
**1519** Einnahme der Burg durch den Schwäbischen Bund.
**1525** Zerstörung der Burg durch aufständische Bauern.
**1557** Crusius erwähnt eine Nikolauskapelle mit Malereien im Burghof der Teck.
**Um 1600** wird die Teck als „ein Gemäuer, das nichts mehr nutz ist" bezeichnet.
**1661** Der Kirchheimer Obervogt Konrad Widerholt setzt eine Wache auf den Burgturm.
**1736** Beginn der Arbeiten zum Bau einer modernen Festungsanlage durch Herzog Karl Alexander von Württemberg.
**1737** Einstellung der Bauarbeiten nach dem plötzlichen Tod von Herzog Karl Alexander.
**1741** Das Wachthaus, 1736 erstellt, wird abgebrochen und mit dem Baumaterial eine herrschaftliche Melkerei erbaut.
**1871** Franz Paul Karl Ludwig erhält den Rang eines Fürsten, Herzog von Teck.
**1888/89** Errichtung eines Aussichtsturmes und einer Schutzhalle durch den Schwäbischen Albverein und den Verschönerungsverein Kirchheim.
**1933** Neubau der Mörikehalle.
**1941** Erwerb der Burg durch den Schwäbischen Albverein.
**1954/55** Neubau des Wanderheims, Umgestaltung des Aussichtsturmes.

## Teck

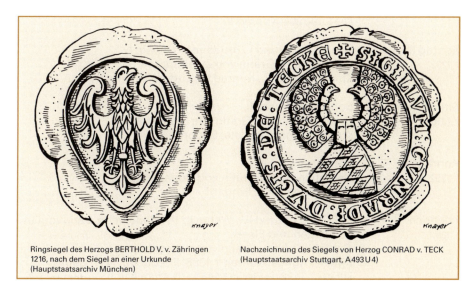

Ringsiegel des Herzogs BERTHOLD V. v. Zähringen 1216, nach dem Siegel an einer Urkunde (Hauptstaatsarchiv München)

Nachzeichnung des Siegels von Herzog CONRAD v. TECK (Hauptstaatsarchiv Stuttgart, A 493 U 4)

*Die Herzöge von Teck*

| | |
|---|---|
| Berthold IV.<br>1152, † 1186 | Sohn des Konrad I. (siehe Limburg, die Herzöge von Zähringen), möglicher Bauherr der Burg Teck.<br>Gemahlinnen:<br>1. Heilwich von Froburg; 2. Ida von Boulogne<br>Kinder: Berthold V. – letzter Herzog von Zähringen, Agnes, Anna |
| Adalbert<br>1195 | Sohn des Konrad I., Bruder von Berthold IV. |
| Adalbero?<br>1215 | Kinder: Konrad I., Berthold |
| Konrad I.<br>1235, † 1248 | Sohn des Adalbero oder Adalbert<br>Kinder: Ludwig I., Konrad II., Hermann I., Anna |

*Die Linie des Ludwig I.*

| | |
|---|---|
| Ludwig I.<br>† 1282 | Sohn des Konrad I.<br>Gemahlin: Luitgart Markgräfin von Burgau<br>Kinder: Ludwig II., Hermann II., Agnes |
| Hermann II.<br>1302, † 1336 | Sohn des Ludwig I.<br>Gemahlin: Beatrix<br>Kinder: Ludwig IV., Lutzmann, Friedrich II., Beatrix |
| Ludwig IV.<br>1301, 1336 | Sohn des Hermann II., Pfleger der Stadt Monza.<br>Gemahlin: N. von Geroldseck<br>Kinder: Beatrix, Agnes |

## Teck

*Die Linie des Konrad II.*

| | |
|---|---|
| Konrad II.<br>† 1292 | Sohn des Konrad I., Bruder des Ludwig I.<br>Gemahlin: N. Gräfin von Zweibrücken<br>Kinder: Simon I., Konrad III., Ludwig III., Friedrich |
| Simon I.<br>† 1316 | Sohn des Konrad II.<br>Gemahlin: Agnes Gräfin von Helfenstein<br>Kinder: Konrad IV., Uta, Simon II. |
| Konrad IV.<br>† 1352 | Sohn des Simon I.<br>Gemahlin: Anna Gräfin von Hohenberg<br>Kinder: Friedrich, Irmgard |
| Friedrich<br>† 1390 | Sohn des Konrad IV., Wohnsitz in Mindelheim, Landvogt in Schwaben und Elsaß.<br>Gemahlin: Anna Gräfin von Helfenstein<br>Kinder: Agnes, Konrad † 1386, Friedrich † 1411, Georg, Ulrich † 1432, Ludwig † 1439 – Patriarch von Aquileja, Beatrix, Margarethe, Uta, Irmgard |

*Die Nachkommen Herzog Ludwigs von Württemberg: Herzöge und Fürsten von Teck*

| | |
|---|---|
| Alexander<br>1804–1885 | Sohn des Herzogs Ludwig<br>Gemahlin: Claudine Gräfin von Rhédey<br>Kinder: Claudine Henriette, Franz Paul Karl Ludwig, Amalie Josephine Henriette |
| Franz Paul Karl Ludwig<br>1837–1900 | Herzog von Teck, Sohn des Alexander.<br>Gemahlin: Marie von Cambridge, Prinzessin von Großbritannien<br>Kinder: Mary Augusta, Adolf Alexander, Franz Joseph, Alexander August |
| Mary Augusta<br>1867–1953 | Gräfin von Teck, Tochter des Franz Paul Karl Ludwig.<br>Gemahl: Herzog Georg von York, seit 1910 König Georg V. von Großbritannien<br>Kinder: Eduard – Herzog von Windsor, Mary, Henry – Herzog von Gloucester, George – Herzog von Kent, Georg – Herzog von York |
| Georg<br>1895–1952 | Sohn der Mary Augusta von Teck, seit 1937 König von Großbritannien.<br>Gemahlin: Elisabeth Bowes-Lyon<br>Tochter: Elisabeth II., seit 1952 Königin von England |
| Adolf Alexander<br>1868–1927 | Fürst und Herzog von Teck, Sohn des Franz Paul Karl Ludwig.<br>Gemahlin: Marquess of Cambridge<br>Kinder: Georg, Mary, Helena, Frederik |

# Teck

**Alexander August**
1874–1957

Fürst von Teck, Earl of Athlone, Sohn des Franz Karl Ludwig.
Gemahlin: Alice Prizessin von Großbritannien
Kinder: May, Rupert, Maurice

1 Aussichtsturm
2 Mörikehalle, Gaststätte
3 Turmstube
4 Gaststube Wanderheim
5 Eingang Aussichtsturm
6 Kiosk
7 Eingang Gaststätte
8 Eingang Gästehaus
9 Gästehaus des Albvereins
10 Tor – Durchfahrt
11 Rampe
12 Ecke mit Buckelquader
13 Viereckturm mit Buckelquader
14 Lage eines Gebäudes mit Keller
15 Lage eines Gebäudes
16 Südlicher Flankierungsturm
17 Aussichtsplattform
18 Eingang Sibyllenhöhle
19 Fußweg zur Sibyllenhöhle
20 Hauptgraben
21 Vorgraben
22 Verebnete Fläche
23 Holzschuppen
24 Zu den Parkplätzen und Teckberg
25 Lage des Kasernenbaus
26 Lage der Kommandantur
27 Lage des Wachthauses
28 Burghof
29 Wirtschaftsgebäude

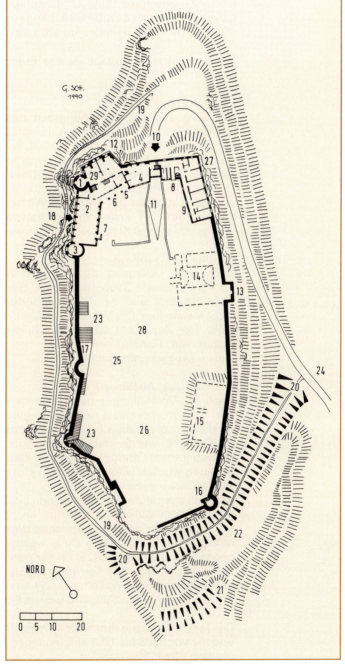

## Teck

Anlage

Der Teckberg ist ein 850 m langer, von Nord nach Süd gerichteter Höhenkamm. Er löst sich am Rauber vom Albtrauf und steht, durch den „Sattelbogen" getrennt, völlig frei. Die Burg liegt auf der nördlichen Bergkuppe. Sie fällt nach drei Seiten steil ab und ist nach Süden durch Gräben (20 + 21) geschützt. Eine Umfassungsmauer von 297 m Länge umfaßt den Burgbereich. Länge: 115 m, Breite: 50 m. (Zum Vergleich: Hohenstaufen 130 x 38 m.)

Die umfangreiche Anlage ist das Ergebnis von drei Bauphasen:

I. Romanische Bauphase
Die Burg aus der Entstehungszeit des 12. Jahrhunderts umfaßt bereits den durch die Außenmauer gekennzeichneten Bereich. Über die innere Aufteilung ist nichts bekannt und auch nichts ablesbar. Ein Bergfried wird beim Aussichtsturm (1) vermutet. Die Südostmauer mit Viereckturm (13) bis zum Rundturm (16), der untere Teil der Südmauer und der Unterbau des heutigen Wirtschaftsgebäudes (29) entstammen der ersten Phase. Bauweise: Buckelquader und geschichtetes Kleinquadermauerwerk.

II. Gotische Bauphase
Nach dem Übergang der Burg an die Württemberger erfolgten weitere Baumaßnahmen. Sie sind im einzelnen nicht bekannt und zumindest innerhalb des Burgareals nicht feststellbar. Die Mauern besaßen Zinnen und Maschiculis. Der Rundturm (16) in der Südecke und die Westmauer mit Rundtürmen entstammen dieser Zeit. Bauweise: Bruchsteinmauerwerk.

III. Bauphase: Ausbau zur Festung
Nach den Vorstellungen des Bauherrn Herzog Karl Alexander von Württemberg sollte der gesamte Teckberg als moderne, aufwendige Festung ausgebaut werden. Dieses Großprojekt wurde stark reduziert in Auftrag gegeben. Oberstleutnant Öttinger fertigte die Pläne. Die begonnenen Arbeiten wurden jedoch nach dem plötzlichen Tod des Karl Alexander eingestellt.
Von den ausgeführten Maßnahmen sind noch Erdwallanlagen auf dem südlich an die Burg anschließenden Plateau des Teckberges und am nördlichen Hang erkennbar. Innerhalb der mittelalterlichen Burg wurden folgende Bauten begonnen: die Kaserne (25) an der nordwestlichen Umfassungsmauer, Teile des Kommandantenhauses (26) im südlichen Bereich, das Wachthaus (27) an der Ostecke und die Erhöhung der Umfassungsmauer um 6 Schuh.

Die Teck wird heute durch die Umfassungsmauer der Burg und die von 1888 bis 1955 entstandenen Bauten des Schwäbischen Albvereins geprägt.

## Teck

**Graben**

Auf dem Burgweg (24) erreicht man die südöstliche Bergflanke. Links befindet sich die Einmündung des Hauptgrabens (20). Ein Fußweg (19) führt durch den Graben um die Burg. Die Umfassungsmauern entstammen der mittelalterlichen Anlage und ragen bis 7 m hoch auf. Nach der Einmündung des Hauptgrabens in den Burgweg ragen aus der Umfassungsmauer die Reste des Viereckturmes (13). Der 4,50 m hohe Sockel besitzt Eckbuckelquader aus Sandstein. Formate z. B.: 82 x 53 x 28, 107 x 36 x 30, 78 x 32 x 30, 92 x 23 x 22 cm (L x B x H). Buckel kissenförmig bis 12 cm stark mit Zangenlöchern, Randschlag 3 bis 3,5 cm breit.

**Viereckturm
Buckelquader**

**Tor**

Der Weg führt um die Burg zur nordöstlichen Torseite (10) mit Wappen der Herzöge von Zähringen und Teck, den Grafen von Württemberg und des Schwäbischen Albvereins. Rechts davon, am vorspringenden Sockel des Wirtschaftsgebäudes, findet man Eckbuckelquader (12) und in den Wänden vermauerte Scharten.

**Buckelquader**

Buckelquaderecke am Sockel des Wirtschaftsgebäudes

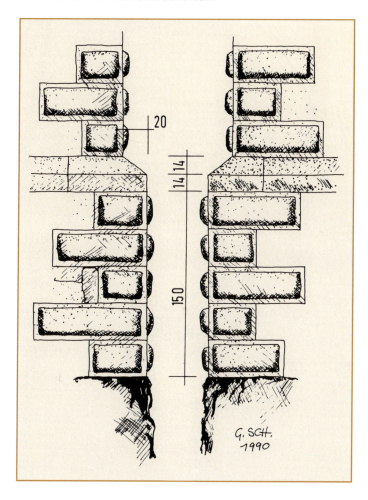

## Teck

**Wanderheim**  Durch das Tor betritt man eine Rampe (11), die direkt in den Burghof (28) führt. Über dem Tor liegt das Wanderheim (4) des Schwäbischen Albvereins. Links davon das Wirtschaftsgebäude mit Kiosk (6) und dem Aufstieg zum Turm. Daran schließt der Aussichtsturm (1), die Mörikehalle (2) und die Turmstube (3) an. Rechts vom Tor anstelle des ehemaligen Wachthauses das Gästehaus (9).

**Umfassungsmauer**  Weiträumig umschließt die äußere Mauer den jetzt freien Burghof (28). Die südöstliche Mauer am Burgweg entstammt der ersten und die nordwestliche Mauer mit Rundtürmen der zweiten Bauphase (Aussichtsterrasse [17]).

*Mauerrest der südlichen Umfassungsmauer am Hauptgraben. Unterer Bereich mit Kleinquaderverblendung der I. Bauphase*

# Teck

**Rundturm** — Aus der zweiten Phase stammt auch der Rundturm (16) in der Südecke, dessen heute vermauerter Zugang in zwei untere Geschosse führte. Das obere wird von einem spitzbogigen Kreuzgewölbe überdeckt.

**Sibyllenhöhle** — Vor dem Tor führt ein schmaler Fußsteig (19) zur Sibyllenhöhle (18). Die Vorhalle mit hinterer Höhle mißt 23 m Länge. Der ursprüngliche Verbindungsgang zur Burg ist durch mittelalterlichen Schutt verfüllt. Bei Ausgrabungen im Jahre 1898 konnten im Höhlenlehm über 2000 Skelettreste von Höhlenbären, Löwen und Hyänen gefunden werden.
Eng verbunden ist die Sibyllenhöhle mit der Sage der Sibylle von der Teck. Entgegen Gustav Schwabs Beschreibung wächst das Korn auf der Sibyllenspur üppiger als anderswo. Durch Grabungen konnten neue Erkenntnisse gewonnen werden. Vermutlich hoben die Römer im 1. Jahrhundert n. Chr. parallel verlaufende Gräben aus. Diese wurden mit Humus wieder verfüllt. Die üppige Vegetation hat also eine ganz natürliche Erklärung.

**Besitzer** — Schwäbischer Albverein

**Pläne** — Grundriß und Übersichtsplan von K. A. Koch u. a., in: „Kunst- und Altertumsdenkmale in Württemberg"
Ausbaupläne zur Festung von Öttinger – Grundrisse, Schnitte, Ansichten, 1736
Lageplan um 1736, in: „Kunst- und Altertumsdenkmale"

**Alte Ansichten** — Burg Teck, in Skizzenbuch des Michael Ochsenbach, um 1600
Owen und Teck, in: „Kirchheimer Forstlagerbuch", um 1683
Teck, in: „Kieseresches Forstlagerbuch", 1685 (Hauptstaatsarchiv Stuttgart)
„Prospect des uralten Schlosses Teck", Tuschezeichnung, 1758
Südseite der Teck, L. Kolb, 1826
Weitere Zeichnungen von L. Kolb, 1885

**Literaturhinweise**
- Binder, Hans
  Höhlenführer Schwäbische Alb, 1977
- Christ, Dr. Hans und Klaiber, Prof. Dr. Hans
  Die Kunst- und Altertumsdenkmale in Württemberg, Donaukreis, 1924
- Diehl, Adolf
  Schwäbische Ritter und Edelknechte im Dienst von Pisa und Lucca
- Dörr, Gerd
  Schwäbische Alb, Burgen, Schlösser, Ruinen, HB-Bildatlas, 1988
- Fahrbach, Georg
  Die Teck, 1955
- Gradmann, Wilhelm
  Burgen und Schlösser der Schwäbischen Alb, 1980
- Kilian, Rainer
  Burg und Herrschaft Teck, Teckbote, 1986
- Kilian, Rainer; Gottlieb, Dr. Klaus; Wagner, Prof. Dr. Georg; Dangel, Heinz u. a.
  Die Teck, Berg, Burg und Wanderheim, 1987
- Koch, Dr. Walter A.
  Der Sagenkranz um die Sibylle von der Teck, 1951, 1969, 1981

# Teck

- Krüger, Dr. Ing. Eduard
  Die Burg Teck und das neue Wanderheim, in: „Erwanderte Heimat",
  Hrsg. Schwäbischer Albverein, 1942
  Die landschaftliche Gesaltung des Teckberges, in: „Blätter des
  Schwäbischen Albvereins", Nr. 1/1955
- Maurer, Dr. Hans-Martin
  Die Teck, in „Burgruinen im Landkreis Nürtingen", 1967
- Moser
  Beschreibung des Oberamts Kirchheim, 1842
- Müller, Siegfried
  Altes und Neues von der Sibyllenspur, in: „Blätter des
  Schwäbischen Albvereins", Nr. 6/1977
- Pfefferkorn, Wilfried
  Burgen unseres Landes – Schwäbische Alb, 1972
- Reichardt, Lutz
  Ortsnamenbuch des Kreises Esslingen, 1982
- Schwab, Gustav
  Die Neckarseite der Schwäbischen Alb, 1823
- Schwäbischer Albverein (Hrsg.)
  Teck – Neuffen – Römerstein, Wanderführer, 1987
- Schwennicke, Detlev
  Europäische Stammtafeln, Band 1, 1980
- Schwenkel, Prof. Dr. Hans
  Heimatbuch des Kreises Nürtingen, Band 1 + 2, 1953
- Uhl, Stefan
  Buckelquader an Burgen der Schwäbischen Alb, Studienarbeit, 1989
- Wais, Julius
  Albführer, Band 1, 1962
- Wetzel, Manfred
  Vom Land um die Teck, 1984
- Zürn, Hartwig
  Die vor- und frühgeschichtlichen Geländedenkmale und die
  mittelalterlichen Burgstellen des Stadtkreises Stuttgart und der
  Kreise Böblingen, Esslingen und Nürtingen, 1956

*Pläne zum nichtverwirklichten großen Festungsbauplan
Projekt I von Oberstleutnant Öttinger, 1736*

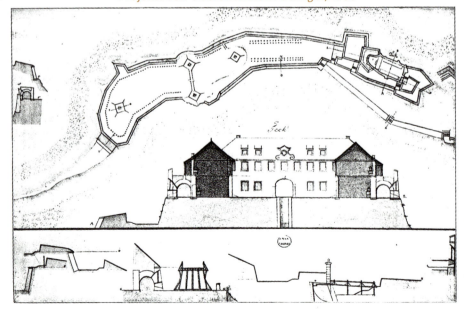

# Obere und Untere Diepoldsburg (Rauber)

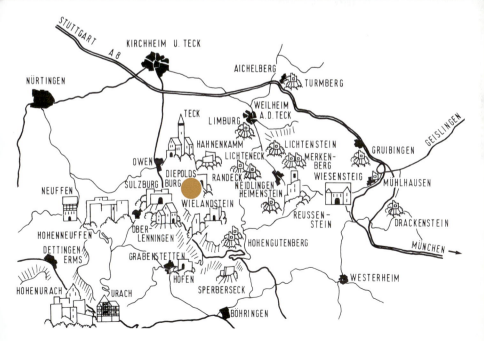

# Obere und Untere Diepoldsburg (Rauber)

| | |
|---|---|
| Lage | Bei Kirchheim unter Teck beherrscht der aus dem Albmassiv vorspringende Teckberg die Umgebung. Er ist im Süden durch den „Sattelbogen" mit dem Albtrauf verbunden. Auf dem folgenden schmalen Berggrat liegt die Ruine Untere Diepoldsburg, der sogenannte „Rauber". Hinter einem flachen Geländestück folgt auf einem Felsen die Ruine der Oberen Diepoldsburg.<br>Die Straße von Bissingen an der Teck nach Schopfloch, nahe der B 465, zweigt 100 m vor Ochsenwang links ab und führt am Trauf entlang zum Wirtschaftshof Diepoldsburg (Jugendheim, Tagungsstätte). Parkmöglichkeiten bestehen auf dem Wanderparkplatz 500 m vor dem Wirtschaftshof oder beim Gasthaus „Engelhof" wenige Meter nach dem Wirtschaftshof. Dem bezeichneten Wanderweg (AV Dreieck) zum Waldrand folgen, dann rechts haltend auf dem Fußpfad über den Grat zur Ruine Obere Diepoldsburg.<br>Wirtschaftshof – 0,7 km Ruine Diepoldsburg.<br>Wandervorschläge siehe Teck, Hahnenkamm und Wielandstein. |
| Gemeinde | Lenningen, Landkreis Esslingen |
| Meereshöhe | Obere Diepoldsburg 780 m, Untere Diepoldsburg (Rauber) ca. 735 m, Wirtschaftshof ca. 800 m, Lautertal 410 m |
| Besichtigung | Beide Burgruinen frei zugänglich |

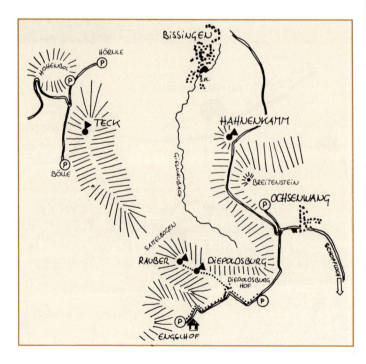

# Obere und Untere Diepoldsburg (Rauber)

| | |
|---|---|
| Wanderheim | Burg Teck, ganzjährig geöffnet |
| Einkehr-möglichkeit | Gaststätte „Engelhof" |
| Beschreibung von Martin Crusius 16. Jahrhundert | „Über dem Tal, das zwischen der Teck und der Alb ist, findet man auf den Bergen zwei Schlösser, die heißen Diepoldsburg. Die Namen kommen oft mit der Sache überein. Denn es sollen vor Zeiten Leute da gewohnt haben, deren Gebrauch gewesen, auf Beute auszugehen und vom Raube zu leben. Man kann es an zwei Mauern sehen, die von den Schlössern weit hinausgehen; wer zwischen dieselbe hineingebracht worden, war schon verloren, wie alte Leute erzählen. Jetzt sind nur noch die Spuren davon zu sehen. Sie gehören dem Edeln Georg Schilling von Canstatt, der zu Owen wohnt." |
| Der Weg zum Rauber Gustav Schwab, 1823 | „Bis zu dem sogenannten Rauber-(Schaf-)Hof ist der Weg erträglich; dann aber muß man sich einen Weg über Felsen, Abgründe, Disteln und Dornen suchen, bis man an die gewaltigen Mauern des Raubers gelangt, der im dichten Waldgebüsch lauernd, recht wie der gemeine Raubritter hinter dem schirmenden, edlern, hinter der offenen, stolzen Stirne der Teck sich birgt." |

*Burgruine Rauber, Pinselzeichnung von August Seyffer, 1813/14 (Württembergische Landesbibliothek Stuttgart)*

## Obere und Untere Diepoldsburg (Rauber)

Planübersicht

1 Untere Diepoldsburg – Rauber
2 Obere Diepoldsburg
3 Vom Wirtschaftshof Diepoldsburg
4 Von der Teck
5 Fußpfad zur Oberen Diepoldsburg
6 Forstweg

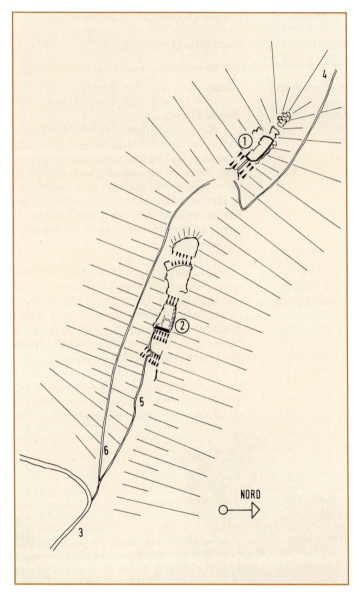

Geschichte

Bereits 914 wird urkundlich eine „Diepoldsburg" erwähnt. Sie ist vermutlich nicht identisch mit der Burg bei der Teck. Der Name „Rauber" ist sagenumwoben und bezeichnet die Untere Diepoldsburg. Ihre Gründung ist kurz nach der Entstehung der Oberen Diepoldsburg im 13. Jahrhundert anzusetzen.
(In der Literatur werden Herren von Rauber aufgeführt. Dieses Freiadelsgeschlecht saß auf der Burg Krumperk (Kreutberg) in Slowenien und hat mit dem „Rauber" bei der Teck nichts zu tun.)

## Obere und Untere Diepoldsburg (Rauber)

**1210/1215** Ulrich von Diepoldsburg, Ritter, Zeuge in Urkunden.
**1297** Diepoldsburg in Besitz der Herzöge von Teck.
**1303** Herzog Hermann II. von Teck schließt beim Verkauf seiner Hälfte der Teck an Habsburg die Diepoldsburg und Hahnenkamm in den Vertrag mit ein. Der Verkauf der Diepoldsburg wird jedoch nicht vollzogen.
**1328** Albrecht Graf von Grafeneck bewohnt als teckscher Pfandherr die Burg und nennt sich „Graf von Diepoldsburg".
**1406** Eigentum der Grafen von Württemberg. Berthold und Hans Schwenzlin von Hofen erhalten die Herrschaft als Pfand. Erstmalige Erwähnung der „Unteren Diepoldsburg".
**1424** Hans Truchseß von Bichishausen wird Pfandinhaber. Zur Herrschaft gehören Güter in Zähringen, Grabenstetten, Brucken, Ober- und Unterlenningen, der Hof Berkheim und Weingärten in Ober- und Untertürkheim.
**1435–1439** Truchseß Hans von Bichishausen Landhofmeister der Grafschaft Württemberg.
**1451** Hans übergibt die Herrschaft seinem Sohn Albrecht von Bichishausen. Er bewohnt vermutlich die Burg.
**1464** Truchseß Hans (der jüngere) von Bichishausen, Sohn des Albrecht, erwirbt die Burg Hohenhundersingen. Hans wird württembergischer Rat, Lehensrichter und Statthalter.
**1510** Nach dem Aussterben der Truchsessen von Bichishausen Übergang an die Speth von Sulzburg.
**1535** Diepoldsburg als „Burgstall" bezeichnet.
**1624** Erstmalige Erwähnung der Unteren Diepoldsburg als „Rauber".
**1964/65** Erwerb durch den Landkreis Nürtingen. Bestandserhaltende Maßnahmen unter Mitwirkung des Landes Baden-Württemberg.

| | |
|---|---|
| Anlagen | Nordwestlich des Wirtschaftshofes Diepoldsburg beginnt in Richtung Teck ein langer, felsiger Grat. Er gliedert sich in mehrere Abschnitte. An höchster Stelle liegt die Ruine der Oberen Diepoldsburg, wenig abwärts die Untere Diepoldsburg. Eine 100 m lange und 40 m breite ebene Fläche trennt die beiden Anlagen. |
| Anlage Obere Diepoldsburg | Die Obere Diepoldsburg gliedert sich durch ein umfangreiches Grabensystem in verschiedene Abschnitte auf unterschiedlichen Ebenen. Die Länge der Gesamtanlage beträgt vom Halsgraben (5) bis zur westlichen Vorbefestigung (4) ca. 165 m. |
| Kernburg | An höchster Stelle des Grates befindet sich die Kernburg (1) mit einer Grundfläche von 38 x 22 m. Steile Felsen bieten an den Flanken natürlichen Schutz; die beiden Stirnseiten sind durch tiefe Gräben (6 + 7) gesichert. Am bergseitigen |
| Schildmauer | Graben stehen die Reste der bestandsgesicherten Schild- |

# Obere und Untere Diepoldsburg (Rauber)

Obere Diepoldsburg

1 Kernburg
2 Westliche Vorburg
3 Östliche Vorburg
4 Vorbefestigung
5 Halsgraben
6 Östlicher Abschnittsgraben Kernburg
7 Westlicher Abschnittsgraben Kernburg
8 Abschnittsgraben Vorburg
9 Wall
10 Grabenauswurf
11 Mauerrest östliche Umfassungsmauer
12 Steiler Fels
13 Schildmauer
14 Lage eines Gebäudes
15 Möglicher innerer Burghof
16 Reste Kleinquader
17 Höhenpunkt 780 m
18 Von Rauber
19 Vom Wirtschaftshof Diepoldsburg

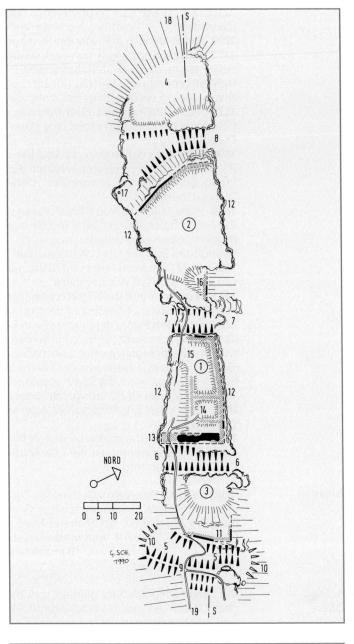

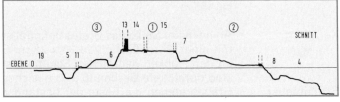

## Obere und Untere Diepoldsburg (Rauber)

mauer (13) (Länge 22 m, Stärke ca. 3,5 m). Im wesentlichen handelt es sich um Kernmauerwerk (bis 4 m hoch) und geringe Reste von Kleinquaderverblendung. Der ehemalige Burgzugang ist an der südwestlichen Burgseite anzunehmen. Er führte über den Graben (6) zum Tor in der Schildmauer (13). Geländespuren und Kernmauerwerk lassen den Verlauf der nördlichen Umfassungsmauer und ein Gebäude (14) hinter der Schildmauer erkennen.

Vorburgen   Vorburgen sicherten die Kernburg sowohl in östlicher als auch in westlicher Richtung. Die östliche Vorburg (3) diente zur Sicherung der Bergseite, die hintere, westlich gelegene (2) zur Aufnahme von Wirtschaftsgebäuden.

*Schildmauerreste der Oberen Diepoldsburg vom östlichen Abschnittsgraben*

# Obere und Untere Diepoldsburg (Rauber)

Anlage Untere Diepoldsburg „Rauber"
Die Untere Diepoldsburg oder „Rauber" war die jüngere der beiden Anlagen. Sie liegt am Ende des felsigen Grates etwa 45 m unterhalb der Kernburg der Oberen Diepoldsburg.

Burgtor
Eine Holzbrücke (4) führt über den 15 m breiten Halsgraben (2) zum Tor (6). Ursprünglich handelte es sich um ein großes Mauerloch, das als Tor interpretiert wurde. Ob diese Öffnung tatsächlich das ehemalige Burgtor war, ist nicht erwiesen. Denkbar wäre auch der Zugang von der südwestlichen Grabenseite.

Ringmauer
Die Ringmauer, in großen Teilen erhalten, umfaßt etwa 45 m Grundfläche. Mauerhöhe beim Tor: innen 5,50 m, außen 7,50 m, Stärke 130 cm. Sie folgt der Felskante. Nur

*Hof der Burgruine „Rauber" mit Resten der nordwestlichen Außenwände*

# Obere und Untere Diepoldsburg (Rauber)

an der Nordostseite überbrückte sie eine Spalte (14). Die neue Mauer ist zurückgesetzt. Auch die niedere Brüstungsmauer auf der Südwestseite entspricht nicht ganz dem ursprünglichen Verlauf (8). Bemerkenswert ist die gerundete Ausführung der Mauerecken.

**Zisterne**

Im Burghof liegt die Zisterne (5) deren Sohle durch eine halbkugelförmige Pfanne mit 5 m Durchmesser gebildet wird. Aufbau: Sandlager, wasserdichte Lehmschicht, Filtersteine.

Der Burgplatz wird zur Nordwestseite durch steile Einzelfelsen (11) abgeschlossen. Sie waren nicht in die Befestigung mit einbezogen.

Untere Diepoldsburg „Rauber"

1 Kernburg
2 Halsgraben
3 Grabenerweiterung
4 Holzbrücke
5 Zisterne
6 Tor
7 Neuer Ausgang
8 Ursprünglicher Mauerverlauf
9 Am Sockel erhaltenes Mauerwerk
10 Neue Brüstungsmauern
11 Burgfelsen
12 Zur Oberen Diepoldsburg
13 Infotafel
14 Neue Ummauerung – Felsspalte

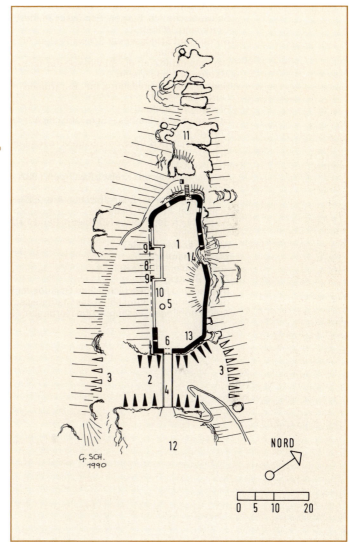

# Obere und Untere Diepoldsburg (Rauber)

| | |
|---|---|
| Besitzer | Landkreis Esslingen |
| Pläne | Grundriß Rauber, in: „Burgruinen im Landkreis Nürtingen", 1967<br>Grundrisse und Schnitte Obere und Untere Diepoldsburg von<br>K. A. Koch, in: „Die Kunst- und Altertumsdenkmale in Württemberg",<br>1924 |
| Alte Ansichten | Zeichnungen von August Seyffer, 1813/14<br>Burgruine Rauber, Pinselzeichnung von August Seyffer, 1813/14,<br>Württembergische Landesbibliothek Stuttgart<br>Diepoldsburg und Rauber, Aquarell von J. Näher, um 1870,<br>Landesbibliothek<br>Zwei Ansichten von K. Kolb, 1877 |
| Literaturhinweise | – Christ, Dr. Hans und Klaiber, Prof. Dr. Hans<br>　Die Kunst- und Altertumsdenkmale in Württemberg,<br>　Donaukreis, 1924<br>– Dörr, Gerd<br>　Schwäbische Alb, Burgen, Schlösser, Ruinen, HB-Bildatlas, 1988<br>– Gradmann, Wilhelm<br>　Burgen und Schlösser der Schwäbischen Alb, 1980<br>– Koch, Dr. Walter A.<br>　Der Sagenkranz um die Sibylle von der Teck, 1951, 1969, 1981<br>– Maurer, Dr. Hans-Martin<br>　Rauber oder Diepoldsburg, in: „Burgruinen im Landkreis<br>　Nürtingen", 1987<br>– Pfefferkorn, Wilfried<br>　Burgen unseres Landes – Schwäbische Alb, 1972<br>– Philipp, Franz<br>　Die ungleichen Brüder, eine Sage vom Rauber, in: „Blätter des<br>　Schwäbischen Albvereins", Nr. 12, 1904<br>– Reichardt, Lutz<br>　Ortsnamenbuch des Kreises Esslingen, 1982<br>– Schwab, Gustav<br>　Die Neckarseite der Schwäbischen Alb, 1823<br>– Schwenkel, Prof. Dr. Hans<br>　Heimatbuch des Kreises Nürtingen, Band 1 + 2, 1953<br>– Wais, Julius<br>　Albführer, Band 1, 1962<br>– Wetzel, Manfred<br>　Vom Land um die Teck, 1984<br>– Zürn, Hartwig<br>　Die vor- und frühgeschichtlichen Geländedenkmale und die<br>　mittelalterlichen Burgstellen des Stadtkreises Stuttgart und der<br>　Kreise Böblingen, Esslingen und Nürtingen, 1956 |

# Sulzburg

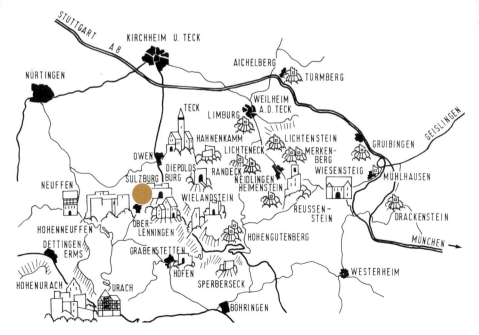

# Sulzburg

| | |
|---|---|
| Lage | Südlich von Kirchheim unter Teck erstreckt sich das Lenninger Tal. Mittelpunkt sind die Ortschaften Unter- und Oberlenningen. Beide besaßen ihre eigenen Ortsburgen. Westlich von Unterlenningen erhebt sich mitten im Tal ein Hügel mit der stattlichen Ruine Sulzburg.<br>Von Kirchheim unter Teck auf der B 465 über Owen nach Unterlenningen. In der Ortsmitte von Unterlenningen führt eine Straße rechts ab in Richtung Erkenbrechtsweiler. Hinter der Lauterbrücke geradeaus auf der „Burgstraße" bis zur Anhöhe. Erste Abzweigung links direkt zur Ruine. Ab Wegteilung Burgstraße–Burghofweg Fahrverbot. Brücke Unterlenningen – 1,0 km Sulzburg.<br><br>*Wandervorschlag:*<br>Von der Ortsmitte in Unterlenningen zur Sulzburg wie beschrieben. Abstieg vom südlichen Burggraben der Ruine auf bezeichnetem Fußweg zum „Burgstüble". Schließlich über den Burghofweg zurück nach Unterlenningen.<br>Brücke Unterlenningen – 1,0 km Sulzburg – 0,6 km Unterlenningen. |
| Gemeinde | Lenningen, Landkreis Esslingen |
| Meereshöhe | Burg 492 m, Lautertal 420 m |
| Besichtigung | Frei zugänglich |

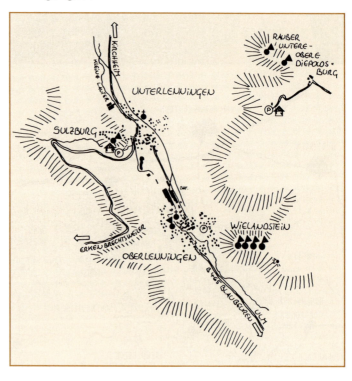

# Sulzburg

| | |
|---|---|
| Wanderheim | Burg Teck |
| Einkehrmöglichkeiten | Gasthäuser in Unterlenningen, „Burgstüble" (sonntags geöffnet) |
| Weitere Sehenswürdigkeit | Kirche mit barockem Saalbau und spätgotischem Chor in Unterlenningen |
| Geschichte | Der Begriff Sulzburg bezeichnet eine Burg inmitten morastigen Geländes. Die Sulzburg ist eine der letzten Burgengründungen um die Teck. Sie ist auch eine der wenigen, die zum Schloß ausgebaut, bis ins 18. Jahrhundert noch bewohnt wird. Ihre Entstehung ist nicht gesichert. Als möglicher Bauherr kommt Heinrich von Neidlingen (1302/1341) oder sein Vater Ulrich in Frage. |

**1292** Ulrich von Neidlingen besitzt Güter im Lenninger Tal.
**1335** „Unser Festi Sulzpurch" in Besitz der Herren von Neidlingen. Sie verpflichten sich, die Burg niemals gegen Württemberg einzusetzen.
**1341** Teilung des Besitzes nach dem Tod des Heinrich von Neidlingen.
**1344** Marquard von Randeck, späterer Patriarch von Aquileja, Schlichter im Erbstreit. Zwei Brüder von Neidlingen erhalten je eine Hälfte der Sulzburg.

*Innenhof der Vorburg mit Tor und Schildmauer*

# Sulzburg

**1370** Ulrich von Neidlingen hält sich auf der Burg auf. Durch Heirat der Agnes von Neidlingen gelangt ein Anteil an Funk Speth. Dieser erwirbt den anderen Teil von Werner von Neidlingen.
**1395** Belehnung des Funk Speth mit der Burg.
**1434** Gemeinsame Belehnung der Brüder Dietrich und Wilhelm Speth; der dritte Bruder, Heinrich, erhält die Burg Tumnau.
**1442** Erneute Teilung der Burg in das „Vordere" und das „Hintere Haus".
**1471** Dietrich, Sohn des Dietrich, Erbe der Sulzburg.
**1486** Nach dem Tod des Dietrich Speth Übergang der Burg an seine Söhne Gall und Dietrich.
**1509** Gall Speth ist nach dem Tod des Dietrich alleiniger Besitzer.
**1524** Hans Dietrich Speth, Sohn des Gall, wird Eigentümer. Herzog Ulrich von Württemberg erneuert die Belehnung nach Regierungsantritt nicht.
**1545** Wolf Dietrich und Sixt Dietrich, Brüder des verstorbenen Hans Dietrich Speth, in Besitz der Sulzburg. Anna Speth, Tochter des Hans Dietrich und ihr Gatte Ulrich Schilling von Cannstatt bemühen sich um die Belehnung. Sie erwerben den Anteil des Wolf Dietrich und ziehen auf die Burg.
**1551–1553** Streitigkeiten um die Belehnung der Sulzburg zwischen Ulrich Schilling und Sixt Dietrich Speth.
**1554** Herzog Ulrich verleiht die Burg an Jörg Speth, Nachkomme der Linie Speth-Tumnau. Grundbesitz, Gutshof und Grundherrschaft gehören Anna Schilling, geb. Speth.
**1555** Anna Schilling verläßt nach einem Schlichtungsverfahren die Burg.
**1556** Veit Speth von Tumnau, Vetter des Georg Speth, Bewohner der Sulzburg. Ihm folgt Hans Eitel, Bruder des Veit.
**1593** Modernisierungsarbeiten unter dem neuen Besitzer Jörg, Neffe des Hans Eitel.
**1619** Johann Friedrich Speth, letzter der Familie, in Besitz des Lehens.
**1634** Plünderung und Zerstörung der Sulzburg durch kaiserliche Truppen.
**1641** Philipp Ludwig Schilling, Eigentümer der Guts- und Grundherrschaft, erhält das Lehen Sulzburg. Instandsetzung der Burg für 3000 fl.
**1676** Anna Catherina (siehe Oberlenningen), Tochter des Philipp Ludwig, erwirbt den Anteil ihrer Schwester um 3200 fl.
**1692** Herzogin Magdalena Sibylla, geb. Landgräfin von Hessen, erwirbt den gesamten Besitz um 4500 fl.
**1712** Benjamin von Menzingen, württembergischer Hofmeister, erhält nach dem Tod der Herzogin für treue Dienste die Sulzburg.
**1725** Der letzte Burgvogt stirbt im Alter von 103 Jahren.

# Sulzburg

**1732** Nur noch ein „armer Taglöhner" wohnt im Schloß.
**1751** Der Pächter beginnt die Gebäude abzubrechen und verkauft das Baumaterial. Auf Einspruch des württembergischen Finanzbeamten in Kirchheim werden die Abbrucharbeiten eingestellt.
**1807** Sulzburg ist Ruine.
**1818** Öffentliche Versteigerung des Schloßgutes. Schultheiß Dangel erwirbt den Besitz zu dem für die Gemeinde Unterlenningen unerschwinglichen Preis von 26 000 fl. Die notwendigen Raten werden durch Erlöse von Teilverkäufen an 28 Unterlenninger Bauern getilgt.
**1966/67** Bestandssicherung der Ruine.

*Innerhalb der Kernburg führt ein mit Kalksteinpflaster belegter Aufgang zum inneren Burghof. Links die Außenmauer des „Neuen Palas".*

# Sulzburg

*Die Linie der Familie Speth von Sulzburg*

Funk
1383, 1417
Lehensherr von Sulzburg seit 1395
Gemahlin: Agnes von Neidlingen
Kind: Volmar

Volmar
1395, 1407
Sohn des Funk
Kinder: Dietrich, Wilhelm, Heinrich

*Die Linie des Dietrich Speth von Sulzburg*

Dietrich (I.)
1434, 1470
Sohn des Volmar
Gemahlin: Udel, Truchsessin von Bichishausen
Kind: Dietrich (II.)

Dietrich (II.)
1471, 1486
Sohn des Dietrich (I.)
Gemahlin: Ursula von Grünenstein
Kinder: Gall, Dietrich (III.)

Gall
1486, 1524
Sohn des Dietrich (II.)
Kinder: Hans Dietrich, Wolf Dietrich, Sixt Dietrich

Hans Dietrich
1524, 1545
Sohn des Gall, Burgvogt von Hohenasperg, letzter der Linie des Dietrich Speth
Kinder: Anna – Gemahlin des Ulrich Schilling von Cannstatt, Magdalena

*Die Linie des Heinrich Speth von Tumnau*

Heinrich
1435, 1463
Sohn des Volmar, Vogt in Kirchheim
Kinder: Hans, Veit

Hans
1463, 1496
Sohn des Heinrich, Burgvogt zu Neuffen
Gemahlin: Lupperg von Wernau
Kinder: Hans, Kaspar, Tochter N.N.

Kaspar
1500, 1541
Sohn des Hans
Gemahlin: Agnes von Scheinen
Kinder: Jörg (I.), Hans, Hans Eitel

Hans
1554, 1566
Sohn des Kaspar, genannt zu Sulzburg
Kinder: Hans Kaspar, Jörg (II.), Hans Heinrich

Jörg (II.)
1566, 1618
Sohn des Hans
Kinder: Hans Kaspar – Kanoniker in Mainz, Johann Friedrich – letzter Eigentümer der Sulzburg, 1634 im Krieg verschollen.

# Sulzburg

1 Kernburg
2 Vorburg
3 Graben
4 Innerer Burghof mit Zisterne
5 Neuer Palas
6 Alter Palas
7 Erhaltener Gewölbekeller
8 Gotische Pforte
9 Einang Kernburg
10 Rampe
11 Innerer Zwinger
12 Äußerer Zwinger
13 Ehemaliger Gewölbekeller, darüber Stallungen
14 Wagenhaus
15 Tor zur Vorburg
16 Torhaus
17 Mögliche Lage des ursprünglichen Tores

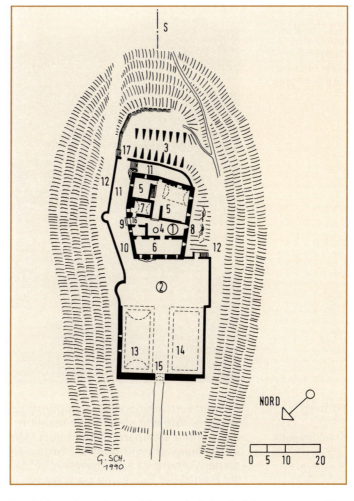

Anlage    Zwei Hauptbauphasen können bei der Sulzburg unterschieden werden: die gotische des 14. Jahrhunderts und die Umbau- und Erweiterungsphase des 16./17. Jahrhunderts. Die Anlage, auf etwa rechteckigem Grundriß, gliedert sich in Vorburg (2) und Kernburg (1). Ein äußerer Zwinger (12) umfaßt beide Bereiche.

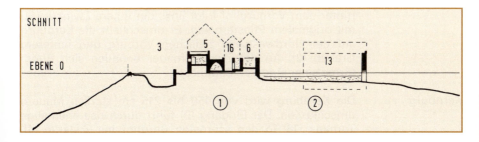

# Sulzburg

*Ruine der Kernburg mit innerem Burghof, Zisterne und „Altem Palas"*

| | |
|---|---|
| Vorburg | An der verteidigungsfähig ungünstigsten Stelle liegt die Vorburg. Wie eng sie mit der Kernburg verknüpft ist, zeigt |
| Schildmauer | die weithin sichtbare Schildmauer. Mauertechnik: Bruchsteinmauerwerk mit dunklen Eckquadern. Ihre Situierung an der Vorburg ist außergewöhnlich. Sie ist der prägnanteste Bauteil der Ruine und noch bis zur Wehrgangsbrüstung |
| Tor | erhalten (Stärke 1,9 m, Länge 24 m, Höhe 7,5 m). Das Tor (15) entstammt der Umbaumaßnahme im 16. oder 17. Jahrhundert. Der ursprüngliche Zugang erfolgte vermutlich über die Südwestseite zum Tor (17) auf der Südostseite. Auf der Abbildung des A. Kieser von 1683 ist ein Tor am Graben (3) erkennbar. |

Hinter der Schildmauer standen links ein großes Wirtschaftsgebäude (13) mit Scheuer, Ställen und Gewölbekeller, rechts ein „Band- und Wagenhaus" (14).

Hinter dem Vorburghof folgt links der innere Zwinger (11) mit originalem Pflasterbelag. Er umschließt die Kernburg auf der Nordwestseite zwischen Vorburg und hinterem Graben (3). An der Zwingermauer befinden sich Rundtürme einer jüngeren Bauphase.

| | |
|---|---|
| Kernburg | Die Kernburg wird von 150 bis 215 cm starken Mauern umschlossen. Der Eingang (9) führt durch das ehemalige Torhaus (16) in den schmalen Burghof mit Zisterne (4). |

# Sulzburg

*Gotische Pforte in der südwestlichen Außenmauer*

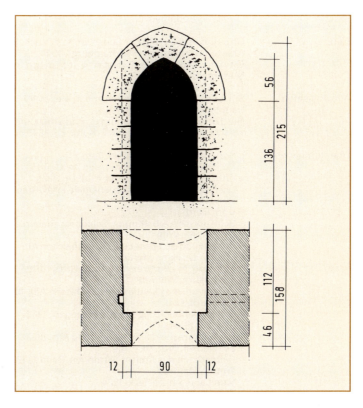

Pforte

Erwähnenswert ist in der südwestlichen Außenwand eine gotische Pforte mit Tuffsteineinfassung (8), die möglicherweise zu einer hölzernen Treppe in den verbreiterten Bereich des angrenzenden Zwingers führte.

Palas

Rechts vom Burghof die Mauerreste des alten Palas (6) (13,6 x 4,2 m) und links die des neuen Palas (5) (17,2 x 9,8 m). Von dem größeren der beiden Wohnbauten (5) ist ein spitzbogiges Tonnengewölbe des Kellers (7) am Torhaus erhalten. Bei den Instandsetzungsarbeiten 1966/67 erstellte man in der Südostecke auf alten Grundmauern einen Unterkunftsraum mit darüberliegender Aussichtsterrasse.
Nach einer Beschreibung von 1712 umfaßte der neue Palas, die Wohnung des Burgvogts Matthäus Stahl, zwei Stockwerke mit sechs größeren Räumen, neun Kammern, zwei Küchen, vier Ställe und zwei Keller. Die Inneneinrichtung wird als in gutem Zustand bezeichnet. Dach, Fenster und Läden wiesen einige Schäden auf. Der alte Palas besaß zwei größere Räume, drei Kammern, eine Küche und einen großen, gewölbten Keller.

# Sulzburg

| | |
|---|---|
| Besitzer | Landkreis Esslingen |
| Pläne | Grundriß und Schnitt der Ruine von K. A. Koch, in: „Die Kunst- und Altertumsdenkmale in Württemberg", 1924<br>Grundriß nach der Instandsetzung, in: „Burgruinen im Landkreis Nürtingen", 1967 |
| Alte Ansichten | Sulzburg mit Unterlenningen von K. Kieser, 1683, Hauptstaatsarchiv Stuttgart<br>Nordansicht mit Unterlenningen, Radierung, um 1820<br>Verschiedene Ansichten von F. Kolb, von 1879 bis 1885 |
| Literaturnhinweise | – Bongartz, Norbert und Biel, Jörg<br>   Kunst, Archäologie und Museen im Kreis Esslingen, 1983<br>– Christ, Dr. Hans und Klaiber, Prof. Dr. Hans<br>   Die Kunst- und Altertumsdenkmale in Württemberg, Donaukreis, 1924<br>– Dörr, Gerd<br>   Schwäbische Alb, Burgen, Schlösser, Ruinen, HB-Bildatlas, 1988<br>– Gradmann, Wilhelm<br>   Burgen und Schlösser der Schwäbischen Alb, 1980<br>– Maurer, Dr. Hans-Martin<br>   Sulzburg, in „Burgruinen im Landkreis Nürtingen", 1967<br>– Pfefferkorn, Wilfried<br>   Burgen unseres Landes – Schwäbische Alb, 1972<br>– Reichardt, Lutz<br>   Ortsnamenbuch des Kreises Esslingen, 1982<br>– Schwab, Gustav<br>   Die Neckarseite der Schwäbischen Alb, 1823<br>– Schwenkel, Prof. Dr. Hans<br>   Heimatbuch des Kreises Nürtingen, Band 2, 1953<br>– Wetzel, Manfred<br>   Vom Land um die Teck, 1984<br>– Zürn, Hartwig<br>   Die vor- und frühgeschichtlichen Geländedenkmale und die mittelalterlichen Burgstellen des Stadtkreises Stuttgart und der Kreise Böblingen, Esslingen und Nürtingen, 1956 |

# Oberlenningen

# Oberlenningen

| | |
|---|---|
| Lage | Von Kirchheim unter Teck führt die B 465 in Richtung Süden in das Lenninger Tal, das bei Gutenberg beginnt und bei der Teck aus dem Albtrauf bricht. Dazwischen liegt die Gemeinde Lenningen mit dem Hauptort Oberlenningen. Westlich der Kleinen Lauter erhebt sich in der Ortsmitte von Oberlenningen auf einem Hügel das „Schlößle". Auf der B 465 von Kirchheim unter Teck oder aus Richtung Blaubeuren nach Oberlenningen. Eine Parkmöglichkeit besteht in der Ortsmitte beim Rathaus oder nahe der Kirche. Von hier über die Lauterbrücke und bei der ersten Abzweigung rechts zum „Schlößle" aufsteigen. Die Besichtigung von Oberlenningen kann mit dem Besuch der Wielandsteiner Burgen verbunden werden. Wandervorschlag siehe Wielandstein. |
| Gemeine | Lenningen, Landkreis Esslingen |
| Meereshöhe | Schlößle ca. 460 m, Kleine Lauter ca. 440 m |
| Besichtigung | Frei zugänglich zu geregelten Öffnungszeiten von Stadtbücherei und Museum |
| Jugendherberge | Oberlenningen |

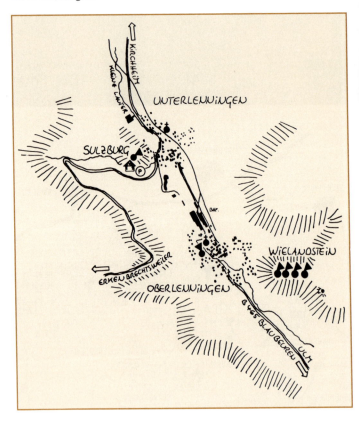

## Oberlenningen

| | |
|---|---|
| Weitere Sehenswürdigkeit | Evangelische Martinskirche, 9. bis 11. Jahrhundert, mit Fresken von 1326 |
| Bestätigungsurkunde vom 29. Juni 1685 zum Verkauf von 1679 | „Verkauft hatte Georg Ludwig Linckh seine Hälfte an dem sogenanthen Schillingschen steuer-, zins-, gültt- und zehentfreyen, mit Anna Catherina Kemetzkhin von Elsibors, gebohrnen Schillingin von Cannstatt, meiner zu Gebühr hochgeehrten Frau Basen, gemeinschaftlich besessenen Schlößlin und daran ligenden ungefähr drey Morgen haltendt Baum-, Graß- und Kuchin Gartten sambt dem in der Kürchen befindtlichen grün angestrichenen Stuell, ..., zwischen der Lauter einer- und andererseits Hanß Bernhardt Lang Wittib et consortibus Äckher gelegen, oben uff den gemeinen Weeg und unten Michael Rüesen Garthen stossendt, wie solches mein Herr Vetter seelig Philipp Ludwig Schilling seelig von Cannstatt gewester Forstmeister zu Urach und ich ingehabt, genossen und auch besessen, vor ganz ledig und aigen, unversetzt und unverpfand." |
| Geschichte | Vom 12. bis zum 15. Jahrhundert werden Ortsherren von Lenningen nachgewiesen; vermutlich saßen sie auf der Burg anstelle des heutigen „Schlößle". Über die Erbtochter Ellen von Lenningen geht der Besitz durch Heirat an die Freyberger. |

**1411** Konrad von Freyberg bewohnt die Burg Wielandstein (siehe dort). Seine zweite Ehefrau ist Ellen von Lenningen.
**1429** Errichtung des ersten Schlosses in Oberlenningen. Der mögliche Bauherr ist Eberhard von Freyberg, Sohn des Konrad von Freyberg.
**1500** Gall Schilling von Cannstatt in Besitz des Schlosses. Die Stuttgarter Regierung bestätigt die Entscheidung des Hofgerichts in einem Steuerstreit zwischen der Gemeinde Oberlenningen und Gall Schilling „daselbst gesessen".
**1562** Die Adelsfamilie von Heudorf verkauft den Besitz an die Witwe des Burkhard von Freyberg.
**1592** Hans Georg Schilling von Cannstatt besiegelt ein Verzeichnis über seine Wohnsitze und Güter. Das Schloß in Oberlenningen bezeichnet er als sein „Sitzlein".
**1593** Hans Georg Schilling läßt das alte Schloß abbrechen und ein neues errichten. Teile des Abbruchmaterials werden wiederverwendet.
**1610** Caspar Schilling von Cannstatt erhält bei der Erbteilung den Oberlenninger Besitz.
**1611** Caspar Schilling bewohnt das Schloß. Um fließendes Wasser zu bekommen, läßt er eine Quelle fassen und die Leitung zum Schloß legen.
**1637** Philipp Ludwig und Agnes Linckh, geborene Schilling, erben den Besitz.
**1641** Philipp Ludwig verlegt seinen Wohnsitz auf die Sulzburg.
**1658** Georg Ludwig Linckh Eigentümer einer Hälfte.

## Oberlenningen

**1660** Anna Catherina und Ursula Margaretha erben die Hälfte des Besitzes von ihrem Vater Philipp Ludwig Schilling.
**1679** Johann Christoph Ankele erwirbt von Georg Ludwig Linckh eine Hälfte für 100 Dukaten.
**1680** Anna Catherina, inzwischen in Besitz des Anteils ihrer Schwester, verkauft die Hälfte an den Oberlenninger Müller Christoph Gallmann für 335 Gulden.
**1685** Johann Christoph Ankele in Besitz des gesamten Schlosses. Bis zum Verkauf an die Gemeinde bleibt es Privateigentum.
**1983** Das Schlößle wird von der Gemeinde Lenningen für 150 000 DM erworben.
**1990/91** Instandsetzung, Renovation und Umbau zum Bürgerhaus mit Bücherei und Museum.

*Die Linie der Herren von Freyberg zu Lenningen*

| | |
|---|---|
| Konrad<br>1411, 1437<br>† um 1438 | Sohn des Burkhard von Freyberg zu Altsteußlingen, gelangt durch Heirat in den Lenninger Besitz.<br>Gemahlinnen:<br>1. Else von Wernau<br>2. Ellen von Lenningen, Tochter des Heinz von Lenningen<br>Kinder: Eberhard, Albrecht, Heinrich, Michel |
| Eberhard<br>1427, 1438 | Sohn des Konrad von Freyberg, Bauherr des ersten Schlosses.<br>Gemahlin: Ursel von Hörningen<br>Kind: Eberhard |

*Die Schilling von Cannstatt*

| | |
|---|---|
| Heinrich (I.)<br>1389, † vor 1402 | Edelknecht<br>Kinder: Heinrich (II.), Wolf, Burkhard |

*Die Linie des Wolf Schilling von Cannstatt*

| | |
|---|---|
| Wolf<br>1426, 1444 | Sohn des Heinrich (I.), Vogt zu Kirchheim.<br>Gemahlin: Barbara von Westerstetten<br>Kinder: Wolf, Johannes, Berbelin, Gall |
| Gall<br>† vor 1491 | Sohn des Wolf<br>Gemahlin: Gertrud von Lackendorf<br>Kind: Gall zu Oberlenningen – erstgenannter Schilling als Besitzer des Schlosses |

# Oberlenningen

*Die Linie des Heinrich (II.) von Cannstatt*

**Heinrich (II.)**
1426, † 1452
Sohn des Heinrich (I.).
Gemahlin: Anna von Tachenhausen
Kind: Heinrich (III.)

**Heinrich (III.)**
† 1516
Sohn des Heinrich (II.), Vogt zu Kirchheim, in Besitz des Lehens Wielandstein.
Kind: Ulrich

**Ulrich (I.)**
† 1552
Sohn des Heinrich (III.)
Gemahlin: Anna Speth von Sulzburg
Kind: Hans Georg

**Hans Georg**
† 1610
Sohn des Ulrich (I.), Bauherr des neuen Schlosses.
Kinder: Ulrich (II.) zu Owen, Heinrich, Caspar

**Caspar**
1578, 1637
Sohn des Hans Georg, genannt zu Oberlenningen, Ritterrat im Kanton Kocher.
Gemahlin: Anna Schmulingin von Sevenar.
Kinder: Agnes – Gemahlin des Melchior Linckh – ihr Sohn Georg Ludwig verkauft eine Hälfte des Schlosses, Philipp Ludwig, Wolf Heinrich

**Philipp Ludwig**
1607, 1660
Sohn des Caspar, genannt zu Oberlenningen und Sulzburg, Forstmeister in Urach und Blaubeuren.
Kinder: Anna Catherina, Barbara Sibylla, Ursula Margaretha

*Bemalung der Deckengefache im Flur des Erdgeschosses*

# Oberlenningen

1 Eingang
2 Flur EG
3 Gewölbekeller
4 Gewölbe Abstellraum
5 WC Damen
6 Heizung
7 WC Herren
8 Abstellräume Anbauten
9 Nordwestlicher Anbau
10 Flur 1. OG
11 Ausstellung
   Geschichte Schlößle
12 Bücherei
13 Abtritt
14 Flur 2. OG
15 Papiermuseum
16 Abstellräume
17 Südöstlicher Anbau
18 Südwestlicher Anbau
19 Fenstererker,
   Grundrisse nach Plänen
   der Architekten
   Aldinger + Aldinger

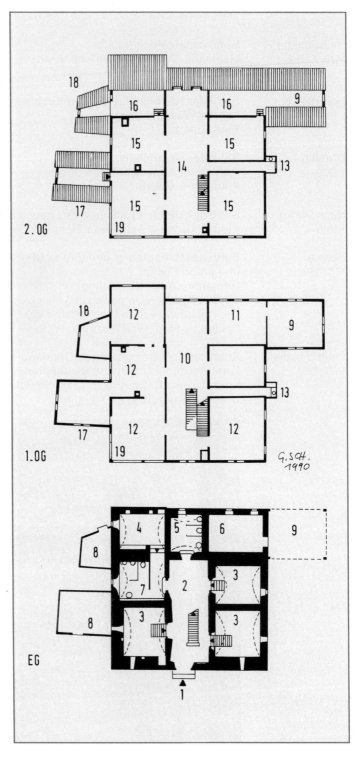

# Oberlenningen

**Anlage**

Drei Bauphasen können unterschieden werden:

I. Burg
Die mittelalterliche Burg der freiadeligen Ortsherren von Lenningen aus dem 12. oder 13. Jahrhundert. Bei den Instandsetzungs- und Umbauarbeiten wurden 1990 die Fundamente eines Turmes außerhalb des Schloßgebäudes festgestellt.

II. Erstes Schloß
Anstelle der Burg entstand 1429 unter den Herren von Freyberg ein Schloß. Die massiven Bruchsteinmauern des Erdgeschosses am jetzigen „Schlößle" entstammen dieser Phase.

III. Neues „Schlößle"
1593 erfolgte der völlige Neubau eines dreigeschossigen Bauwerks unter Verwendung von Teilen des ersten Schlosses.
Das heutige „Schlößle" entspricht dieser Anlage. Der Unterbau ist massiv mit zwei überkragenden Fachwerkaufbauten in verzapfter Bauweise und steilem Satteldach. Die beiden zweigeschossigen Anbauten (8) zur Südseite geben dem Gebäude einen skurrilen Eindruck. Auf der Nordseite steht der Anbau (9) auf Stützen.

**Erdgeschoß**

Das massive Erdgeschoß auf fast quadratischem Grundriß (15,27 x 14,84 m) ist dreischiffig. Im mittleren Bereich, dem Flur (2), befindet sich das durchgehende Treppenhaus mit östlichem Eingang (1). Die Wände rechts und links entstammen im wesentlichen dem Vorgängerbau von 1429. Dagegen ist die Holzbalkendecke mit ausgemalten Brettgefa-

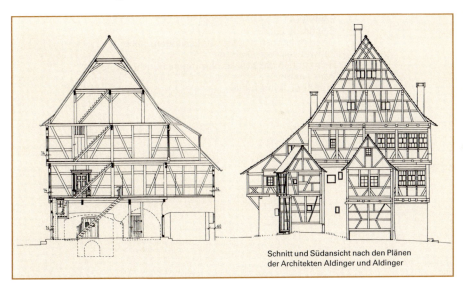

Schnitt und Südansicht nach den Plänen der Architekten Aldinger und Aldinger

# Oberlenningen

chen von 1593. Reste von Renaissancemalerei an den Wänden weisen auf eine zeitgemäße prunkvolle Ausgestaltung. Die angrenzenden Kellerräume (3, 4, 7) besitzen massive Tonnengewölbe.

**Erstes Obergeschoß**

Im ersten Obergeschoß bestimmen die sichtbaren Fachwerkwände die Raumarchitektur. Schmuckvoll wirken die Türstöcke mit kannelierten Pilastern und Triglyphen (Dreischlitzen) der Spätrenaissance. An der Decke des Treppenraumes (10) wirken Lehmgefache mit eingedrückter Kreuzstruktur. In den Räumen mit verputzten Decken ist die Bücherei (12) und eine Ausstellung zur Geschichte des „Schlößles" untergebracht. Im Zuge der Instandsetzungsarbeiten wurden die Fenstererker (19) des ehemaligen Hauptwohnraumes wieder hergestellt.

**Zweites Obergeschoß**

Eine Blocktreppe führt in das zweite Obergeschoß, in dessen Räumen das Papiermuseum (15) der Gemeinde eingerichtet ist. Die Fachwerkkonstruktion entspricht dem ersten Obergeschoß.

**Besitzer**

Gemeinde Lenningen

**Pläne**

Lageplan 1:500 von 1881
Grundriß, Schnitte, Ansichten 1:100, Architekten Aldinger + Aldinger, Wendlingen

**Alte Ansichten**

Ansicht aus dem Forstlagerbuch des Andreas Kieser, 1683

**Literaturhinweise**

– Bongartz, Norbert und Biel, Jörg
 Kunst, Archäologie und Museen im Kreis Esslingen, 1983
– Christ, Dr. Hans und Klaiber, Prof. Dr. Hans
 Die Kunst- und Altertumsdenkmale in Württemberg, Donaukreis, 1924
– Götz, Rolf
 Das „Schlößle" in Oberlenningen, 1985, Förderkreis Lenninger Schlößle
– Reichardt, Lutz
 Ortsnamenbuch des Kreises Esslingen, 1982
– Schwenkel, Prof. Dr. Hans
 Heimatbuch des Kreises Nürtingen, Band 1 + 2, 1953
– Wais, Julius
 Albführer, Band 1, 1962

# Wielandstein

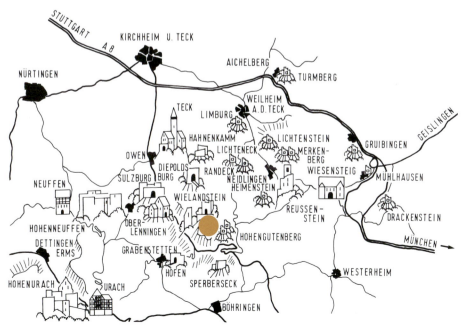

# Wielandstein

Lage  Südlich von Kirchheim unter Teck beginnt bei der Teck das burgenreiche Lenninger Tal. Wenige Kilometer talaufwärts, in Richtung Ulm, liegt an der B 465 Oberlenningen. An der östlichen Talseite befand sich einst mit den Wielandsteiner Burgen die umfangreichste zusammenhängende Burgengruppierung der Schwäbischen Alb.
Von Kirchheim unter Teck, beschildert, nach Oberlenningen. Weitere Möglichkeiten: von Urach über Grabenstetten oder Erkenbrechtsweiler, aus Richtung Blaubeuren über Gutenberg und von der A8 Stuttgart–München, Ausfahrt Mühlhausen, über Wiesensteig–Schopfloch.
In Oberlenningen zum Heinrich-Scheufelen-Platz beim Sportplatz. Von dort dem „Wielandsteinweg" bis zum Waldrand folgen. Nach links auf bezeichnetem Weg (AV Raute, Naturlehrpfad) zu den Wielandsteiner Burgruinen aufsteigen.
Oberlenningen – 1,2 km Vorderer Wielandstein.

*Wandervorschlag:*
Zu den Wielandsteiner Burgruinen wie oben beschrieben. An den Ruinen vorbei und nach Austritt aus dem Wald linkshaltend zum Engelhof (AV Raute). Weiter zum Diepoldsburger Hof und links in Richtung Teck über den „Rauber" bis zum Sattelbogen absteigen. Am Sattelbogen Richtung Unterlenningen (AV Dreiblock). Bei der Weggabelung geradeaus zurück zum Ausgangspunkt.

# Wielandstein

|   |   |
|---|---|
|  | Oberlenningen – 1,2 km Vorderer Wielandstein – 3,0 km Engelhof – 2,3 km Sattelbogen – 3,2 km Oberlenningen. Weiterer Wandervorschlag siehe Hohengutenberg. |
| Gemeinde | Lenningen, Landkreis Esslingen |
| Meereshöhe | Burgen ca. 660–700 m, Lenninger Tal ca. 440 m |
| Besichtigung | Frei zugänglich |
| Einkehrmöglichkeit | Gasthof „Engelhof" |

**Die drei Brüder von Wielandstein**
Von Gustav Schwab

Auf Wielandstein im luft'gen Saal
An einem Tisch, beim gleichen Mahl
Da sitzen jung und fein,
Aus einem Becher trinken sie,
Und lächeln stets und zürnen nie,
Drei holde Knaben klein.

Der Wind stößt an das hohe Haus,
Der Regen strömet mit Gebraus,
Kein Menschentritt erschallt;
Doch freundlich ist es Tag und Nacht,
Im hohen Schloß, wo Liebe lacht,
Wo Kinderunschuld wallt.

Im tiefen Dorf der Bauersmann
Hält seine wilden Knaben an,
Und auf das Schloß er zeigt:
„Ei, wollt ihr nicht so fromm und fein,
Wie droben die drei Brüder seyn?"
Alsbald sein Haufe schweigt.

Es sind der Schlösser worden drei,
Sie schauen von dem Berge frei,
Von Steinen fest gebaut.
Doch innen ist es nicht mehr schön:
Man sah die Treue ferne gehn,
Es wich die Liebe traut.

Ein Bruder wohnt in jedem Haus,
Er lädt den andern nicht zum Schmaus,
Er grüßet nicht sein Schloß:
Steigt jeder in ein andres Thal,
Sucht jeder andern Sonnenstrahl,
Tränkt anderswo sein Roß.

Und nachts bis um den Hahnenschrei
Verlarvte Männer fechten drei
Am Kreuzweg in dem Wald;
Der Bauer ruft den Kindern klein:
„Ei, wollt ihr fromm und friedlich sein?
Horcht, horcht, wie Unfried schallt!"

# Wielandstein

**Geschichte**

Gustav Schwab schreibt 1823 sagenumwoben von drei Burgen. Der Oberlenninger Burgenforscher Christoph Bizer konnte aufgrund der Auswertung von umfangreichen Bodenfunden überzeugend die Entstehungs- und Verfallsgeschichte von vier Wielandsteiner Burgen nachweisen.
Über die erste „Burg des Wielands" ist jedoch urkundlich nichts bekannt. Vermutlich erbaute ein Edelfreier auf Zähringer oder Tecker Lehen die Anlage. Er könnte dem Schopflocher oder Lenninger Ortsadel entstammen.

**Um 1150** Entstehung der Burgen „Alt-Wielandstein" und „Hinterer Wielandstein".

**Kurz vor 1240** Der Streit zwischen dem Kloster Bebenhausen und dem Ritter Craft von Sperberseck wird geschlichtet. Craft verspricht, das Kloster nicht mehr zu schädigen und sich wegen seiner Ansprüche auf ein Gut in Böhringen an den Pfalzgrafen Rudolf von Tübingen zu wenden. Für das Versprechen des Craft verbürgen sich sein Bruder Bertold, der Ritter Eberhard von Schloßberg und Ritter Bertold von Wielandstein.

**1241** Ulrich von Wielandstein Zeuge anläßlich der Übergabe eines Hofes in Ertingen durch Graf Ulrich von Helfenstein an das Kloster Salem. Der Wielandsteiner wird an zweiter Stelle von insgesamt 21 Zeugen genannt.

**Um 1250** Entstehung der Burgen „Vorderer Wielandstein" und „Mittlerer Wielandstein". Die Burgen „Alt-Wielandstein" und der Burgteil „Zwischen-Wielandstein" werden aufgegeben und existieren danach nicht mehr.

**1261** Ulrich von Wielandstein Zeuge in einer Urkunde des Grafen von Berg auf der Burg Bichishausen.

**1279** Ritter Bertold von Wielandstein wird in einer Urkunde Herzog Ludwigs von Teck erstmals „Swelher", der Schwelger, auch Säufer, genannt.

**1283** Herzog Konrad von Teck beurkundet seine Zustimmung, daß die Brüder Ulrich und Bertold von Wielandstein ihre Streitigkeiten mit dem Kloster Bebenhausen damit beenden, daß sie dem Kloster alle ihre Rechte in Ichenhausen übertragen.

**1292** Bestätigung der Abmachung von 1283 auf Burg Hohengutenberg. In dieser Urkunde werden auch die Brüder Ruger, Konrad und Ulrich, vermutlich die Söhne des Bertold, aufgeführt.

**1304** Konrad und Ruger, Swelher von Wielandstein, vermachen dem Kloster Blaubeuren ihre „Stumpenhube" zu Laichingen.

**1326** Ritter Friedrich, Bertold, Heinrich und Ulrich veranlassen die Renovierung der Kirche in Oberlenningen. Vermutlich besitzt nur noch Bertold die Burg.

**Um 1330** Ritter Bertold, letzter der Swelher, verläßt seine Stammburg und zieht nach Kirchheim.

**1336** Ein Angehöriger der Familie der Finken vom Schloßberg (Dettingen) nennt sich „Heinrich Fink von Wie-

# Wielandstein

landstein". Er sitzt vermutlich bereits 1326 auf einer der Burgen.

**Um 1350** Der „Vordere Wielandstein" nicht mehr bewohnt und dem Zerfall überlassen.

**1385** Möglicher Übergang des Besitzes an Württemberg.

**Vor 1411** Verpfändung von Wielandstein durch Graf Eberhard den Milden von Württemberg an Konrad von Freyberg „gesessen zu Wielantstain".

**1427** Konrad von Freyberg übergibt seinen Besitz an seine Söhne Eberhard, Albrecht, Heinrich und Michel.

**Um 1438** Graf Ulrich von Württemberg verleiht den Wirtschaftshof der Burg den Gemeinden Unter- und Oberlenningen.

**1442** Wielandstein wird neben anderen württembergischen Burgen als nicht verpfändet aufgeführt. Neben dem Burgvogt war ein Wächter für die Burghut verantwortlich.

**Um 1450** Modernisierung des „Hinteren Wielandsteins". Die anderen Wielandsteiner Burgen existieren nicht mehr.

**1478** Ulrich von Württemberg verkauft Wielandstein als Lehen für 300 Gulden an Heinrich Schilling von Cannstatt, das Schloß (Hinterer Wielandstein) und zwei Burgställe werden genannt.

**1486** Graf Eberhard im Bart erneuert die Belehnung an Heinrich Schilling.

**1518** Herzog Ulrich übergibt das Lehen an Ulrich Schilling von Cannstatt, Sohn des Heinrich.

**1525** Die aufständischen Bauern ziehen von Kirchheim ins Lenninger Tal und verwüsten die Burg Wielandstein (Hinterer Wielandstein).

**1533** Bertold und Ulrich Schilling sowie der Neffe Sebastian verkaufen Wielandstein für 2100 fl. an die Gemeinde Oberlenningen. Die Hofgüter werden auf 58 Oberlenninger Bauern verteilt.

**1534** Der unter österreichischer Herrschaft abgeschlossene Verkauf wird vom zurückgekehrten Herzog Ulrich nicht anerkannt. Ein jahrzehntelanger Rechtsstreit um den Vertrag beginnt.

**1535** Der Kirchheimer Obervogt berichtet vom Zerfall der Burg. Baumaterial wird zum Bau von Neubauten in Lenningen und Bissingen entnommen.

**1539** Ulrich Schilling wird neu belehnt.

**1554** Wolf Ludwig von Neuhausen wird für den noch minderjährigen Sohn Hans Georg Schilling (siehe Oberlenningen) mit dem Burgstall belehnt.

**1580** Hans Georg Schilling verkauft das Lehen Wielandstein an seinen Schwager und Stiefbruder Hans Sigmund von Remchingen.

**1604** Wielandstein in Besitz des Samuel von Remchingen.

**1659** Ende des Lehensverhältnisses.

**1976–1979** Bauliche Sicherung der Ruine „Hinterer Wielandstein" für 170 000 DM und ca. 1500 Stunden freiwilliger Helfer.

# Wielandstein

*Ruine Hinterer Wielandstein mit Burgfelsen von Süden*

*Die Swelher von Wielandstein*

| | |
|---|---|
| Bertold (II.)<br>1279, 1302 | genannt Swelher, Bruder des Ulrich und Sohn des 1240 genannten Bertold oder des 1241 genannten Ulrich von Wielandstein.<br>Kinder: Friedrich, Bertold (III.), Heinrich, Ulrich, Konrad, Ruger |
| Bertold (III.)<br>1304, † vor 1353 | Sohn des Bertold (II.), Ritter<br>Kinder: Walter, Ulrich, Bertold (IV.), Adelheid, Agatha, Katharina, Hänslin |
| Bertold (IV.)<br>1340, 1358 | Sohn des Bertold (III.), Ritter<br>Gemahlinnen:<br>1. Elisabeth von Neidlingen<br>2. Agnes von Hofen<br>Kinder: Bertold (V.), Adelheid |
| Ulrich<br>1336, 1367 | von Wielandstein, Sohn des Bertold (III.)<br>Gemahlin: Anna Hochschlitz<br>Kinder: Markward, Wieland, Ulrich |

# Wielandstein

A  Erster Graben
B  Zweiter Graben
C  Dritter Graben
D  Vierter Graben
E  Fünfter Graben
F  Sechster Graben
G  Siebter Graben
H  Hochfläche
K  Fußweg von
   Oberlenningen

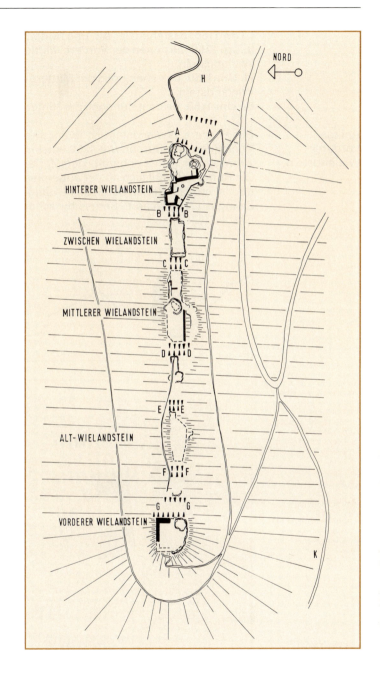

Anlagen

Die Gruppe der Wielandsteiner Burgen zählt zu den Besonderheiten der befestigten Adelssitze der Schwäbischen Alb. Auf einem etwa 350 m langen, kammartigen Sporn befanden sich vier eigenständige Burganlagen. Man unterscheidet den Vorderen (1), den Alt- (2), den Mittleren (3), den Zwischen- (4) und den Hinteren Wielandstein (5).

# Wielandstein

**I. Um 1150** bestehen der Alt- und Hintere Wielandstein.
**II. Um 1250** bestehen der Vordere, Mittlere und Hintere Wielandstein.
**III. Um 1350** bestehen noch der Mittlere und Hintere Wielandstein.
**IV. Um 1450** besteht nur noch der Hintere Wielandstein.

**Anlage Vorderer Wielandstein**

Der Vordere Wielandstein ist in der zweiten Bauphase der Wielandsteiner Burgen um 1250 entstanden. Etwa hundert Jahre später wurde er bereits dem Zerfall überlassen.

Die Ruine befindet sich an der äußersten Spitze des Sporns und ist auf drei Seiten durch steile Hänge und einen breiten Zwinger (7) gesichert. Bergseitig schützt ein 7 m breiter Graben (G).

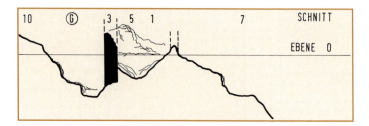

**Anlage Vorderer Wielandstein**

1 Kernburg
2 Rest Zwingermauer
3 Schildmauer
4 Ecke mit Sockel und Buckelquader
5 Burgfelsen
6 Grabenaushub
7 Zwinger
8 Von Oberlenningen
9 Mauerrest
10 Anschluß Alt-Wielandstein
11 Scharte
G Siebter Graben

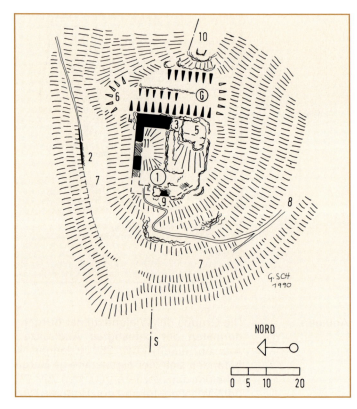

# Wielandstein

*Schildmauerrest der Ruine Vorderer Wielandstein*

**Kernburg** — Die Kernanlage (1) lehnt sich an einen hohen Felsklotz (5). Ihre Grundfläche umfaßt ein Quadrat von ca. 21 x 21 m.

**Schildmauer** — Beachtlich ist der Rest der am Graben aufgebauten, im Grundriß leicht abgeknickten Schildmauer (3). Sie mißt 3,8 m in der Stärke und ragt an der Ecke (4) noch 12 m hoch auf. Hier stützt ein 5–7 cm breiter und 2,7 m hoher Sockel den Fundamentbereich.

**Buckelquader** — Mauerwerkstechnik: Verblendquadermauerwerk mit vereinzelten Buckelquadern an den Ecken. Abmessungen der Quader z. B. (L x B x H): 107 x 62 x 24, 82 x 48 x 27, 76 x 54 x 44 cm. Die Buckelquader sind grob und unregelmäßig bearbeitet. Buckel bis 10 cm vorstehend, Randschlag wenig ausgeprägt bis 8 cm breit. Die einsturzgefährdete, 2,2 m starke Nordmauer weist noch Reste einer Fensterleibung (11) auf. F. Kolb zeichnete 1885 diese Wandseite noch hoch aufragend mit einem torartigen Durchbruch und zwei kleinen Fenstern mit Steinrahmung.

# Wielandstein

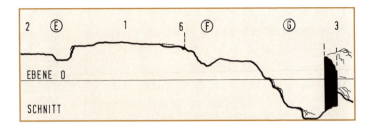

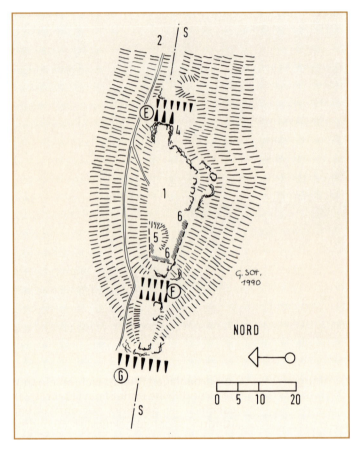

**Anlage Alt-Wielandstein**

1 Kernburg
2 Anschluß Mittlerer Wielandstein
3 Vorderer Wielandstein
4 Verebnete Fläche
5 Mulde
6 Geringe Reste Kernmauerwerk
E Fünfter Graben
F Sechster Graben
G Siebter Graben

**Anlage Alt-Wielandstein**

Zu den erst gegründeten Burganlagen gehörte Alt-Wielandstein. Sie ist um 1150 entstanden und bei der Entstehung des Vorderen und Mittleren Wielandsteins um 1250 verlassen worden.

Zwei Gräben (E + F) begrenzen die ca. 13 m breite und ca. 30 m lange, künstlich verebnete Fläche. Mörtelreste und geringe Teile von Kernmauerwerk (6) weisen auf eine massive Umwehrung. Grundmauern von Gebäuden oder eines Turmes innerhalb des Bauplatzes lassen sich nicht nachweisen. Vermutlich wurde die Anlage beim Bau des Vorderen Wielandsteins völlig abgetragen.

# Wielandstein

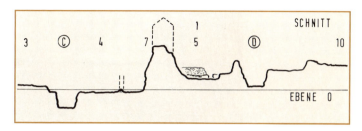

Anlage
Mittlerer Wildenstein

1 Hauptburg
2 Fußweg
3 Anschluß Zwischen-Wielandstein
4 Vorburg
5 Lage Hauptgebäude
6 Aufstieg Felsen
7 Burgfelsen, ehem. Turm
8 Zwinger
9 Verebnete Fläche
10 Anschluß Alt-Wielandstein
C Dritter Graben
D Vierter Graben

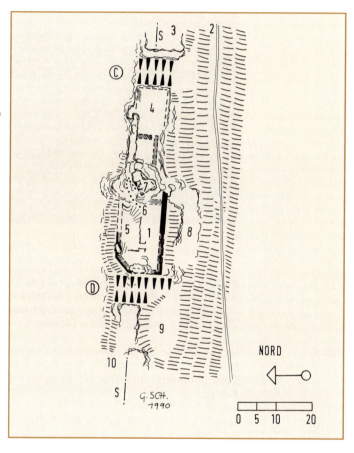

| Anlage Mittlerer Wielandstein | Der Mittlere Wielandstein ist um 1250 entstanden und um 1450 aufgegeben und zerfallen. Zwei etwa gleich breite, in den Fels geschnittene Quergräben (C + D) begrenzen die Anlage. Sie differenziert sich in drei Bereiche.
Ein östlicher Bereich mit ca. 8 x 20 m als Vorburg (4) oder untergeordneter Teil der Burg.
Ein westlicher Bereich mit ca. 13 x 20 m, als Hauptburg (1).
Beide Teile werden durch einen steil aufragenden Felsen (7) getrennt. |
| Hauptburg | Die Hauptburg (1) war auf drei Seiten von einer polygonalen, 130 cm starken Mauer umschlossen, die ostseitig |

# Wielandstein

*Rest der südlichen Umfassungsmauer am Mittleren Wielandstein*

jeweils am Felsen (7) endete. Auf der Südseite ist noch ein beachtlicher Rest erhalten. Mauerwerkstechnik: wenig sorgfältig bearbeitetes Kleinquadermauerwerk, z. B. (L x H) 26 x 22, 20 x 19, 28 x 18, 23 x 17 cm.

Palas

Innerhalb der Burgfläche befand sich nordseitig das Hauptgebäude (5). Sein unteres Geschoß war teilweise aus dem Fels gehauen. Sichtbar ist noch der Zugang mit 1,5 m Breite.

Turm

Beachtung verdient der in die Anlage einbezogene Felsen (7). Seine Oberfläche ist verebnet und vereinzelt mit Schiefer-, Ziegel- und Mörtelresten bedeckt. Am Aufstieg (6) findet sich in einer Mauerspalte der Rest einer Vermauerung. Sie diente als Futtermauer zur Verbreiterung des Felsplateaus. Ein Turm mit Schieferdeckung auf unregelmäßigem Grundriß (ca. 5 x 7,5 m) mit nicht feststellbarer Nutzung kann aufgrund der Befunde angenommen werden.

1 Plateau Burgfelsen
2 Mauerreste
3 Geringe Reste Kernmauerwerk
4 Vorburgseite
5 Kernburgseite
6 Aufstieg

Hinter dem vierten Graben (D) befindet sich südseitig eine verebnete Fläche (9) ohne Siedlungsspuren. Solche Flächen außerhalb der Burg dienten in der Regel als Lagerplatz oder Burggarten.

# Wielandstein

**Anlage Zwischen-Wielandstein**

Zwischen-Wielandstein, als früher nicht abgetrennter Teil der Burg Hinterer Wielandstein, ist wie Alt-Wielandstein als Erstanlage um 1150 entstanden. Christoph Bizer hat ihre Existenz eindeutig durch Keramikfunde belegt.

Der heute durch zwei Quergräben (B + C) gesicherte Platz bildet etwa ein Rechteck. Von der ehemaligen Bebauung ist nichts mehr zu erkennen.

**Anlage Hinterer Wielandstein**

1 Hauptbau
2 Burghof
3 Anschluß Zwischen-Wielandstein
4 Leibung mit Tuffquader
5 Lage des Tores
6 Brücke
7 Zugang
8 Portal Hauptbau
9 Scharten
10 Zisterne
11 Westliches Nebengebäude
12 Nördliches Nebengebäude
13 Keller
14 Umfassungsmauer
15 Lage des Turmes
16 Felsscharte
17 Felsnadel

Grundriß nach Plänen von W. Pfefferkorn

A Erster Graben
B Zweiter Graben

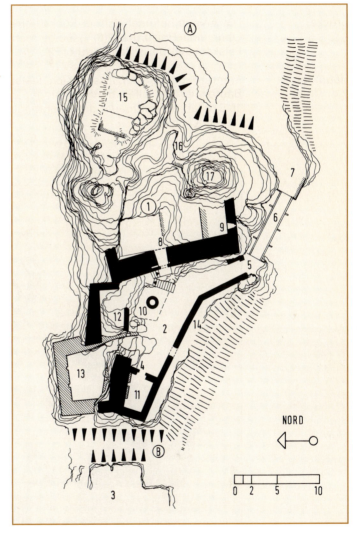

**Anlage Hinterer Wielandstein**

Die Burgruine Hinterer Wielandstein ist die einzige zur Zeit baulich gesicherte. Ihre Entstehung wird um 1150 zusammen mit der Burg Alt-Wielandstein angenommen. Von allen Wielandsteiner Burgen hat sie am längsten bestanden. Durch die Verwüstung im Bauernkrieg und die großzügige Entnahme von Baumaterial in der Folgezeit wurde

# Wielandstein

die Burg zum riesigen Schutthügel. Erst die Freilegung von 1976 ließ den ursprünglichen Bestand wieder hervortreten. Gleichzeitig ergaben die Ausräumungsarbeiten auch Aufschluß über Bauweise und Einrichtung. So war der gesamte Hof mit Schieferplatten des Daches überdeckt. Darunter fanden sich unter anderem Geschirrkeramik und Reste eines großen Kachelofens aus grün glasierten, mit bildlicher Darstellung verzierten Kacheln.

Brücke — Die Anlage befindet sich im Rücken eines großen Felsens. Über eine Holzbrücke (6) gelangt man an der südlichen Felskante vorbei in den Burghof (2).

Hauptbau — Mehrere Bauphasen lassen sich feststellen. Mächtigster Bauteil ist die alles beherrschende, 2,23 m starke und 15,5 m lange Frontmauer des Hauptbaues (1). Der Grundriß ist leicht konkav.

*Versuch einer Rekonstruktion der Burg Hinterer Wielandstein von Christoph Stauß*

# Wielandstein

**Gotische Pforte**

Über Stufen erreicht man die rekonstruierte, gotische Pforte (8) mit Tuffsteinquadereinfassung und Riegelbalkenloch, Breite 92 cm. Teile der untersten Schichten des Verblendmauerwerks bestehen aus Bossenquader. Links an der Pforte z. B. (L x H) 130 x 48 cm, Bosse 11 cm stark. Der Innenraum des Hauptbaus ist erdgeschossig auf drei Seiten vom Fels umschlossen. Einzige Öffnungen im Mauerwerk sind an der rechten Wand zwei schräg übereinander versetzte Scharten (9). Ihre damalige Funktion ist nicht eindeutig.

**Bossenquader**

Fels und Mauer verwachsen beim Wielandstein zu einer Einheit. Die Übergänge sind fließend. Auf dem steil aufragenden Fels im Rücken des Hauptbaus finden sich Reste von Mauerwerk. Die Plattform (15) ist bei genauer Betrachtung als Basis eines Turmes zu erkennen.

**Turm**

**Burghof**

Der Burhof (2) mit Zisterne (10) wird von Gebäuden (11, 12, 13) umgeben, die etwas später entstanden sind. Ihre Grundrisse sind unterschiedlich und dem Gelände angepaßt auf verschiedenen Ebenen aufgebaut.

Hinterer Wielandstein
Scharten am Hauptbau

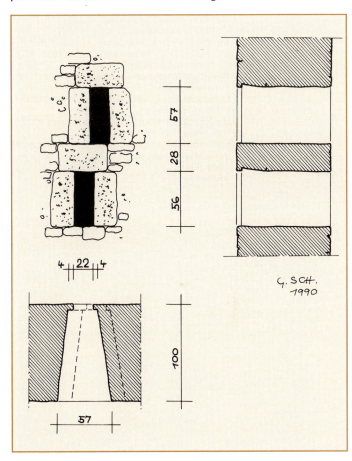

# Wielandstein

| | |
|---|---|
| Besitzer | Gemeinde Lenningen |
| Pläne | Grundriß und Längsschnitt, in: „Die Kunst- und Altertumsdenkmale in Württemberg", Inventar Donaukreis II, 1924<br>Grundrisse, Ansichten, Schnitte, Details von W. Pfefferkorn, in: „Burgen und Schlösser", 1980/II |
| Alte Ansichten | Kolorierte Zeichnung von August Seyffer, 1774–1845, Württembergische Landesbibliothek Stuttgart<br>Sechs Federzeichnungen von Friedrich Josef Kolb, 1825–1885, Württembergische Landesbibliothek Stuttgart |
| Literaturhinweise | – Bizer, Christoph<br>Burgruine Wielandstein, Auswertung und Dokumentation der Kleinfunde, in: „Burgen und Schlösser", 1981/I<br>Der Wielandstein ist wieder zugänglich, in: „Blätter des Schwäbischen Albvereins", Nr. 6, 1981<br>Der Wielandstein in neuer Sicht, in: „Beiträge zur Heimatkunde des Bezirks Kirchheim unter Teck", Heft 36, 1983<br>– Bizer, Christoph und Götz, Rolf<br>Vergessene Burgen der Schwäbischen Alb, 1989<br>– Christ, Dr. Hans und Klaiber, Prof. Dr. Hans<br>Die Kunst- und Altertumsdenkmale in Württemberg, Donaukreis, 1924<br>– Götz, Rolf<br>Die Geschichte der Burg Wielandstein bei Oberlenningen, in: „Burgen und Schlösser", 1980/II<br>– Klaus, Johann Adam<br>Die Herren von Wielandstein, genannt Swelher, in: „Hohenzollerische Jahreshefte, Nr. 5, 1938<br>– Pfefferkorn, Wildfried<br>Burgruine Wielandstein, in: „Burgen und Schlösser", 1980/II<br>– Reichardt, Lutz<br>Ortsnamenbuch des Kreises Esslingen, 1982<br>– Schwab, Gustav<br>Die Neckarseite der Schwäbischen Alb, 1823<br>– Uhl, Stefan<br>Buckelquader an Burgen der Schwäbischen Alb, Neufassung von Vorstudien, Manuskript 1990<br>– Wais, Julius<br>Albführer Band 1, 1962 |

# Hofen

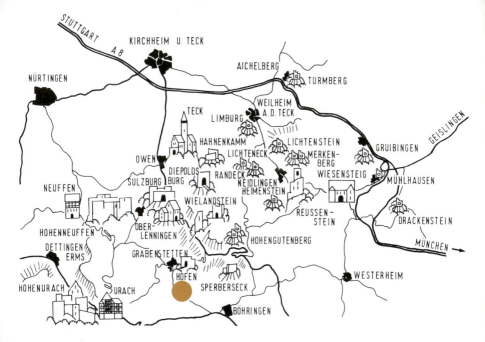

# Hofen

| | |
|---|---|
| Lage | Das burgenreiche Lenninger Tal erstreckt sich von der Teck bis zur Ortschaft Gutenberg. Kurz zuvor zweigt westlich das Seitental der Schwarzen Lauter, „Schreckental" genannt, ab. Auf einer vorspringenden Talrandecke liegt nahe der Ortschaft Grabenstetten die Ruine Hofen.<br>In Urach oder Böhringen führt die B 28 nach Grabenstetten. Der Ort ist auch direkt von Neuffen oder von der B 465 über Lenningen erreichbar. In der Ortsmitte von Grabenstetten in Richtung Böhringen und bei der ersten Straße „Hofener Weg" links bis zur Kläranlage (ab Kläranlage Fahrverbot). Weiter geradeaus bis zur Burgruine.<br>Kläranlage – 300 m Hofen.<br><br>*Wandervorschlag:*<br>Ausgangspunkt dieser Wanderung ist der Parkplatz „Falkensteiner Höhle" an der Straße Urach–Grabenstetten. Auf bezeichnetem Wanderweg (AV Dreiblock) bis zur Falkensteiner Höhle. Weiter zum Heidengraben aufsteigen. Nach Überquerung der Straße links haltend knapp unterhalb am Trauf des Schreckentales entlang bis zur Burgruine Hofen.<br>Parkplatz – 0,7 km Falkensteiner Höhle – 2,5 km Hofen. |
| Gemeinde | Grabenstetten, Landkreis Reutlingen |
| Meereshöhe | Burg ca. 685 m, Grabenstetten 710 m, Tal 620 m |
| Besichtigung | Frei zugänglich |
| Weitere Sehenswürdigkeit | Falkensteiner Höhle (Taschenlampe erforderlich) |

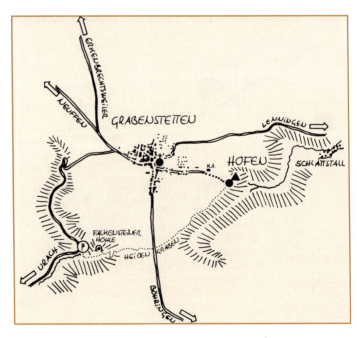

## Hofen

**Geschichte**

Die Burg Hofen ist die Stammburg der Schwenzlin. Sie entstammen der teckschen Burgmannschaft und üben bis ins 15. Jahrhundert die Vogteirechte in Grabenstetten aus. Hofen ist vermutlich früher entstanden, als die erste urkundliche Erwähnung dies annehmen läßt.

**1275** Erste urkundliche Nennung der Schwenzlin als tecksche Dienstleute.
**1323** Die Schwenzlin bezeichnen sich erstmals nach ihrer Burg Hofen.
**1350** Heinrich Schwenzlin von Hofen Burgvogt auf der Teck.
**1355–1361** Bertold Schwenzlin von Hofen.
**1400** Die Brüder Bertold, Hans, Conrad und Heinrich Schwenzlin von Hofen verkaufen ihre Mühle in Oberlenningen an das Kloster in Kirchheim.
**1406** Bertold und Hans erhalten von Graf Eberhard von Württemberg die Diepoldsburg als Lehen.
**1409** Bertold verstößt seine Frau Beth von Hörningen und zahlt ihr eine Unterhaltsrente von 500 fl.
**Um 1414** Veräußerung mehrerer Güter. Die Schwenzlin von Hofen geraten in finanzielle Schwierigkeiten.
**1422** Hans Schwenzlin verkauft Güter in Erkenbrechtsweiler an das Kloster in Kirchheim.
**1478** Konrad von Hofen Burgvogt der Festung Hohenneuffen. Letzte bekannte Erwähnung eines Herren von Hofen. Die Burg vermutlich als Wohnsitz bereits aufgegeben.
**1535** „Die Burg ist schon zerfallen, noch aber steht die Alexanderkapelle. Diese aber wurde bald darauf abgebrochen, und die Steine warf ein Forstknecht in die schaurige Klinge (Schreckental)."
**1823** Die Burgruine Eigentum der Familie Weinland. Dr. David Friedrich Weinland ist der Autor des „Rulaman".
**1986** Instandsetzungsarbeiten, Rekonstruktion der Tormauer.

**Anlage**

Die Burgruine Hofen liegt auf einer von der Hochfläche nach Osten vorspringenden steilen Felsnase.
Ein 3 bis 5 m tiefer und 20 m breiter Sohlgraben (2) begrenzt die Kernburg. Zwei Wälle (3 + 5) und ein verflachter Graben (4) sind davor noch erkennbar.
Eine Brücke (6) führt über den Hauptgraben (2) zur neu aufgemauerten Torwand (7), die mehrfach abgewinkelt ist. Original sind noch die Fundamente und die linke, 145 cm starke Mauer (8). Mauerwerkstechnik: Bruchsteinverblendung.
Dem nach drei Seiten steil abfallenden Felsen folgte polygonal die Umfassungsmauer (10) (geringe Reste). Sie umgrenzte eine Fläche von ca. 40 x 50 m. Auf der Nordseite führt ein Pfad zu einem Felsloch, das in eine Durchgangshöhle (11) mündet. Das Portal liegt am Felssockel.

# Hofen

1 Hauptburg
2 Hauptgraben
3 Zweiter Wall
4 Vorgraben
5 Erster Wall
6 Brücke
7 Tor
8 Mauerreste
9 Vertiefung
10 Verlauf Umfassungsmauer
11 Durchgangshöhle
12 Hochfläche, von Grabenstetten
13 Steiler Fels zum Tal

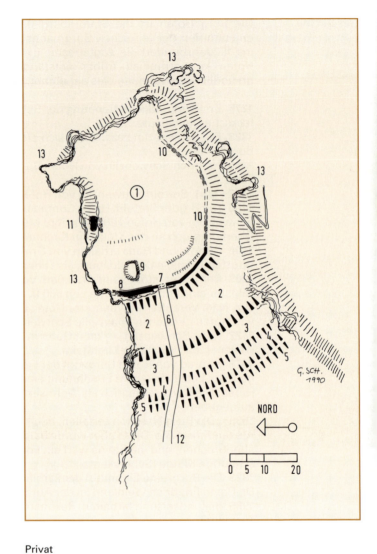

Besitzer: Privat

Literaturhinweise:
- Gradmann, Wilhelm
  Burgen und Schlösser der Schwäbischen Alb, 1980
- Kies, Wolfram
  Die mittelalterlichen Burgen und Burgstellen des Landkreises Reutlingen
  Nicht veröffentlichte Zulassungsarbeit, 1969
- Ruine Hofen in Grabenstetten
  Manuskript Gemeinde Grabenstetten
- Wais, Julius
  Band 1, Östlicher Teil, 1962

# Hohengutenberg und Wuelstein

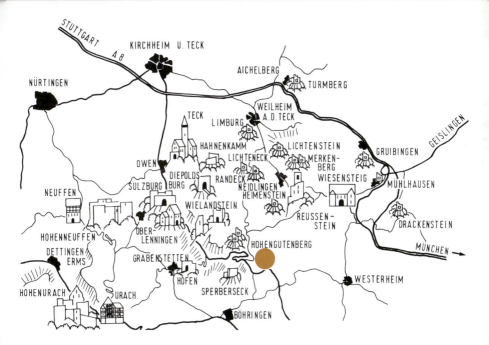

# Hohengutenberg und Wuelstein

Lage

Am Ende des von Kirchheim unter Teck nach Süden gerichteten Lenninger Tales liegt Gutenberg. Vom nördlichen Talhang löst sich ein langgestreckter Höhensporn, der unmittelbar über der Ortschaft endet. Auf ihm befinden sich die Reste der ehemaligen Burg Hohengutenberg.
Die B 465 führt von Kirchheim über Lenningen oder von Blaubeuren nach Gutenberg. In der Ortsmitte von Gutenberg in Richtung Gemeindehalle abzweigen. Wenige Meter nach der Abzweigung befindet sich linker Hand ein Parkplatz. Kurz danach führt ein schmaler Fußweg aufwärts zur Burgruine.
Parkplatz – 0,5 km Hohengutenberg.
Hinter der Burgruine Hohengutenberg erhebt sich aus dem Trauf der Wasserfelsen. Er ist Standort der ehemaligen Turmburg oder Warte Wuelstein.
In Schopfloch auf der Albhochfläche führt eine Straße zum Weiler Krebsstein. Am südöstlichen Ende der Ortsstraße liegt auf dem Wasserfelsen die Burgstelle.

*Wandervorschlag:*
Zur Burgruine Hohengutenberg wie oben beschrieben; dem Fußpfad am nördlichen Ende der Ruine zum Talhang folgen. Bei Einmündung in den Forstweg nach rechts bis zum Wanderweg. Beschildert (AV Raute) links zur Gutenberger Höhle aufsteigen und weiter zum Weiler Krebsstein. Anschließend über die Hochfläche zu den Wielandsteiner Burgen (siehe Wielandstein). Nach Oberlenningen absteigen und im Tal auf bezeichnetem Weg zurück zum Ausgangspunkt.

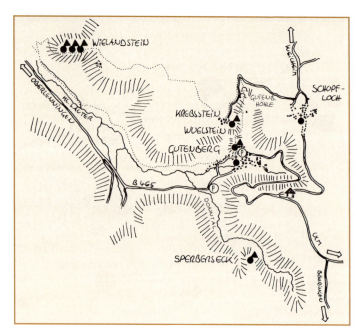

## Hohengutenberg und Wuelstein

Gutenberg – 0,5 km Hohengutenberg – 1,0 km Gutenberger Höhle – 1,1 km Krebsstein – 2,8 km Wielandstein – 4,9 km Gutenberg.

| | |
|---|---|
| Gemeinde | Lenningen, Landkreis Esslingen |
| Meereshöhe | Burg 592 m, Wuelstein 714 m, Gutenberg 532 m |
| Besichtigung | Frei zugänglich |
| Einkehrmöglichkeit | Besenwirtschaft „Felsenstüble" in Krebsstein |
| Weitere Sehenswürdigkeiten | Gutenberger Höhle, Gußmannshöhle |
| Geschichte Hohengutenberg | Im 13. Jahrhundert werden Herren von Gutenberg nachgewiesen. Ob Hohengutenberg als deren Stammburg angesehen werden kann, ist nicht eindeutig. Vermutlich erfolgt die Gründung als Satellitenburg von der Teck aus. Ihre Entstehung ist aufgrund der Mauerwerkstechnik vor 1200 möglich. |

**1285** Hohengutenberg in Besitz der Herzöge von Teck.
**1292** Beurkundung von Verträgen auf Hohengutenberg durch Herzog Konrad von Teck.
**1336** Konrad von Teck nennt sich „von Gutenberg".
**1358–1361** Herren von Gutenberg im Banner des Heinrich von Sperberseck und Hugo von Melchingen stehen in Diensten oberitalienischer Städte. Möglicherweise entstammen sie den ersten Burgherren von Hohengutenberg.
**Um 1360** Gründung der Stadt Gutenberg durch die herzoglichen Burgherren.
**1370** Herzog Friedrich von Teck verschreibt dem Augsburger Domherrn Heinrich Hochschlitz die Stadt Gutenberg als Leibgeding.
**1385** Erwerb von Stadt und Burg durch die Grafen von Württemberg.
**1432** Die Herren von Baldeck in Besitz des württembergischen Lehens.
**1565** Nach dem Tod des letzten Baldeckers, Rudolf, Übergang von Hohengutenberg an seinen Schwiegersohn Hans Jakob von Lomersheim.
**1573** Hans Schletz, ein weiterer Schwiegersohn des Rudolf von Baldeck, erhält das Lehen.
**1594** Nach dem Tod der Ehefrau Ursula fällt das Lehen an Württemberg zurück.
**1583 oder 1598** Zerstörung der Burg und der Burgkapelle St. Elisabeth durch Feuer.
**1683** Im Kieserschen Forstlagerbuch als Ruine dargestellt.

# Hohengutenberg und Wuelstein

**Anlage Hohengutenberg**

1 Hauptburg
2 Südliche Vorburg
3 Abschnittsgraben
4 Hauptgraben
5 Nördliche Vorburg
6 Erster Graben
7 Möglicher Zugang
8 Zwinger
9 Zugang Hauptburg
10 Rest Umfassungsmauer
11 Fußpfad vom Parkplatz
12 Lage vom Gebäuden
13 Burghof

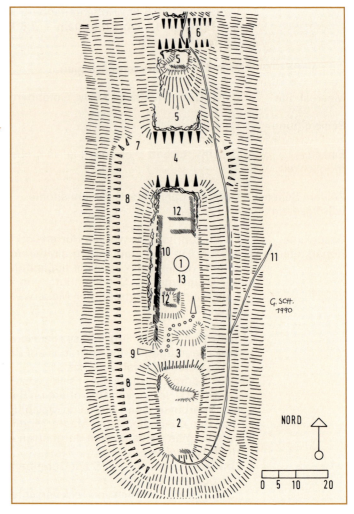

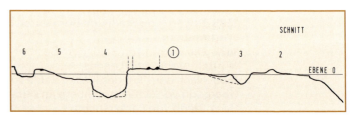

**Anlage Hohengutenberg**

Die Ruine der Burg Hohengutenberg liegt auf einem langen, kammartigen Höhensporn, der sich etwa 120 m unterhalb der Traufkante vom Talhang löst. Am Ende des Sporns trennen drei Quergräben (3, 4, 6) die Anlage in drei Abschnitte. In eine südliche Vorburg, die Kernburg (1) und eine nördliche Vorburg. Die Fläche der Kernburg betrug ca. 14 x 44 m.

# Hohengutenberg und Wuelstein

**Kernburg** Von der westlichen Umfassungsmauer (10) ist noch ein Teil der Kernmauer bis 4 m Höhe erhalten. Geringe Reste der Verblendung zeigen die Mauerwerkstechnik: Kleinquadermauerwerk z. B. (L x H) 22 x 19, 25 x 24, 26 x 23, 19 x 16 cm. Am äußersten nördlichen Ende und an der westlichen Umfassungsmauer sind Spuren von Gebäuden (12) erkennbar. Dazwischen lag der Burghof (13). Die Westseite des Berges umschließt ein Zwinger (8). Hier ist auch der Zugang (9) zur Hauptburg anzunehmen.

**Vorburg** Von der südlichen (2) (26 x 8 m) und von der nördlichen Vorburg (5) (23 x 24 m) sind nur geringe Spuren von Bebauung durch Kernmauer- und Mörtelreste nachweisbar.

**Geschichte Wuelstein** Über Wuelstein ist urkundlich nichts bekannt. Sie ist vermutlich aus strategischen Gesichtspunkten als Schutzanlage und Warte zu Hohengutenberg entstanden. Um 1600 wird Wuelstein als Burgstall genannt.

**Anlage Wuelstein**

1 Lage des Turmes
2 Halsgraben
3 Schutthügel Kernmauerwerk
4 Westliche Felsterrasse
5 Östliche Felsterrasse
6 Gebäude
7 Steiler Fels zur Talseite
8 Fußweg

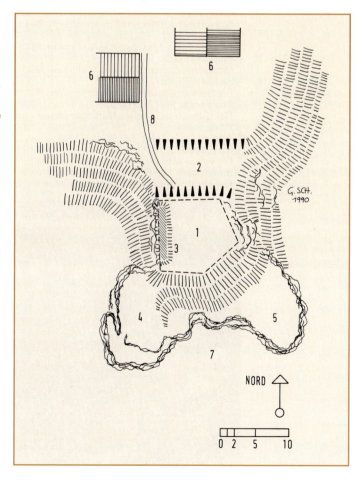

# Hohengutenberg und Wuelstein

| | |
|---|---|
| Anlage Wuelstein | An der südöstlichen Talecke trennt ein flacher Halsgraben (2) den Burgfelsen (Wasserfels) von der Hochfläche. Reste von überwachsenem Kernmauerwerk (3) und Mörtelspuren weisen auf ein Bauwerk mit fünfeckigem Grundriß (1). Die Seitenlängen von ca. 6, 8 und 10 m lassen einen Wohnturm vermuten. Nierenförmig legt sich dahinter der steil abfallende Fels mit verebneten Teilflächen (4, 5). Eine weitere Bebauung ist nicht auszuschließen. |
| Besitzer | Hohengutenberg: Privat<br>Wuelstein: Land Baden-Württemberg |
| Pläne | Grundriß und Schnitt Hohengutenberg und Grundriß von Wuelstein, in „Die Kunst- und Altertumsdenkmale in Württemberg", Inventar Donaukreis, 1924 |
| Alte Ansichten | Kieserschos Forstlagerbuch 1683/85, Hauptstaatsarchiv Stuttgart |
| Literaturhinweise | – Christ, Dr. Hans und Klaiber, Prof. Dr. Hans<br>  Die Kunst- und Altertumsdenkmale in Württemberg,<br>  Inventar Donaukreis Band 2, 1924<br>– Das Land Baden-Württemberg, Band 3<br>– Diehl, Adolf<br>  Schwäbische Ritter und Edelknechte im Dienst von Pisa und Lucca<br>– Moser<br>  Beschreibung des Oberamts Kirchheim, 1842<br>– Reichardt, Lutz<br>  Ortsnamenbuch des Kreises Esslingen, 1982<br>– Schwab, Gustav<br>  Die Neckarseite der Schwäbischen Alb, 1823/1960<br>– Schwenkel, Prof. Dr. Hans<br>  Heimatbuch des Kreises Nürtingen, Band 1 und 2, 1953<br>– Wais, Julius<br>  Albführer, Östlicher Teil, Band 1, 1962<br>– Zürn, Hartwig<br>  Die vor- und frühgeschichtlichen Geländedenkmale und die mittelalterlichen Burgstellen des Stadtkreises Stuttgart und der Kreise Böblingen, Esslingen und Nürtingen, 1959 |

*Reste der westlichen Umfassungsmauer mit Kleinquaderverblendung*

# Sperberseck

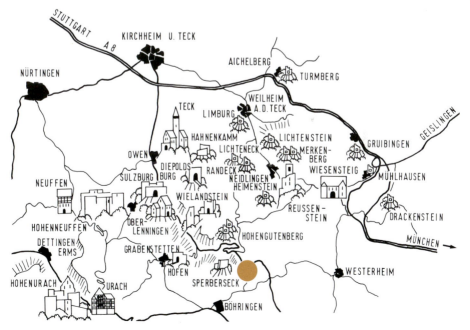

# Sperberseck

| | |
|---|---|
| Lage | Am Ende des Lenninger Tales, südlich von Oberlenningen, zweigt nach Westen das Donntal ab. Auf der linken Seite des Tales liegt, nahe der Ortschaft Gutenberg, auf einem in das Tal vorspringenden Sporn die Burgruine Sperberseck.<br>Von Böhringen auf der B 28 (Urach–Blauberuen) in Richtung Donnstetten. Ca. 1,3 km nach Böhringen liegt an der linken Straßenseite ein Wanderparkplatz. Zuerst am Waldrand entlang, dann über die freie Hochfläche, beschildert (AV Dreieck), direkt zur Burgruine Sperberseck.<br>Parkplatz – 1,8 km Sperberseck. |
| Gemeinde | Lenningen, Landkreis Esslingen |
| Meereshöhe | Burg 728 m, Donntal 550 m |
| Besichtigung | Frei zugänglich |
| Einkehrmöglichkeit | Gasthäuser in Schopfloch und Gutenberg |
| Weitere Sehenswürdigkeit | Gutenberger Höhle |

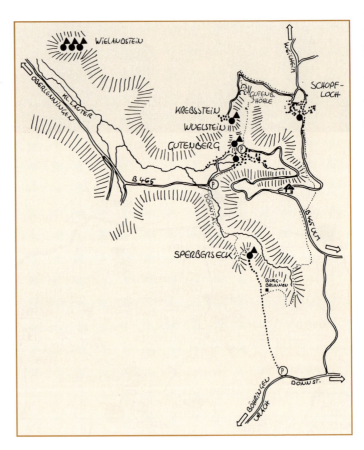

## Sperberseck

**Geschichte**

Die hochadlige Familie von Sperberseck entstammt dem Hause Sulmetingen. Ende des 11. Jahrhunderts verlassen sie ihren Stammsitz und gründen am Albtrauf eine neue Burg. Aus ihren Reihen entstammen namhafte Persönlichkeiten, die sich im Investiturstreit vehement auf die Seite der Reformer stellen.

**Um 1090** Bertold (I.) gründet die Burg Sperberseck.
**1085–1090** Bertold (I.) von Sperberseck nimmt in Thüringen eine Güterübertragung für das Priorat Reichenbach entgegen.
**1092** Bertold (I.) und sein Sohn Bertold (II.) Zeuge in einer Urkunde anläßlich einer Schenkung Graf Burkhards von Nellenburg an das Kloster Allerheiligen.
**Kurz nach 1100** Mangold, Sohn des Bertold (I.), gründet die Burg Hohenneuffen.
**1105** Die Brüder Bertold und Erlewin von Sperberseck Zeugen des Konrad von Baldeshausen für das Kloster St. Blasien.
**1112** Mehrfache Erwähnung des Bertold als Zeuge.
**1152** Erlewin von Sperberseck Zeuge des Herzogs Bertold von Zähringen.
**Um 1192** Der Freie Albert von Sperberseck verkauft Güter in Böhringen mit drei Ritterlehen, Wälder und ein Viertel der Böhringer Kirche an Pfalzgraf Rudolf von Tübingen.
**Seit 1251** Bertold und Reinbot von Sperberseck im Gefolge der Herzöge von Teck.
**1282** Bertold als Dienstmann des Herzogs bezeichnet.
**1356–1361** Heinrich von Sperberseck Bannerführer der Stadt Pisa.
**Um 1365** Burg Sperberseck als württembergisches Lehen unter den Herren von Sperberseck und Nachtigall geteilt.
**1377** Johann von Sperberseck fällt auf württembergischer Seite in der Schlacht bei Reutlingen.
**1385** Nennung der Burgkapelle zum hl. Nikolaus.
**1386** Hans von Sperberseck fällt in der Schlacht bei Sempach.
**1388** Der Wirtschaftshof unter der Burg im Donntal nicht mehr bewohnt.
**1438** Die Brüder Hans und Ulrich verkaufen Dorf und Burgstall Oberensingen an die Gräfin Henriette von Württemberg.
**1525** Sperberseck angeblich im Bauernkrieg zerstört, nach anderen Angaben bereits Anfang des 15. Jahrhunderts als Wohnsitz aufgegeben.
**1718** Die Familie von Sperberseck ausgestorben.
**1978** Bestandserhaltende Maßnahmen an der Ruine durch die Forstdirektion Stuttgart und das Staatliche Forstamt Kirchheim.

# Sperberseck

*Die Stammlinie der Herren von Sperberseck bis 1250*

| | |
|---|---|
| Bertold (I.)<br>1090, 1092 | von Sulmetingen-Böringen-Sperberseck, Stammvater der Familie von Sperberseck.<br>Gemahlin: Tochter aus dem Hause Winterthur?<br>Kinder: Bertold (II.), Mangold, Ulrich |
| Mangold<br>1087, 1122 | von Sulmetingen-Neuffen, Sohn des Bertold (I.), Bauherr der Burg Hohenneuffen.<br>Gemahlin: Mathilde von Urach<br>Kinder: Egino, Ulrich, Mathilde, Leutfried (?) |
| Bertold (II.)<br>der Ältere<br>1087, † um 1138–1145 | Sohn des Bertold (I.), schwäbischer Bannerträger, stirbt als Mönch in Zwiefalten.<br>Kinder: Bertold (III.), Liutfried, Erlewin |
| Bertold (III.)<br>der Jüngere<br>1105, † nach 1145 | Sohn des Bertold (II.)<br>Gemahlin: Gisela N. (?)<br>Kinder: Bertold (IV.), Erlewin |
| Bertold (IV.)<br>2. Hälfte 12. Jh. | Sohn des Bertold (III.)<br>Kind: Albert |
| Albert<br>um 1192 | Sohn des Bertold (IV.), als „Freier" genannt.<br>Kinder: Bertold, Krafto |

*Versuch einer Rekonstruktion der frühen Schildmauerburg Sperberseck von Christoph Stauß*

# Sperberseck

1 Hauptburg
2 Schildmauer
3 Lage von Gebäuden
4 Ehem. Abtritt
5 Lage der Küche
6 Reste Umfassungsmauer
7 Burghof
8 Möglicher Zugang
9 Hangterrasse
10 Halsgraben
11 Vorburg
12 Wall Vorburg
13 Zweiter Graben
14 Wall
15 Erster Graben
16 Hochfläche
17 Vom Parkplatz
18 Von Mondmilchhöhle und Donntal

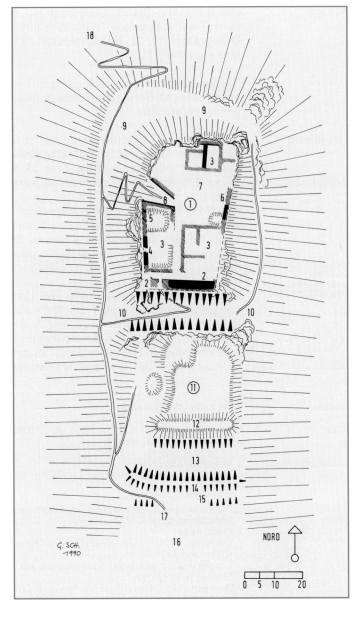

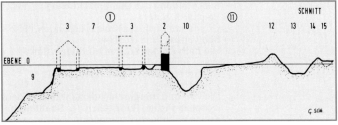

# Sperberseck

| | |
|---|---|
| Anlage | Die Burgruine Sperberseck liegt auf einem wenig unter dem Trauf gelegenen, nach Norden gerichteten Sporn. Quergräben (10, 13, 15) gliedern die Anlage in Vorburg (11) und Hauptburg (1). |
| Vorburg | Die Vorburg auf etwa rechteckiger Grundfläche lag hinter einem breiten Sohlgraben (13). Außer Geländespuren ist wenig erkennbar. |
| Hauptburg | Hauptburg und Vorburg trennt ein etwa 14 m breiter und 10 m tiefer Quergraben (10). Die Anlage entsprach dem Typus der Schildmauerburg. Eine 23 m lange und 3,1 m starke Schildmauer (2) schützte die Kernburg von der Feldseite. Ihre Reste stellen den beachtlichsten Teil der Ruine dar. Höhe feldseitig: 6,4 m, burgseitig: 4,2 m. Kernmauerwerk mit Bruchsteinen im Fischgrätenverband. Nur innenseitig ist die Verblendung erhalten. Mauerwerkstechnik: Kleinquaderverblendung mit von unten nach oben zunehmender Quadergröße, z. B. (L x H) 46 x 15, 37 x 15, 66 x 22, 37 x 22, 51 x 25, 48 x 28 cm. |
| Schildmauer | |

Zugang Abtritt in der westlichen Umfassungsmauer Leibung in Tuffquader

Hinter der Schildmauer folgte die Umfassungsmauer (6) polygonal dem Fels. Auf der Ost-, West- und Nordseite lehnten sich Gebäude (3) an die Außenmauer; im westlichen Teil ist die Küche (5) anzunehmen. Etwa 10 m unterhalb umzieht ein zwingerartiger Absatz die Bergflanken. Er mündet im Norden in eine verbreiterte Hangterrasse (9).

| | |
|---|---|
| Besitzer | Land Baden-Württemberg |
| Pläne | Grundriß und Schnitt von K. A. Koch, in: „Die Kunst- und Altertumsdenkmale", Band 2, 1924 |
| Literaturhinweise | – Antonow, Alexander<br>Burgen des südwestdeutschen Raumes im 13. und 14. Jahrhundert, 1977<br>– Christ, Dr. Hans und Klaiber, Prof. Dr. Hans<br>Die Kunst- und Altertumsdenkmale in Württemberg, Inventar Donaukreis, Band 2, 1924<br>– Diehl, Adolf<br>Schwäbische Ritter und Edelknechte im Dienst von Pisa und Lucca<br>– Gradmann, Wilhelm<br>Burgen und Schlösser der Schwäbischen Alb, 1980<br>– Maurer, Hans-Martin<br>Die hochadligen Herren von Neuffen und von Sperberseck im 18. Jahrhundert<br>– Moser<br>Beschreibung des Oberamts Kirchheim, 1842<br>– Reichardt, Lutz<br>Ortsnamenbuch des Kreises Esslingen, 1982<br>– Schwenkel, Prof. Dr. Hans<br>Heimatbuch des Kreises Nürtingen, Band 1 und 2, 1953<br>– Wais, Julius<br>Albführer, Östlicher Teil, Band 1, 1962<br>– Zürn, Hartwig<br>Die vor- und frühgeschichtlichen Geländedenkmale und die mittelalterlichen Burgstellen des Stadtkreises Stuttgart und der Kreise Böblingen, Esslingen und Nürtingen, 1959 |

# Neuffen

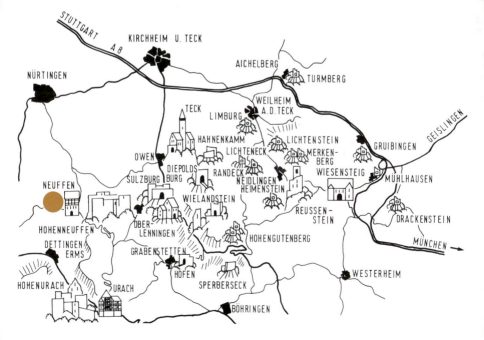

# Neuffen

| | |
|---|---|
| Lage | Einer der markantesten Berge am Albtrauf ist der Hohenneuffen südlich von Nürtingen. An seinem Fuße liegt das mittelalterlich anmutende Städtchen Neuffen. Innerhalb der ehemaligen fast kreisrunden Stadtbefestigung befinden sich zwei ehemalige Adelssitze, das „Große Haus" und das „Melchior-Jäger-Schloß". Neuffen ist über Nürtingen, Metzingen und Bad Urach erreichbar.<br>Das „Große Haus" der Schilling von Cannstatt liegt in der Südwestecke der fast kreisrunden Altstadt am Ende der Schillingstraße. Wenige Meter nördlich, ebenfalls an der Stadtmauer, steht das „Melchior-Jäger-Schloß".<br>Günstige Parkmöglichkeiten bestehen auf den neu angelegten Plätzen direkt hinter beiden Anlagen am „Unteren Graben". Sie sind am besten von der Reutlinger Straße (Richtung Metzingen) aus erreichbar.<br><br>Wandervorschlag siehe Hohenneuffen |
| Gemeinde | Stadt Neuffen, Landkreis Esslingen |
| Meereshöhe | Stadt 408 m, Hohenneuffen 743 m |
| Besichtigung | „Großes Haus" (Stadtmuseum): jeden ersten und dritten Sonntag von 10 bis 14 Uhr<br>„Melchior-Jäger-Schloß": Schloßhof frei zugänglich (Innenräume z. Zt. für Vereinszwecke genutzt) |

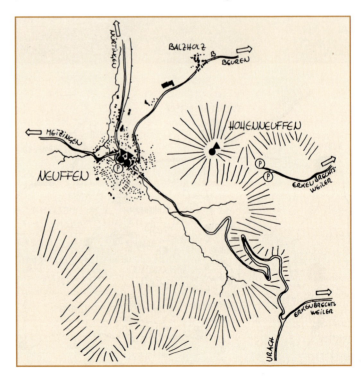

## Neuffen

| | |
|---|---|
| Weitere Sehenswürdigkeiten | Altstadt von Neuffen, St.-Martins-Kirche, Museum der Deutschen Ordensgeschichte |
| Geschichte „Großes Haus" | Die Bauherrenfamilie der Schilling von Cannstatt wird um 1270 durch die Heirat eines Heinrich mit Willibirg von Neuffen in der Stadt seßhaft. |

**Um 1230** Gründung der Stadt Neuffen durch die Burgherren auf Hohenneuffen.
**1351** Heinrich Schilling (II.) stiftet eine Pfründe für einen Kaplan sowie einen Altar zur Verehrung Johannes des Täufers. Grabplatte in der St-Martins-Kirche.
**1364/1365** Neubau des „Großen Hauses" als befestigter Stadtsitz der Familie Schilling von Cannstatt.
**1477** Verkauf des Adelssitzes „an der Mauer, neben unsrer grändigen Herrn Haus mit sampt dem Vorhof und den zweyen Gärten darzuogehörig als ein frey Guot" an Junker Wolf von Neuhausen.
**1532** Im Besitz der Herren von Neuhausen.
**1573** Modernisierung und Umbau.
**1595** Neuaufbau der Fachwerkobergeschosse, Neufassung des Holzwerks in gelb, umfassende Modernisierung.
**1634** Die kaiserlichen Truppen brennen die Stadt nieder. Nur die beiden adligen Freihäuser bleiben verschont. Zu Beginn des 17. Jahrunderts zählt Neuffen über 1000 Einwohner, nach 1634 noch etwa 300.
**1707** Erneuter Umbau und Modernisierung (graue Farbfassung).
**1979** Das „Große Haus", in Privatbesitz, wird für baufällig erklärt, die weitere Benutzung untersagt. Erwerb durch die Stadt Neuffen.
**1983–1986** Grundlegende Instandsetzung und Renovierung. Einbau von Museum, Stadtbücherei und Hausmeisterwohnung. Gesamtbaukosten: 2 639 000.– DM.

*Die Schilling von Cannstatt zu Neuffen*
*(siehe auch Oberlenningen):*

| | |
|---|---|
| Heinrich (II.) † 1352 | Ritter, Sohn des Heinrich. Gemahlin: Agnes von Sperberseck Kind: Heinrich (III.) |
| Heinrich (III.) 1389, † vor 1402 | Sohn des Heinrich (II.), Bauherr des „Großen Hauses". Kinder: Heinrich (IV.), Wolf, Burghard |
| Heinrich IV. 1426, † 1452 | Sohn des Heinrich (III.) Gemahlin: Anna von Tachenhausen Kind: Heinrich (V.) |
| Heinrich (V.) † 1516 | Sohn des Heinrich (IV.), verkauft 1477 das „Große Haus", Vogt zu Kirchheim, 1478 mit dem Wielandstein belehnt. Kind: Ulrich (siehe Oberlenningen) |

# Neuffen

Anlage
„Großes Haus"

1 Haupteingang
2 Eingangshalle
3 Stadtbücherei
4 Gotisches Portal
5 Abgang WC
6 Stadtmauer
7 Ludwigstörle
8 Östliches
  Nachbargebäude
9 Westliches
  Nachbargebäude
10 Wehrgang
11 Fluchttreppe
12 Treppenraum
   Museum – Mittelalter
13 Museum – Vor- und
   Frühgeschichte
14 Museum –
   20. Jahrhundert

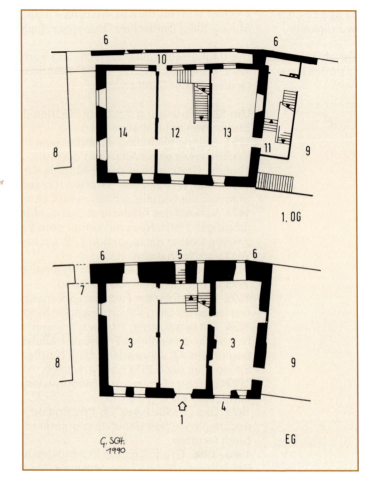

Anlage
„Großes Haus"

Das „Große Haus" ist eines der wenigen, erhaltenen Beispiele eines Adelssitzes aus dem 14. Jahrhundert innerhalb einer befestigten Stadt. Aus verteidigungstechnischen Gründen wurde es bewußt an der Stadtmauer situiert und somit in das Verteidigungssystem der Stadt eingebunden.
Das Gebäude ist im Grundriß dreischiffig und im wesentlichen in zwei Bauphasen entstanden.
 I. Aus der ersten Bauphase von 1364/65 entstammen das tonnenüberwölbte Kellergeschoß, die massiven Aufbauten des Erd- und ersten Obergeschosses sowie die dazugehörigen Konstruktionsteile in Eiche.
II. Der Aufbau des zweiten Obergeschosses mit steilem Satteldach sowie Teile des Innenausbaus im ersten Obergeschoß mit gelber Fachwerkfassung entsprechen der zweiten Bauphase von 1595.

## Neuffen

*Treppenraum im ersten Obergeschoß mit Blocktreppe und Fenster zum Wehrgang*

Erdgeschoß
: Das Erdgeschoß besitzt eine große Eingangshalle (2) mit einem Eingangsportal (1) von 1595. Es wurde bei der zweiten Bauphase in den bestehenden Torbogen eingebaut. In den angrenzenden Räumen (3) ist die Stadtbücherei untergebracht.

Gewölbekeller
: Im südlichen Bereich befindet sich der Keller aus der Entstehungszeit mit flachem, acht Meter weit gespanntem Tonnengewölbe.

Erstes Obergeschoß
: Von der Eingangshalle führt eine Holztreppe zum ersten Obergeschoß mit drei großen Räumen. Der Stadt- und Kulturring von Neuffen hat hier seit 1986 das Heimatmuseum eingerichtet. Im Treppenraum (12) befindet sich die mittelalterliche Abteilung des Museums mit einem

# Neuffen

beachtlichen Modell der Festung Hohenneuffen. In der Abteilung des 20. Jahrhunderts (14) sind Dokumentationen des Neuffener Stadtpfarrers Jacob Metzger sowie Dokumentationen von Vereinen untergebracht. Die Vor- und Frühgeschichtliche Abteilung (13) beinhaltet anschauliche Modelle von Wohnstätten.

Die Konstruktion innerhalb der massiven Außenwände besteht aus sichtbarem Fachwerk in Gelbfassung mit schwarzer Schattierung der Gefache. Über einer Türe die Jahreszahl von 1573. Vom Treppenraum führt eine Türe zum engen Wehrgang (10) mit Schießscharten.

Das zweite Obergeschoß besteht aus einem überkragenden Fachwerkbauteil. Durch den Einbau einer Wohnung ist es leider nicht öffentlich zugänglich.

Geschichte „Melchior-Jäger-Schloß"

Der jüngere der beiden Adelssitze ist das sogenannte „Melchior-Jäger-Schloß", auch Jägersches Schlößle bezeichnet. Melchior Jäger wird 1544 als Sohn des Vogts von Neuffen geboren. Er nennt sich nach seinem Rittergut Gärtringen „Jäger von Gärtringen".

**1582** Melchior Jäger wird in den reichsunmittelbaren Adelsstand erhoben.
**1586** Ernennung zum fürstlich-württembergischen Geheimen Rat.

*Schloßhof mit Ostgiebel des Hauptgebäudes*

# Neuffen

**1590** Abbruch des alten Vogthauses und Neubau eines herrschaftlichen Stadthauses mit Nebengebäuden.
**1611** Melchior Jäger in Stuttgart gestorben.
**1670** Verkauf an Privat.
**1703** Oberstleutnant Johann Joachim Buck Eigentümer.
**1708** Reichsfreiherr Johann Balthasar Elias von Weissenstein.
**1715** Johann Friedrich Rampacher.
**1722** Otto von Schwarz, Bundespräsident und Bürgermeister von Chur, Graubünden.
**1745** Erwerb durch das herzogliche Liegenschaftsamt, Einrichtung des Oberamts.
**1806** Aufhebung des Oberamts Neuffen, Einrichtung des Kameralamts, später Finanzamt.
**1935** Nutzung als Haushaltschule und Fürsorgeheim.
**1953** Erwerb durch die Stadt Neuffen.
**1957** Instandsetzung und Renovierung, Teilfreilegung des Fachwerks.

Anlage „Melchior-Jäger-Schloß"

Die baulichen Anlagen des Melchior-Jäger-Schlosses umfassen einen mauerumzogenen eigenen Bereich. Zur Stadt gerichtet stehen winkelförmig Stallungen und Remisen, die den Hof mit schmuckem Achteckbrunnen (5) umgeben.

Anlage „Melchior-Jäger-Schloß"

1 Hauptgebäude
2 Eingang
3 Vorbau
4 Ecktürme
5 Brunnen
6 Nebengebäude
7 Schloßhof
8 Nachbargebäude
9 Parkplätze im ehemaligen Zwinger

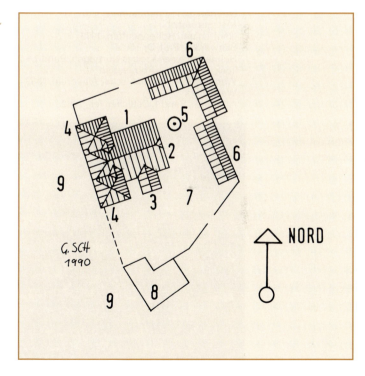

# Neuffen

**Hauptbau**

Das Hauptgebäude (1) auf T-förmigem Grundriß ist zweigeschossig mit massivem Erdgeschoß und Aufbau in Fachwerk. Der hofseitige Giebel mit Krüppelwalmdach wirkt behäbig. Die Stadtmauerseite durch geschickt angesetzte Zeltdächer (4) an beiden Enden des langen Flügelbaus unterstreicht dagegen das Erscheinungsbild eines schloßartigen Bauwerks. Geschmackvoll wirkt der südliche Vorbau (3) mit freigelegtem Fachwerk am Giebelspitz und Rundbogentor am Sockel. Freigelegt war auch ursprünglich die gesamte Putzfassade.

Eine Freitreppe führt an der Südostecke zum Eingangsportal (2). Im Türsturz das Wappenschild des Erbauers und seiner Frau zwischen dem Baudatum von 1590.

**Besitzer**  Stadt Neuffen

**Pläne**  Grundrisse, Schnitte und Ansichten zum Umbau, 1982

**Literaturhinweise**
- Beschreibung des Oberamts Nürtingen, 1848
- Bongartz, Norbert und Biel, Jörg
  Kunst, Archäologie und Museen im Kreis Esslingen, 1983
- Bögel, Günther
  Neuffen, historische Kleinstadt am Fuße der Schwäbischen Alb, 1981
- Cramer, Johannes
  Zur Außenfarbigkeit adliger Landsitze des 16. und 17. Jahrhunderts in Südwestdeutschland, in: „Burgen und Schlösser", 1988/II
- Götz, Rolf
  Die Schilling von Cannstatt, in: „Das Schlößle in Oberlenningen", 1985
- Hezel, Gotthold
  Neuffen und Hohenneuffen, 1957
- Metzger, Jacob
  Neuffen und Hohenneuffen, 1909
- Schwenkel, Prof. Dr. Hans
  Heimatbuch des Kreises Nürtingen, Band 1 + 2, 1953
- Teck – Neuffen – Römerstein
  Wanderführer Schwäbischer Albverein, 1987
- Wais, Julis
  Albführer, Band 1, Östlicher Teil, 1962

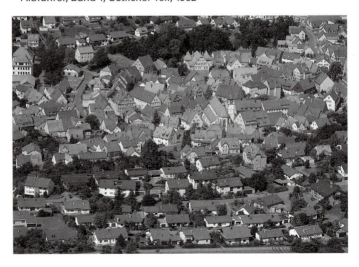

*Neuffener Altstadt mit den beiden Adelssitzen*

# Hohenneuffen

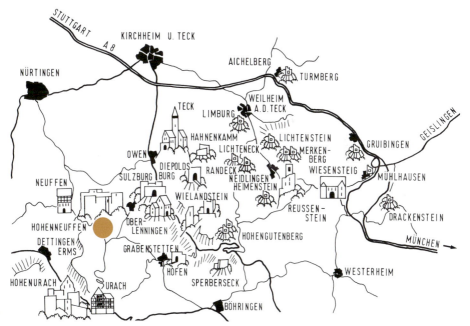

# Hohenneuffen

Lage

Zwischen Weilheim an der Teck und Reutlingen zeigt sich der Albtrauf von seiner schönsten und ausgeprägtesten Seite. Seine Berge zählen zu den bekanntesten der Schwäbischen Alb, die Ruine Hohenneuffen zu den umfangreichsten und größten. Von Bad Urach, Neuffen oder Lenningen nach Erkenbrechtsweiler. Eine gut ausgebaute Straße führt direkt zu den Parkplätzen auf der Hochfläche nahe des Hohenneuffen.
Parkplatz – 0,9 km Hohenneuffen.

*Wandervorschlag:*
Ausgangspunkt dieser aussichtsreichen Wanderung ist das Städtchen Neuffen. Parkmöglichkeit an der Stadtmauer beim „Großen Haus" (siehe Neuffen). Der ausgeschilderte Albvereinsweg (AV Dreieck) führt nach Süden aus der Stadt, vorbei an den Sportanlagen zum Aussichtspunkt Karlslinde auf den Winnender Berg. Weiter in östlicher Richtung und nach Überquerung der Straße Neuffen–Urach nördlich stets am Trauf entlang direkt zur Ruine Hohenneuffen. Rückweg: Zurück bis zum Sattel vor dem Burgberg. Abstieg, bezeichnet, am Talhang durch die Weinberge zurück nach Neuffen.
Neuffen – 3,0 km Karlslinde – 5,8 km Hohenneuffen – 2,2 km Neuffen.

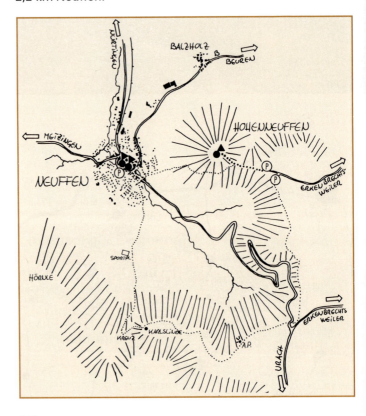

# Hohenneuffen

| | |
|---|---|
| Gemeinde | Stadt Neuffen, Landkreis Esslingen |
| Meereshöhe | Burg 743 m, Stadt Neuffen 408 m |
| Besichtigung | Frei zugänglich, Burgführungen z. Zt. Mai bis Oktober jeden dritten Sonntag, 11.30 und 13.30 Uhr |
| Einkehrmöglichkeit | Burgrestaurant Hohenneuffen, Tagungsräume, Kiosk im Burghof |
| Gottfried von Neuffen<br>* um 1210, † 1255 | Bedeutender Minnesänger aus dem Geschlecht der Herren von Neuffen ist Gottfried. 47 seiner Lieder sind in der Heidelberger Liederhandschrift „Manesse" aufgeführt. Die meisten widmet Gottfried der höfischen Minne, einige besingen die „niedere Minne". Bei den Auseinandersetzungen Kaiser Friedrichs II. mit seinem Sohn König Heinrich VII. steht er auf seiten Heinrichs. Nach dem verlorenen Gefecht im Ermstal (Swiggerstal) werden Gottfried und sein Vater Heinrich gefangengenommen und geächtet. |
| Der Büttner | Es zog ein Büttner<br>weit in fremde Lande.<br>Der war so liebevoll,<br>daß, wo er Frauen fand,<br>er gern da band.<br><br>Da sprach der edle Wirt<br>zu ihm, was er könne?<br>„Ich bin ein Büttner:<br>wer mir's erlaubt,<br>dem binde ich sein Faß."<br><br>Da brachte er seine Reife<br>und seinen Treibehammer.<br>Mit seinem Herumziehn<br>konnt er sich gut erhalten,<br>ein gutes Werkzeug mit sich führen.<br><br>Seinen Treibekeil,<br>den nahm sie in die Hand<br>auf seiner graden Seite.<br>Sie sprach: „Heiland,<br>Gott hat Euch hergesandt."<br><br>Als sie gebunden hatten<br>dem Wirte da sein Faß,<br>seitlich und auch unten,<br>sprach sie: „Ihr seid nicht faul.<br>Mir ward nie besser gebunden." |

# Hohenneuffen

**Wan sie dahs**

Uns jungen mannen sanfte mac
an frouwen misselingen
ez kam umb einen mitten tac.
do horte ich eine swingen.
Wan si dahs

Wir jungen Männer können
bei Frauen leicht Pech haben.
Es war eines Mittags,
da sah ich eine Flachs schwingen.
Als sie Flachs schwingt,
Sie schwingt Flachs.

Guoten morgen bot ich ir
ich sprach, Got müze iuch eren!
zehant do neic diu schoene mir,
dar in so mueste ich keren.
Wan si dahs

Einen guten Morgen
erbot ich ihr, ich sprach:
„Gott soll euch ehren."
Sogleich wandte die Schöne sich zu mir,
darauf mußte ich umkehren.
Als sie Flachs schwingt,
Sie schwingt Flachs.

Si sprach hien ist der wibe niht
ir sit unrechte gegangen
e iuwer wille an mir geschiht
ich saehe iuch lieber hangen.
Wan si dahs

Sie sprach:
„Euer Eheweib ist hier nicht,
ihr seid am falschen Orte,
bevor euer belieben an mir geschieht,
sehe ich euch lieber hängen."
Als sie Flachs schwingt,
Sie schwingt Flachs.

**Der Hohen-neuffen wird zur Schreckens-kammer**

Unter Herzog Ulrich von Württemberg wird der Hohenneuffen zur Schreckenskammer. 1512 überfällt Ulrich den Zwiefalter Abt Georg Fischer und wirft ihn in den Kerker des Hohenneuffen. Fischer wollte das Darlehen nicht ausbezahlen, das der Herzog vom Kloster verlangte.
Der Vogt Bälz von Neuffen richtet Beschuldigungen gegen den Herzog. Dieser läßt ihn gefangensetzen und zu Tode foltern. Auch Conrad Breuning, Mitglied des Landtags, wird gefoltert, an Armen und Füßen über ein Feuer gehalten und später in Stuttgart hingerichtet. So erging es noch mehreren Zeitgenossen.

# Hohenneuffen

*Modell der Festung Hohenneuffen als Versuch einer Rekonstruktion*

**1534
Rückkehr
Herzog Ulrichs**
Ballade von
Gustav Schwab

Müd vom Schlagen und vom Siegen
Zieht der Herzog durch sein Land,
Droben sieht er Neufen liegen
Auf der dräunden Felsenwand.
Heißer Strahl der Frühlingssonnen
Brennt auf Reiter und auf Roß –
Wäre doch das Nest gewonnen!
Ruft der Landgraf, sein Genoß.

Und so reiten sie die Stege
Durch den kühlen Wald hinauf;
Lauscht kein Hinterhalt im Wege?
Regnen keine Kugeln drauf?
Nein, es ist kein Feind zu spüren,
Alle Zinnen stehen leer,
Auf bequemen Brücken führen
Durch den Burgwall sie das Heer.

Aus dem Schlosse tönt entgegen
Ihnen nicht Geschützes Knall,
Sondern Priesters Wort und Segen,
Und ein heller Orgelschall.
Und von mehr als Einer Schüssel
Süßer Dampf herüber weht,
Und der Burgvogt mit dem Schlüssel
Vor dem offnen Tore steht.

„Ritter Berthold, du Verwegner,
Sprich, was macht denn dich so zahm?
Du mein Feind und ew'ger Gegner,
Bist zu worden blind und lahm?

# Hohenneuffen

Aber deine Blicke glänzen,
Wie kein blindes Auge glüht!
Und dein Haus schickt sich zu Tänzen,
Wie kein Lahmer drum sich müht!"

„Herr!" erwidert ihm der Ritter,
Warf sich vor des Herzogs Fuß:
„Seyd nicht eurem Knechte bitter
Nenn auch feig nicht seinen Gruß.
Mir ist heut ein Sohn geboren,
Meines Hauses erster Stern;
Wird mir der, – hab' ich geschworen, –
Will ich huld'gen meinem Herrn."

„In der Kirche den zu taufen
Stehet mir der Burgpfaff schon.
Seyd ihr nicht zu müd vom Raufen,
Werdet Pathen meinem Sohn!
Nicht vergessen solche Gnade
Wird der Vater und das Kind,
Die zu Neufens steilem Pfade
Hundert Jahr lang Wächter sind!"

Ey gelegen kommt den Fürsten
Solche Ladung nach dem Kampf,
Die nach kühlem Weine dürsten,
Schielen auf der Schüsseln Dampf.
Und der Herzog reicht dem Degen
Freundlich die Versöhnungshand,
Schenkt dem Knaben seinen Segen
Und ein schön Stück Ackerland.

| | |
|---|---|
| Ausrüstung der Burg, 1568 | 4 sechspfündige Notschlangen mit 2900 Kugeln, 2 siebeneinhalbpfündige Feldschlangen mit 960 Kugeln, 3 zweipfündige Falkonetten mit 900 Kugeln. 1 eineinviertelpfündige Scharpfenthenken mit 200 Kugeln, 2 Sturmbüchsen mit 88 Kugeln, 19 Doppelhaken, 52 Handrohre, 313 Spieße und 199 Zentner Pulver. |
| Lebensmittelvorräte der Burg für 100 Mann und 50 Pferde | 66½ Scheffel Roggen, 267 Scheffel Dinkel, 455 Scheffel Haber, 1 Scheffel 5 Simri Gerste, 1 Scheffel 5 Simri Erbsen, 6½ Simri Linsen (das sind umgerechnet etwa 165 Zentner Roggen, 664 Zentner Dinkel, 728 Zentner Haber, 3⅓ Zentner Gerste, 3¾ Zentner Erbsen, 2½ Zentner Linsen), 5 Scheffel Habermehl, 6½ Simri Haberkern, 182 Zentner Fleisch, 3 Zentner 25 Pfund Speck, 10 Zentner Schmalz, 2½ Zentner Unschlitt (für Kerzen), ½ Zentner Docht, 12 Scheiben Salz, 10 Fuder (176 Hektoliter) Wein, 90 Wagen Heu, 65 Fuder Stroh. |
| Belagerung des Hohenneuffen 1634/35 | Der Hohenneuffen ist im 30jährigen Krieg nach der Schlacht bei Nördlingen schließlich – außer dem Hohentwiel – die letzte nicht übergebene Festung. Im Juli 1635 wird Hohenurach eingenommen. Graf von Soges beginnt im September 1634 mit der Belagerung. Zunächst versucht |

# Hohenneuffen

*Kernanlage der Festungsruine von Norden*

er mit Sprengungen an der Mauer die Festung einzunehmen. Im Zwinger wird eine Mine angelegt. Als dies mißglückt, läßt er dem Kommandanten gefälschte Briefe des Herzogs zukommen, in denen die Übergabe befohlen wird. Wenige Tage zuvor hat dies beim Hohenzollern zum Erfolg geführt. Kommandant Schnurm läßt sich nicht täuschen. Die Besatzung sieht inzwischen keinen Sinn zum Halten der Festung. Nach 14monatiger Belagerung gibt Schnurm dem Drängen der Besatzung nach und übergibt Hohenneuffen „wohlverproviantiert" im November 1635 den kaiserlichen Truppen.

Geschichte

Hohenneuffen, über Jahrhunderte gefürchtet, gehaßt, geachtet und bewundert, gehört zu den größten und bedeutendsten Wehrbauten.
Seine exponierte Lage und die gewaltigen Mauermassen haben manchen Burgenforscher zu den „phantastisch-

# Hohenneuffen

sten" Ergebnissen kommen lassen. Bereits Geschichtsschreiber des 16. und 17. Jahrhunderts sehen die Burg als römische Gründung des Kaisers Valerius Probus. Um die Jahrhundertwende beschreibt der Landeskonservator Eduard Paulus gar den Hohenneuffen als ein Bauwerk des Ostgotenkönigs Theoderich des Großen.

In Wirklichkeit ist der Hohenneuffen eine typische Burgengründung des Mittelalters. Als Bauherr kommt Mangold von Sulmetingen (bei Biberach) in Frage. Sein Vater Bertold (I.) gründet um 1090 die Burg Sperberseck (siehe Sperberseck). Die Familienangehörigen stellen sich im Investiturstreit auf die Seite der Reformer. Mangold fällt vermutlich im letzten Gefecht der Auseinandersetzungen 1122 bei Würzburg.

**Um 1100–1120** Gründung der Burg Hohenneuffen vermutlich unter Mangold von Sulmetingen-Neuffen.
**1122** Egino, Sohn des Mangold, nennt sich von Neuffen.
**Um 1150** Egino, letzter männlicher Nachkomme des Burgengründers, stirbt im Kloster Zwiefalten.
**1160** Bertold (II.) von Weißenhorn, ein Verwandter des Mangold, möglicherweise sein Bruder, in Besitz des Hohenneuffen.
**Um 1170** Umbau der Burg unter Bertold (II.), möglicherweise Entstehung der polygonalen Schildmauer.
**1198** Bertold (II.) nennt sich „von Neuffen".
**1212** Bertold (III.) von Neuffen und Anselm von Justingen holen im Auftrag der Fürstenversammlung den jungen König Friedrich II. von Hohenstaufen aus Sizilien nach Deutschland.
**1228** Heinrich von Neuffen begleitet Friedrich II. auf dem Kreuzzug.
**Um 1230** Gründung der Stadt Neuffen durch die Burgherren auf Hohenneuffen.
**1235** Heinrich und Gottfried von Neuffen, Parteigänger des rebellierenden Kaisersohnes Heinrich VII., werden nach der verlorenen Schlacht im Ermstal (Swiggertal) gefangengesetzt. Verlust des staufischen Lehens Achalm.
**Um 1290** Die Adelsfamilie von Neuffen stirbt im Mannesstamme aus. Übergang des Besitzes durch die Heirat von Luitgard, Tochter des Heinrich, an Konrad von Weinsberg.
**1301** Konrad von Weinsberg verkauft Burg, Stadt und Herrschaft Neuffen um 7000 Pfund Heller an Graf Eberhard I. von Württemberg.
**1312** Belagerung und Einnahme der Stadt Neuffen durch die Reichsstadt Esslingen.
**1316** Rückgabe der Stadt an Württemberg.
**1361–1363 und 1365–1366** Hohenneuffen ist Residenz des von der Regierung ausgeschlossenen Grafen Ulrich von Württemberg.
**1442** Bei der Teilung Württembergs kommt Neuffen zur östlichen Hälfte unter Graf Eberhard d. Jüngeren.

# Hohenneuffen

**1449** Im Städtekrieg ziehen die Truppen von Schwäbisch Gmünd vor den Hohenneuffen. Die Besatzung wagt einen Ausfall, erschlägt 34 Gegner und nimmt 65 gefangen.
**1482** Nach der Vereinigung der württembergischen Landesteile verliert Neuffen seine Bedeutung.
**1502** Graf Friedrich von Helfenstein unternimmt als Gefangener einen Fluchtversuch und stürzt zu Tode.
**1512** Abt Georg Fischer von Zwiefalten im Kerker des Hohenneuffen.
**1519** Im Reichskrieg des Schwäbischen Bundes gegen Herzog Ulrich wird Hohenneuffen als letzte der württembergischen Festungen uneingenommen übergeben.
**1525** Vergebliche Belagerung durch die aufständischen Bauern.
**1534** Rückgabe der Festung an Herzog Ulrich (siehe auch Ballade von Gustav Schwab).
**Um 1534–1553** Ausbau des Hohenneuffen zur Landesfestung mit Hohenasperg, Hohentwiel, Hohentübingen und Hohenurach. 26 000 Gulden werden verbaut.
**1550** Einführung einer Festungsordnung.
**1556** Zur ständigen Besatzung gehören der Kommandant und 13 Söldner oder Gardiknechte.
**1618** Verstärkung der Besatzung bei Ausbruch des 30jährigen Krieges auf 30 Mann.
**1621** Der Hohenneuffen auf seiten der protestantischen Union verstärkt seine Besatzung auf 100 Mann.
**September 1634** Beginn der Belagerung durch die kaiserlichen Truppen.
**November 1635** Übergabe des Hohenneuffen nach 14monatiger Belagerung.
**1639** Rückgabe von Stadt und Festung an Württemberg.
**1730** König Friedrich Wilhelm I. von Preußen und sein Sohn Friedrich (der Große) besuchen den Hohenneuffen.
**1735** Herzog Karl Alexander beauftragt den Oberbaudirektor für das Militärwesen, Johann Anton von Herbort, mit dem Ausbau des Hohenneuffen zu einer zeitgemäßen Festungsanlage.
**1737** Tod des Herzogs Karl Alexander.
**1742** Einstellung der Arbeiten.
**1795** Der Ausschuß des Landtags beschließt, den Hohenneuffen als wirksame Festung aufzugeben.
**1797** Der Rastatter Kongreß verlangt die Schleifung.
**1801** Freigabe zum Abbruch durch Dekret des Herzogs.
**1945** Die Burgruine wird Stellung einer Fliegerwache. Beschuß durch amerikanische Artillerie, Halle und Ritterstüble werden beschädigt.
**1948** Beratung der Ministerpräsidenten von Südbaden, Württemberg-Baden und Württemberg-Hohenzollern über den Zusammenschluß der Südweststaaten.
**1966/67** Instandsetzung der Ruine, Einbau einer befahrbaren Betonbrücke.

# Hohenneuffen

*Wappentafel des Herzogs Ulrich von Württemberg im Burghof des Hohenneuffen*

*Die hochadligen Herren von Neuffen*

| | |
|---|---|
| Mangold<br>1087, 1122 | Sohn des Bertold (I.), von Sulmetingen-Sperberseck (siehe Sperberseck), Bauherr des Hohenneuffen.<br>Gemahlin: Mathilde von Urach<br>Kinder: Egino, Ulrich, Mathilde, Leutfried(?) |
| Egino<br>† nach 1145 | Sohn des Mangold, Graf von Sulmetingen-Neuffen, letzter der Linie des Mangold. |
| Leutfried<br>† vor 1150 | genannt „von Neuffen", Verwandter des Mangold, möglicherweise der Bruder.<br>Kind: Liutfried(?) |
| Liutfried(?)<br>1160 | von Weißenhorn, Sohn oder Enkel des Leutfried, Erbe des Hohenneuffen.<br>Gemahlin: N. von Roggenburg<br>Kinder: Bertold (II.), Konrad(?) |
| Bertold (II.)<br>1160, 1221 | von Weißenhorn-Neuffen, Sohn des Liutfried(?).<br>Gemahlin: Adelheid von Achalm-Gammertingen<br>Kinder: Heinrich, Bertold (III.), Albert, Adelheid, Mathilde |

# Hohenneuffen

| | |
|---|---|
| Bertold (III.)<br>1208, 1224 | Sohn des Bertold (II.), königlicher Protonotar, Propst in Speyer, Bischof in Brixen. |
| Heinrich (I.)<br>Um 1200, 1246 | Sohn des Bertold (II.), Ratgeber Kaiser Friedrichs II., Erzieher König Heinrichs VII., Regent von Schwaben.<br>Gemahlin: Adelheid von Winnenden<br>Kinder: Heinrich (II.), Gottfried, Adelheid, Leukardis |
| Gottfried<br>1234, 1255 | Sohn des Heinrich (I.), Minnesänger.<br>Kinder: Rudolf (ohne Nachkommen), Maria |
| Heinrich (II.)<br>1228, 1278 | Sohn des Heinrich (I.)<br>Kinder: Bertold, Liutgard – Gemahlin des Konrad von Weinsberg, Erbin des Neuffener Besitzes |

*Gottfried von Neuffen in der Heidelberger Liederhandschrift „Manesse" (Universitätsbibliothek Heidelberg)*

# Hohenneuffen

*Wachstuben-
turm mit
unterem Hof und
Aufgang zum
schwarzen Tor*

Burgvögte und
Kommandanten
des
Hohenneuffen
1365–1799

- 1365 Heinrich von Hailfingen, Vogt
- 1432 Hermann von Sachsenheim
- 1462 Hans Speth von Sulzburg-Tumnau
- 1478 Konrad von Hofen
- 1486 Wilhelm von Sperberseck
- 1488 Friedrich von Sachsenheim
- 1492 Konrad Thumb
- 1499 Kaspar Becker (der erste bürgerliche!)
- 1504–1507 Michael von Freyberg
- 1514–1519 Wolf von Neuhausen
- 1519–1522 Sebastian Emhart
- 1525 Hans Dietrich von Westerstetten
- 1525–1531 Jörg von Ehingen
- 1532 Wilhelm Fetzer
- 1534 Berthold Schilling
- 1540 Jakob Rösler
- 1540 Balthasar Gaupp
- 1543–1551 Veit Schön
- 1552 Hans Kaiser
- 1560 Augustin Schlitzer
- 1569–1586 Peter Widemann
- 1586–1599 Hans Rathgeb (vorher Trabantenhauptmann in Stuttgart)
- 1599–1606 Johann Kies (Schreiner aus Waiblingen)
- 1606–1609 Johann Köllin
- 1609 Hans Pretzger
- 1609–1616 Melchior Rathgeb (vorher Trabantenhauptmann in Stuttgart)

# Hohenneuffen

*Wachstuben-turm mit Aufgang von Osten*

1616–1617  Johann Werthwein
1617–1619  Jakob Baur
1619–1628  Johann Werthwein
1628–1635  Johann Philipp Schnurm
1639–1640  Oberstleutnant Holtzmüller
1640–1645  Hauptmann Michael Hitzler
1645–1646  Konrad Schmierer (vorher Vogt in Böblingen)
1647–1656  Hauptmann Georg Friedrich von Ragowitz
           (vorher Forstmeister)
1656–1668  Andreas Heilemann
1668–1672  Christof Ludwig Moser von Filseck
1672–1677  Johann Friedrich Neumann
1678–1688  Rittmeister Johann Wolfgang Waldenberger
1688       Magnes Gerhard Schwoll
1688–1690  Matthias von Jost
1698–1701  Leutnant Johann Georg Schwan
1701–1719  Hauptmann Christoph Beer
1719–1736  Otto Ferdinand von Zabelditz
1736–1743  Oberstleutnant Johann Anton Herbort
1743–1744  Major Johann Wilhelm von Glaubitz
1744–1758  Oberstleutnant Martin Christoph Schulz
1758–1773  Oberstleutnant Gustav Sigmund von Kessel
1775–1776  Oberst Philipp Friedrich Rieger
1776–1788  Oberstleutnant Jens August von Cranzburg
1788–1789  Oberstleutnant Matthäus von Scheler
1789–1799  Freiherr Julius Philipp Wilhelm von Stetten

# Hohenneuffen

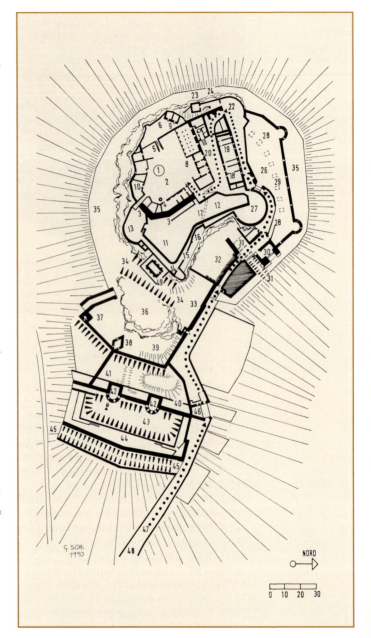

Rekonstruktionsplan der Festung Hohenneuffen
1. Kernanlage – ehem. Burg
2. Oberer Hof
3. Schildmauer der Burg
4. Zisterne
5. Rampe
6. Westbastei
7. Kiosk
8. Restaurant, ehem. Zeughaus und Kommandantenwohnung
9. Arrestantenturm
10. Schmiede und Ställe
11. Oberer Teil
12. Wall, Komandantengarten
13. Neuffener Turm
14. Allewindeturm
15. Patrouilliergang
16. Kasematten
17. Unterirdischer Gang
18. Ehem. Kirche
19. Ehem. Kaserne
20. Vorhof
21. WC-Anlagen
22. Schwarzer Turm mit Schwarzem Tor
23. Pulverturm – Kernanlage
24. Wagenschuppen
25. Betonbrücke
26. Ehem. Carl-Eugen-Tor
27. Wachstubenturm
28. Unterer Hof
29. Pfeiler der ehem. Holzbrücke
30. Ludwig-Bastion
31. Ehem. Graben
32. Friedrich-Bastion mit Tunnel
33. Heinrich-Bastion
34. Ehem. Burggraben
35. Ehem. gedeckter Umgang
36. Ehem. Aufgang zur mittelalterlichen Burg
37. Rudolf-Bastion
38. Pulverturm – Vorwerk
39. Augusta-Bastion
40. Alexander-Bastion
41. Karl-Bastion
42. Halbrund-Türme
43. Zweiter Graben
44. Wall
45. Erster Graben
46. Ehem. Zugbrücke
47. Auffahrt
48. Vom Parkplatz
49. Pulvermagazin
50. Eingangstor 1. Burg

## Anlage

Der Hohenneuffen gehörte lange Zeit mit Hohenurach, Hohentwiel und Hohenasperg zu den bedeutendsten Festungen des Landes. Die Keimzelle des Hohenneuffen ist eine mittelalterliche Burg. Über Jahrhunderte hinweg wird sie immer wieder erweitert und umgebaut. So läßt sich an ihrem ruinösen Zustand deutlicher als an einem erhaltenen Baudenkmal ihre Entwicklung ablesen.

# Hohenneuffen

Anlageplan der
Ruine Hohenneuffen

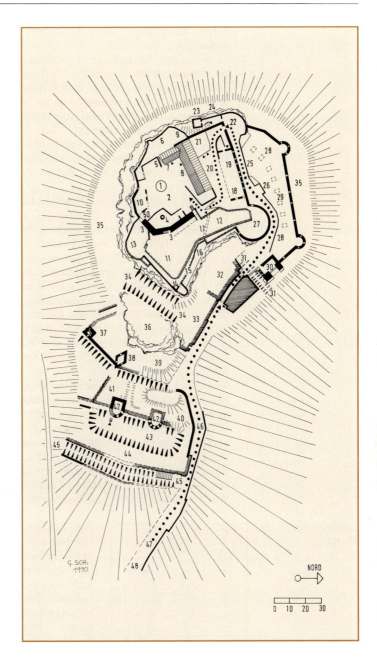

Im wesentlichen können vier Bauphasen unterschieden werden:
  I. Die mittelalterliche Burg des 12. und 13. Jahrhunderts. Sie beschränkte sich auf die Gipfelfläche des Berges (1) von ca. 55 x 60 m. Erhalten geblieben sind Teile der beachtlichen polygonalen Schildmauer (3) und der Umfassungsmauer. Der Zugang erfolgte über den öst-

# Hohenneuffen

lichen Bergrücken zum südlichen Ende der Schildmauer (50).

II. Ausbau der Anlage zur Landesburg der Grafen von Württemberg im 14. und 15. Jahrhundert. Anlagen einer äußeren Ringmauer und eines neuen Torturmes, Allewindeturm (14). Erweiterung der Anlage nach Osten durch weitere Gräben und zwei Halbrundtürme (42).

III. Umbau und Erweiterung zur Landesfestung um 1543–1735. Sie wird zur entscheidendsten Phase in der Baugeschichte des Hohenneuffen. Das bisherige Erscheinungsbild einer Burg verändert sich zur Festung.
Anlegen eines riesigen Mauer-Erdwallsystems vor der mittelalterlichen Schildmauer (11 + 12). Zur Stärkung von Ecken und Enden entstanden der erdgefüllte Schwarze Turm (22), Wachstubenturm (27) und Neuffener Turm (13). Der Zugang wird verlegt. Hierzu wurden im nördlichen unteren Hof (28) acht Pfeiler (29) errichtet, über die eine Holzbrücke führte – eine für den Festungsbau einmalige Konstruktion. Der Aufgang und der untere Hof (28) wurden durch die Ludwig-Bastion (30) sowie eine Mauer mit Rondellen gesichert. Erweiterung der Wohngebäude in der Kernanlage, Neubau eines Gebäudes im Vorhof (20) und des Pulverturms (38).

IV. Modernisierung und Erweiterung der Festung von 1735 bis 1742 nach französisch-ungarischem Vorbild. Verlegung der Festungszufahrt an die nördliche Bergflanke (46). Anlegen von zusätzlichen Bastionen, Gräben, Glacis und Gängen auf dem zur Festung vorgelagerten Höhenrücken. Neubau der Friedrich-Bastion (32) und der Auffahrt vom Vorhof mit Tor (26) und Zugbrücke. Umbau der Ludwig-Bastion (30). Die Baumaßnahmen wurden unvollständig abgeschlossen.

Ehemaliger Burgweg

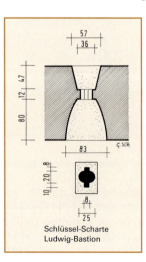

Schlüssel-Scharte Ludwig-Bastion

Der ursprüngliche Burgweg führte auf dem Bergrücken über Gräben zum Hauptgraben (34) vor den Burgfelsen. Beim späteren Ausbau im 14. Jahrhundert unter den Grafen von Württemberg entstand ein Torturm, Allewindeturm (14). Durch Tor und Kasematten (16) führte der Weg weiter aufwärts zur Burg.

# Hohenneuffen

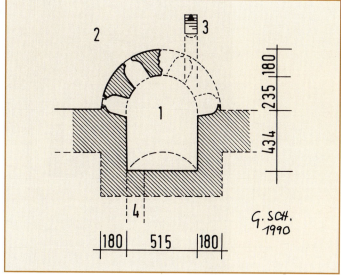

Halbrundturm im Vorwerk des 14. und 15. Jahrhunderts

1 Halbrundturm
2 Graben
3 Poterne im Graben
4 Gang

**Burgweg**

Die erste verteidigungstechnische Maßnahme war der breite Sohlgraben am Burgweg vor Beginn der eigentlichen Vorwerke. Der Besucher wird auf dem von 1735 bis 1742 entstandenen Festungsweg geführt. Dieser, ursprünglich unterwölbt, folgt der nördlichen Bergflanke bis zum Tunnel der Friedrich-Bastion (32).

**Vorwerke**

**Pulverturm**

Wenig Beachtung finden die auf dem Höhenrücken stark überwachsenen und in Zerfall befindlichen Vorwerke. Sie entstammen – unter Einbeziehung von Befestigungsanlagen aus dem Mittelalter – im wesentlichen der letzten Bauphase unter Herzog Karl Alexander. Erhalten sind außer Wällen, Gräben und Eskarpen Teile von zwei Halbrundtürmen (42) als Bestandteil der Karl-Bastion (41) und der Alexander-Bastion (40). Im Graben (43) vor dem linken Turm ein verschütteter Abgang zu einer Poterne. Oberes Verteidigungswerk war die Rudolf-Bastion (37) und die Augusta-Bastion (39). Etwa in der Mitte ragt die spitze Ecke der Pulverturmruine (38) aus der mächtigen Bastionsmauer. Sie erweckt durch den rautenförmigen Grundriß den Eindruck eines gestrandeten Schiffes.

**Aufgang zur Festung**

**Unterer Hof**

Wer die Vorwerke durchstöbert hat, gelangt über die Heinrich-Bastion (33) zurück zum Tunnel der Friedrich-Bastion (32) mit den Ruinen der Ludwig-Bastion (30). Der Festungsweg leitet nun um den gewaltigen, runden Wachstubenturm (27) zu einer neu betonierten Rampe. Rechts unten der ummauerte untere Hof (28) mit Rondellen. Etwa in der Mitte dieses Hofes führte eine 70 m lange Holzbrücke, auf mächtigen Pfeilern ruhend, hoch zum Schwarzen Turm (22).

# Hohenneuffen

1 Unterirdischer Gang
2 Kasematten
3 Allewindeturm
4 Feldseite
5 Bergseite – Felsen

*Kasematten beim Allewindeturm*

| | |
|---|---|
| Vorhof | Durch das angrenzende Schwarze Tor erreicht man den inneren Vorhof (20). Links die Ruinen einer Kaserne (19) mit Kirche (18) und darunterliegenden überwölbten Kasematten. |
| Oberer Burghof<br><br>Schildmauer<br><br>Kernburg | Am folgenden, rampenartigen Aufstieg führt links ein unterirdischer Gang (17) zu weiteren Kasematten (16) (ehemaliger Burgaufgang 2. Anlage) und geradeaus zum oberen Burghof (2), dem Herzstück der mittelalterlichen Burg. Links der gewaltige Rest der 3,4 m starken, polygonalen Schildmauer (3). Sie hat feldseitig durch aufgeschüttetes Erdreich (Wall) viel von ihrer originalen Höhe verloren. Beim Durchgang an der linken Wandseite das Wappen des umstrittenen Herzogs Ulrich. Am südwestlichen Wandende der Schildmauer befindet sich ein Durchschlupf (50) zu den Bastionen und Wällen. Das Tor der ersten Burg wird hier angenommen. Daneben verschmälert sich die Wand und folgt dem steil abfallenden Fels bis zum ehemligen Arrestantenturm (9).<br>Zur Nordseite schließt die Burggaststätte (8) mit Kiosk (7) den Burghof ab; ein Neubau anstelle des ehemaligen Zeughauses, im 16. Jahrhundert Ritterhaus genannt. Die an das Zeughaus anschließende Kommandantur enthielt die fürstlichen Gemächer. |

# Hohenneuffen

*Schildmauer der mittelalterlichen Burg von Süden*

Beim Begang der Wälle und Bastionen (11–13) von der Schildmauer erhält der Besucher einen umfassenden Überblick der Festungswerke der 3. Bauphase. Die durch Sicherheitsmaßnahmen entstandenen Geländerabschlüsse beeinträchtigen den Gesamteindruck.

| | |
|---|---|
| Besitzer | Land Baden-Württemberg |
| Pläne | Grundriß der Festung vor der Zerstörung 1802<br>Grundriß-Rekonstruktionszeichnung der Festung bei Bögel „Neuffen" u. H. M. Maurer „Burgruinen im Landkreis Nürtingen"<br>Ansichten und Schnitt von 1580, Staatsarchiv Stuttgart<br>Schnitte von Johann Antoni von Herbort, Staatsarchiv Stuttgart<br>Grundriß 2. Hälfte 17. Jahrh., Darmstadt, hess. Landes- und Hochschulbibliothek |
| Alte Ansichten | Hohenneuffen, Darstellung im Stammbüchlein des Nikolaus Ochsenbach, um 1620<br>Festung Neuffen, Habermanns christl. Gebetsbuch, 1688<br>Ansicht von A. Seyffer<br>Südseite, Aquarell von C. v. Martens, Geislingen, 1860<br>Vom Albrand, von Ed. Kallee, Cannstatt<br>Von der Albhochfläche, Aquarell von J. Näher, um 1870<br>Von Beurener Richtung, F. Kolb, 1880<br>Ansicht, F. Kolb mit Klara Kolb, 1884<br>Auf dem Hohenneuffen, F. Kolb, 1883 |

# Hohenneuffen

Literaturhinweise
- Bach, Max
  Alte Zeichnungen des Hohenneuffen, in: „Blätter des Schwäbischen Albvereins", 8, 1896
  Zur Baugeschichte des Hohenneuffens, in: „Blätter des Schwäbischen Albvereins", 10, 1898
  Was hat Herzog Ulrich auf dem Hohenneuffen gebaut, in: „Blätter des Schwäbischen Albvereins", 11, 1899
- Beschreibung des Oberamts Kirchheim, 1842
- Beschreibung des Oberamts Nürtingen, 1848
- Bögel, Günther
  Neuffen, Historische Kleinstadt am Fuße der Schwäb. Alb, 1981
- Dörr, Gerd
  Schwäbische Alb, Burgen, Schlösser, Ruinen, HB-Bildatlas, 1988
- Fröhlich, H.
  Hohenneuffen, in: „Das Schwabenland", Heimatbuch, 1924, 1982
- Gradmann, Wilhelm
  Burgen und Schlösser der Schwäbischen Alb, 1980
- Hauptmann, Arthur
  Burgen einst und jetzt, Band 2, 1987
- Hezel, Gotthold
  Neuffen und Hohenneuffen, 1957
- Lauer, Gerhard
  Der Hohenneuffen, um 1960
- Maurer, Hans-Martin
  Die hochadligen Herren von Neuffen und Sperberseck im 12. Jahrhundert, in: „Zeitschrift für württembergische Landesgeschichte", 25, 1966
  Die württembergischen Höhenfestungen nach der Schlacht bei Nördlingen, in: „Zeitschrift für württembergische Landesgeschichte", 26, 1987
  Burgruinen im Landkreis Nürtingen, 1967
- Metzger, Jacob
  Hohenneuffen im 18. Jahrhundert, in: „Blätter des Schwäbischen Albvereins", 18, 1906, Nr. 7
  Neuffen und Hohenneuffen, 1909
  J. A. Herbort, Festungsbaumeister auf Hohenneuffen, in: „Blätter des Schwäbischen Albvereins", Nr. 23, 1911
- Piper, Otto
  Der Hohenneuffen, ein Bau Theoderichs des Großen?, in: „Blätter des Schwäbischen Albvereins", Nr. 8, 1898
- Reichert, Julius
  Die Herren von Neuffen, in: „Blätter des Schwäbischen Albvereins", Nr. 21, 1909
- Schön, Theodor
  Zur Geschichte von Hohenneuffen, in: „Blätter des Schwäbischen Albvereins", Nr. 15–17, 1903–1905
- Schwab, Gustav
  Die Neckarseite der Schwäbischen Alb, 1823, 1960
- Wais, Julius
  Albführer, Band 1, 1962

# Urach (Wasserburg, Schloß und ehem. Burg Pfälen)

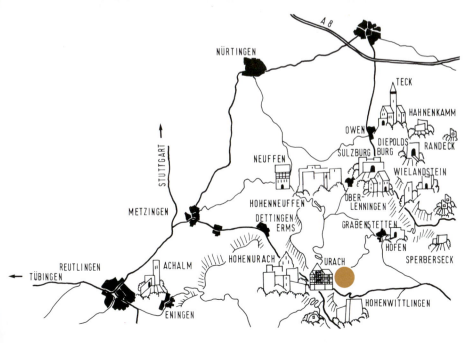

# Urach (Wasserburg, Schloß und ehem. Burg Pfälen)

| | |
|---|---|
| Lage | Südlich von Nürtingen erstreckt sich das Ermstal. Zentraler Punkt des Tales ist die von steilen, bewaldeten Hängen gesäumte ehemalige Residenz der Grafen von Württemberg, Bad Urach. Die Stadt ist ein beliebter Ausgangspunkt für Ausflüge in die nähere und weitere Umgebung.<br>Von Stuttgart über Metzingen in Richtung Biberach führt die B 465 direkt durch das Ermstal.<br>Bad Urach hat durch seine schmucken Fachwerkhäuser seinen mittelalterlichen Charakter bewahrt. Glanzpunkte seiner historischen Bebauung ist in der Westecke am Rande der Altstadt die gotische Amanduskirche und das Residenzschloß. Ausreichende Parkmöglichkeiten bestehen südlich vom Bahnhof an der B 465. |
| Gemeinde | Stadt Urach, Landkreis Reutlingen |
| Meershöhe | Schloß 463 m |
| Besichtigung | Schloßführungen März bis Oktober: Dienstag bis Sonntag, 10, 11, 14, 15, 16 und 17 Uhr<br>November bis Februar: Dienstag bis Sonntag, 14, 15 und 16 Uhr |

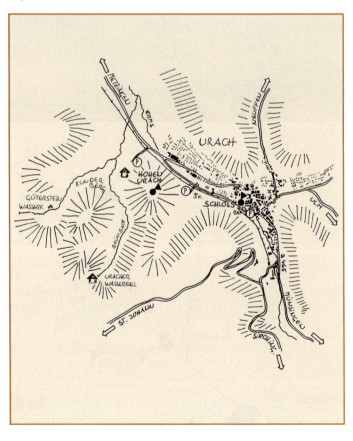

## Urach (Wasserburg, Schloß und ehem. Burg Pfälen)

| | |
|---|---|
| Campingplatz | Pfählhof im Elsachtal |
| Jugendherberge | Städtische Jugendherberge in Bad Urach |
| Weitere Sehenswürdigkeiten | Ehemalige Stiftskirche St. Amandus, 1477 bis 1500 von Peter von Koblenz erbaut.<br>Altstadt mit Rathaus und Marktplatz. |
| Auszug aus der Beschreibung des Schlosses<br>Von Gustav Schwab, 1823 | „Die dritte Merkwürdigkeit Urachs ist das herrschaftliche Schloß an einer Ecke der Stadt gegen Mittag gelegen, und von Graf Ludwig von Württemberg, der das alte abbrechen ließ, im J. 1443 erbaut. ‚Es ist herrlicher, als man es von außen dafür ansieht, sagt Crusius. Dann von innen ist es wie eine königliche Burg; auf der einen Seite ist es mit einem Fischweiher umgeben, auf der anderen mit einem See, in welchen die Erms lauft, in der allerlei Fische, insonderheit Forellen zu finden sind.' – Auch jetzt verdient das halbhölzerne Gebäude noch immer einen Besuch. Seine Wände sind mit üppigen Epheuranken bedeckt. Im freistehenden Portal, über dem Eingang, ist Herzog Eberhards I. Zederbaum gemalt. Zur Seite ist die Wohnung des Hausschneiders, der gegen ein kleines Trinkgeld (24 kr.) den Wandrer durch Vorzimmer und Treppen, zuerst nach dem ersten Stockwerk, in einen großen Saal mit steinernem Boden führt, wo Herzog Ulrichs Brautbettstelle steht, eine braune, eichene, mit Schnitzwerk schön verzierte Lade mit Betthimmel und der Inschrift: omnia dat dominus, non habet ergo minus (alles gibt der Herr, und doch hat er darum nicht minder). Wer wird an dieser Stelle nicht mit dankbarer Andacht an Herzog Christoph, Ulrichs ersten und einzigen Sohn, diese große Gottesgabe denken? Im Hintergrund der Lade sind das württembergische und bayrische Wappen angebracht; denn Sabina, Ulrichs bald verstoßene Gemahlin, war eine Prinzessin von Bayern. Auf diesen Saal folgen links einige wohleingerichtete Zimmer, Absteigquartiere des Königs, nebst einem Speisesaal. Das obere Stockwerk ist ganz alt. Schöne eichene Türen, mit vergoldetem Schnitzwerk und Wappen in erhabener Arbeit, führen zu dem Rittersaal. Den halben Boden des obern Stockwerks nimmt der höchst geräumige Rittersaal ein, dessen 3 Seiten mit Fenster an Fenster, ohne Pfeiler, laternenartig versehen sind. In der andern Hälfte dieses Stockwerks, die der Hausflur vom Saale trennt, ist noch eine Reihe von Zimmern mit alten Tapeten, an die erloschne Pracht der vorigen Jahrhunderte mahnend. Die Fenster blicken auf den grünen Anger, der vormals der fürstliche Tiergarten war. Im J. 1474 ward hier die Hochzeit Graf Eberhards im Bart mit Barbara, Herzog Ludwigs von Mantua Tochter, gefeiert. 14000 Personen wurden gespeist, der Wein lief aus einem Brunnen in die Becher." |

# Urach (Wasserburg, Schloß und ehem. Burg Pfälen)

*Schloßhof mit Brunnen, Torturm und Professorengebäude*

**Geschichte**

Urach erlangt Bedeutung, als die Grafschaft Württemberg geteilt und die Stadt zur Residenz wird.
Bereits im 11. Jahrhundert entsteht unter den Grafen von Urach (siehe Hohenurach) eine Wasserburg. Sie ist deren Stadtsitz. Da diese als Residenz für die Württemberger nun nicht mehr standesgemäß ist, wird bereits ein Jahr nach der Teilung das neue Residenzschloß, nordöstlich der alten Wasserburg, neu erbaut.

**Um 1260–1265** Urach gelangt in Besitz der Grafen von Württemberg.
**1442** Landesteilung unter Ludwig I. und Ulrich V. von Württemberg.

## Urach (Wasserburg, Schloß und ehem. Burg Pfälen)

**1443** Neubau des Residenzschlosses unter Ludwig I. Abbruch von Nebengebäuden im Bereich der Burg.
**1459** Graf Eberhard im Bart übernimmt die Regierung.
**1474** Umbau- und Modernisierungsarbeiten am Schloß. Glanzvolle Hochzeit des Grafen Eberhard V. (im Bart) mit Barbara Gonzaga von Mantua.
**1482** Wiedervereinigung der Grafschaft Württemberg durch den Münsinger Vertrag. Verlust Urachs als Regierungssitz.
**1515** Herzog Christoph von Württemberg wird im Schloß geboren.
**1518** Kaiser Maximilian in Urach.
**1519** Die Stadt ergibt sich dem Schwäbischen Bund.
**1534** Herzog Ulrich kehrt nach Urach zurück. Vermutlicher Neubau des Rundturmes an der südlichen Ecke und Errichtung eines Verbindungsganges zwischen Schloß und Burg.
**1540** Ausbau des Tiergartens an der Erms durch Bartlin Hirn.
**1546** Fernando Alvarez, Herzog von Alba, besetzt mit spanischen Truppen im Schmalkaldischen Krieg Urach.
**1585** Hochzeitsfeier Herzog Ludwigs mit einer zweiten Gemahlin Ursula Pfalzgräfin von Veldenz.
**1611/12** Vorübergehende Verlegung des Hofes von Stuttgart nach Urach. Umgestaltung der Schloßräume.
**1628** Einstellung der Arbeiten.
**1634** Einnahme Urachs durch die kaiserlichen Truppen. Ein Teil der Besatzung wird im Schloß untergebracht. Nach einer Überlieferung trifft eine von Hohenurach abgeschossene Kanonenkugel mitten in den goldenen Saal.
**1638** Bernhard von Weimar besetzt die Stadt.
**1663/64** Herzog Eberhard III. erteilt dem Baumeister Heinrich Kretzmayer unter Leitung von J. A. F. d' Avilas den Auftrag zur Schloßerneuerung.
**1666/67** Einbau von Wandtäfelung und Kassettendecken.
**1701/02** Durchführung von Stuckierungsarbeiten.
**1762–1770** Um- und Ausbau des Schlosses unter der Leitung des Landesbaumeisters Johann Adam Groß, Einrichtung des Weißen Saales, herzogliche Appartements und Gardesaal im 1. Obergeschoß.
**1790** Abbruch der alten Wasserburg, Verfüllung des nahegelegenen Schwanensees mit dem Bauschutt.
**1796** Urach wird Quartier der Generäle Vaudamme und Duhesme.
**1819** König Wilhelm I. von Württemberg läßt beinahe das gesamte Mobiliar des Schlosses versteigern.
**1826** Königin Pauline, Gemahlin Wilhelms I., hält sich mit Mutter und Schwester im Schloß auf.
**1829** Das Schloß wird Dienstwohnung von zwei evangelischen Geistlichen.
**1906** Teilerneuerung.
**1960** Grundlegende Revovierung, Instandsetzung, Teilauskernung und statische Sicherung.

# Urach (Wasserburg, Schloß und ehem. Burg Pfälen)

*Die Herzöge und Grafen von Württemberg*

*Uracher Landeshälfte*

| | |
|---|---|
| Ludwig I.<br>* 1412<br>reg. 1426–1450 | Sohn des Eberhard IV., Bauherr des Schlosses.<br>Gemahlin: Mechthild, Tochter des Pfalzgrafen Ludwig II. bei Rhein<br>Kinder: Ludwig II., Mechthild, Eberhard im Bart |
| Eberhard V.<br>im Bart<br>1445–1496 | Sohn des Ludwig I.<br>Gemahlin: Barbara, Tochter des Markgrafen Ludwig III. Gonzaga von Mantua |

*Graf Eberhard V. „im Bart" (Württemberg. Landesbibliothek Stuttgart)*

## Urach (Wasserburg, Schloß und ehem. Burg Pfälen)

*Die Herzöge und Grafen von Württemberg nach der Vereinigung, Linie des Ulrich*

| | |
|---|---|
| Ulrich<br>1487–1550 | Herzog von Württemberg und Teck, Graf von Urach Mömpelgard, Sohn des Heinrich Graf von Mömpelgard. Heinrichs Vater Ulrich V. ist der Bruder Ludwigs I.<br>Gemahlin: Sabine, Tochter des Herzogs Albrecht IV. von Bayern<br>Kinder: Anna, Christoph |
| Christoph<br>1515–1568 | Sohn des Ulrich.<br>Gemahlin: Anna Maria, Tochter des Markgrafen Georg von Brandenburg-Bayreuth<br>Kinder: Eberhard, Hedwig, Elisabeth, Sabine, Emilia, Eleonora, Ludwig, Dorothea-Maria, Anna, Sophie |
| Ludwig<br>1554–1593 | Sohn des Christoph.<br>Gemahlinnen:<br>1. Dorothee Ursula Markgräfin von Baden-Durlach<br>2. Ursula Pfalzgräfin von Veldenz<br>Kinderlos |

*Die Linie des Georg*

| | |
|---|---|
| Georg<br>1498–1558 | Sohn des Heinrich von Mömpelgard, Bruder von Ulrich.<br>Gemahlin: Barbara Landgräfin von Hessen<br>Kinder: Friedrich, Eva Christine |
| Friedrich<br>1557–1608 | Sohn des Georg, regierender Herzog in Stuttgart.<br>Gemahlin: Sibylla Prinzessin von Anhalt<br>Kinder: Johann Friedrich, Sibylle Elisabeth, Ludwig Julius, Eva Christine, Friedrich, Agnes, Barbara, Magnus, Anna |
| Johann Friedrich<br>1582–1628 | Sohn des Friedrich<br>Gemahlin: Barbara Sophie Prinzessin von Brandenburg<br>Kinder: Henriette, Eberhard III., Friedrich, Ulrich, Anna, Johanna, Sibylle |
| Eberhard III.<br>1614–1674 | Sohn des Johann Friedrich<br>Gemahlinnen:<br>1. Anna Dorothea Gräfin zu Salm<br>2. Dorothea Sophie Gräfin von Oettingen<br>Kinder: Johann Friedrich, Sophie Luise, Christine Friederike, Christine Charlotte, Wilhelm Ludwig, Anna Katharina, Eberhardine Katharina, Friedrich Karl, Karl Maximilian, Sophie Charlotte |

# Urach (Wasserburg, Schloß und ehem. Burg Pfälen)

**Anlage Wasserburg**

Die Wasserburg in Urach bildete mit Hohenurach ein zusammenhängendes Wehrsystem. Als Höhenburg beherrschte Hohenurach das Ermstal, und die Wasserburg diente als Talsperre und Stadtsitz. Ihre Gründung erfolgte im unmittelbaren Zusammenhang.

Das Gebäude wirkte massig und wenig gegliedert. Bauweise: Unterbau massiv, Aufbau mit sichtbarem Fachwerk. Die Nutzung war gegenüber dem Schloß von untergeordneter Bedeutung. Im 18. Jahrhundert wurde es noch bewohnt, danach verkauft und als Damastweberei genutzt.

Grundrisse Schloß Urach

1 Eingang vom Schloßhof
2 Dürnitz
3 Treppenhaus
4 Relief des Grafen von Mömpelgard
5 Gotisches Portal
6 Lage des abgebrochenen Anbaus
7 Pforte
8 Palmensaal
9 Assemblée-Zimmer
10 Weißer Saal
11 Epitaph von 1477
12 Ehem. Zugang zur Reitertreppe
13 Bild „Einzug Eberhards in Tübingen"
14 Rondell-Zimmer
15 Waffensaal
16 Goldener Saal
17 Großes Renaissanceportal
18 Ofen
19 Kleines Renaissanceportal

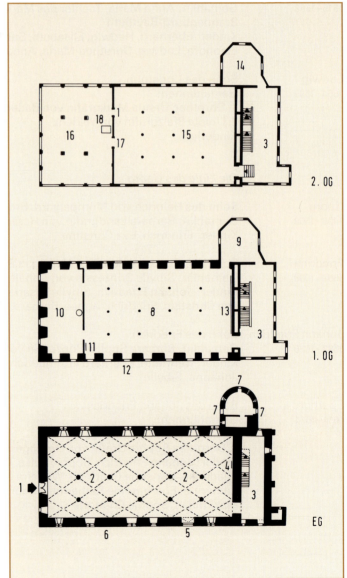

# Urach (Wasserburg, Schloß und ehem. Burg Pfälen)

**Anlage Residenzschloß** — Der heutige Schloßbereich besteht aus Torturm, Professorengebäude (Kameralamtsbau), Torwartgebäude (Schloßverwaltung), Schloßhof und Schloß. Dieses gliedert sich in den satteldachgedeckten Hauptbau, den westseitigen Anbau mit Walmdach, einen turmartigen, viereckigen Vorbau und den großen Südturm. Das Erdgeschoß ist massiv, die beiden Obergeschosse in sichtbarer Fachwerkständerbauweise mit Streben, Kopf- und Brustriegel. Am Südturm ist der Sockel rund, die Obergeschosse polygonal. Verschiedene Bauphasen beschränkten sich meist auf Umbauten und Modernisierungen im Innern.

**Modernisierung 1474** — Die erste erwähnenswerte Modernisierungsphase erfolgte bereits 1474 zur prächtigen Hochzeit des Grafen Eberhard mit Barbara Gonzaga. Palmensaal, Dürnitz und Goldener Saal wurden ausgestattet, die Reitertreppe auf der Nordseite entstand.

**Umbau** — In der zweiten Hälfte des 18. Jahrhunderts wurde umgebaut. Im 1. Obergeschoß erfolgte die Abtrennung des Palmensaals (8) in den Speisesaal (10) (Weißer Saal) und den Gardesaal. Im südlichen Bereich wurden Trennwände für die herzoglichen Appartements eingebaut. Der Südturm wurde zu repräsentativen Gemächern ausgebaut, ebenso erfolgte eine völlige Modernisierung der Räume im 2. Obergeschoß.

*Pforte zum Erdgeschoß des Südturmes*

## Urach (Wasserburg, Schloß und ehem. Burg Pfälen)

**Statische Sicherung Einbau Museum 1960**

Der Bauzustand verschlechterte sich zur Mitte des 20. Jahrhunderts entscheidend. Die völlige Entkernung zur statischen Sicherung des Schlosses bis auf das Gewölbe der Dürnitz war die Folge. Weißer und Goldener Saal werden danach wieder eingebaut. Vieles ist durch die Sanierungsmaßnahme verlorengegangen. Ein innenarchitektonisch uneinheitliches Bild ist dadurch entstanden.

**Besichtigung Schloßtor**

Der Besucher betritt durch den Torturm mit Mansardendach den Schloßhof. Das Torgewölbe ziert eine gemalte Palme mit dem Wahlspruch des Grafen Eberhard im Bart „Attempto" (ich wag's) und der Jahreszahl 1474. Rechts vom Tor liegt das „Professorengebäude" und links das Torwartgebäude (Kasse und Warteraum). Im gepflasterten Schloßhof steht ein steinerner Brunnen des 14. Jahrhunderts aus der Sammlung Borigo (Venedig).

**Schloßhof**

**Dürnitz**

Der bauhistorisch bedeutendste Raum des Schlosses ist im Erdgeschoß die Dürnitz (2). Sie entstand vermutlich unter dem Baumeister Peter von Koblenz als vierschiffige und sechszonige kreuzrippengewölbte Halle. Länge: 33,5 m, Breite: 14,6 m und Höhe: 4,55 m, Gewölbe auf 15 Achteckpfeilern. An der Stirnseite (4) der Halle befindet sich das lindenholzgeschnitzte Bildnisrelief des Grafen Heinrich von Mömpelgard.

Eine nachträgliche Öffnung führt in das neu eingebaute Treppenhaus (3). Nach dem Abbruch der Außentreppe mußte die Erschließung nach innen verlegt werden.

In den Obergeschossen richtete 1973/74 das Württembergische Landesmuseum ein Zweigmuseum ein, im Treppenhaus befindet sich eine ständige Ausstellung des Schwäbischen Albvereins.

*Kreuzrippengewölbte Dürnitzhalle im Erdgeschoß*

## Urach (Wasserburg, Schloß und ehem. Burg Pfälen)

**Erstes Obergeschoß Palmensaal**  Durch die Auskernung konnte der Palmensaal (8) zum Teil wiedergewonnen werden. Sie Außenwände zieren gemalte Palmen mit den Wappen der Urgroßväter und Urgroßmütter des Grafen Eberhard im Bart. Bei jedem Wappen steht Eberhards Wahlspruch „Attempto". Auf der Eingangsseite des Saales hängt eine fototechnisch vergrößerte Darstellung des Einzugs von Graf Eberhard V. in Tübingen im August 1495 nach seiner Erhebung zum Herzog.
Ausstattung: Herzogsschwert, Bildnis Eberhards um 1600, verschiedene Urkunden.

**Assembleezimmer**  Im danebenliegenden Assembleezimmer (9) des Rundturmes sind zahlreiche alte Ansichten von Urach und Hohenurach sowie 18 Bildnisse württembergischer Grafen und Herzöge untergebracht.

**Weißer Saal**  Den Weißen Saal (10) ließ sich Herzog Karl Eugen 1775 als Jagd- und Musiksaal im Stile des Rokoko vom Palmensaal abtrennen.
Ausstattung: zwei prächtig farbig gefaßte Blechblumenlüster, Kanonenofen um 1800 und zahlreiche Musikinstrumente aus dem 17. und 18. Jahrhundert.

**Waffensaal**  Der sogenannte Waffensaal (15) im 2. Obergeschoß ist der Ausstellungsraum des Schlosses. In ihm waren ursprünglich die gräflich-herzoglichen Wohnräume untergebracht.
Ausstattung: Darstellungen zur höfischen Jagd in Württemberg, portable Möbel, Harnische, Prunkgewehre, Jagdwaffen, eine hölzerne Nachbildung der von Herzog Ulrich 1507 auf dem Roßfeld bei St. Johann erlegten riesigen Wildsau, Renaissancebett Herzog Ludwigs und seiner zweiten Gemahlin Ursula Pfalzgräfin von Veldenz (1585).

**Goldener Saal**  Der prächtigste Raum des Schlosses und einer der schönsten Renaissancesäle in Württemberg ist der Goldene Saal (16). Eberhard im Bart ließ ihn anläßlich der Hochzeit mit Barbara Gonzaga von Mantua ausstatten und Herzog Johann Friedrich im Stile der Renaissance umgestalten.
Ausstattung: Großes, von korinthischen Säulen flankiertes, reiches Portal mit dem Allianzwappen Württemberg-Brandenburg. Kleines Portal mit korinthisierenden Hermelinpilastern. Ofen mit eisernem Kasten um 1665 und prunkvollem Renaissanceaufsatz.

**Burg Pfälen**  Westlich von Urach erstreckt sich in Richtung Grabenstetten das Elsachtal. Bei der Einmündung des Kaltentales befand sich Burg und Ort Pfälen. Ihre Lage konnte bisher nicht eindeutig festgestellt werden. Die „Pfäler" werden urkundlich im 14. und 15. Jahrhundert genannt: 1398 Heinrich Pfäler. 1445 vertauscht Heinrichs Witwe Burg und Weiler gegen Gülten in Benzingen an den Grafen Ludwig von Württemberg.

## Urach (Wasserburg, Schloß und ehem. Burg Pfälen)

Im 16. Jahrhundert ist der Hof ein herzoglicher Viehhof.
1822 wird er an die Stadt Urach verkauft.
1832 wird der Hof abgebrochen.

| | |
|---|---|
| Besitzer | Land Baden-Württemberg |
| Pläne | Grundrisse von 1800 und 1989, veröffentlicht bei K. Merten, Schloß Urach<br>Lageplan, um 1825 |
| Alte Ansichten | Stadt und Burg, Aquarell im Stammbuch des Prinzen Johann Wilhelm von Sachsen-Altenburg, um 1616<br>Schloß und Wasserburg von Süden a. d. Epitaph des Bernhard Brendlin, 1568, Stiftskirche<br>Stadtansicht nach Merian, 1688<br>Ansichten im Ortsgrundriß von 1738, J. A. Riedinger<br>Stadt und Burg, Titelbild „Die Ritterburgen" von F. Gottschalck, 1821<br>Teilansicht Stadt und Feste, um 1840, M. von Ring<br>Südansicht Schloß, E. Emminger, 1860<br>Graf Eberhard V. von Württemberg, kolorierte Federzeichnung, um 1550, Württembergische Landesbibliothek Stuttgart |
| Literaturhinweise | – Beschreibung des Oberamts Urach, 1909<br>– Dörr, Gerd<br>  Schwäbische Alb, Burgen, Schlösser, Ruinen, HB-Bildatlas, 1988<br>– Goeßler, P.<br>  Die Türnitz im Schloß Urach, in: „Blätter des Schwäbischen Albvereins", Nr. 3, 1950<br>– Gradmann, Wilhelm<br>  Burgen und Schlösser der Schwäbischen Alb, 1980<br>– Kies, Wolfram<br>  Die mittelalterlichen Burgen und Burgstellen des Landkreises Reutlingen, nichtveröffentlichte Zulassungsarbeit, 1969<br>– Memminger<br>  Beschreibung des Oberamts Urach, 1831<br>– Merten, Klaus<br>  Schloß Urach, Schloßführer Staatlicher Schlösser und Gärten<br>– Reutlinger und Uracher Alb<br>  Wanderführer Schwäbischer Albverein, 1988<br>– Röhm, Walter<br>  Urach, Stadtführer durch Kunst und Geschichte, 1978<br>– Schwab, Gustav<br>  Die Neckarseite der Schwäbischen Alb, 1823, 1960<br>– Schwennicke, Detlev<br>  Europäische Stammtafeln, Band 1, 1980<br>– Schwenkel, Hans<br>  Heimatbuch des Bezirks Urach, 1933<br>– Uhland, Robert<br>  900 Jahre Haus Württemberg, 1985<br>– Veit, Hans<br>  Urachs Gründung und Stadterhebung, 1959<br>– Wais, Julius<br>  Albführer, Band 2, 1971 |

# Hohenurach

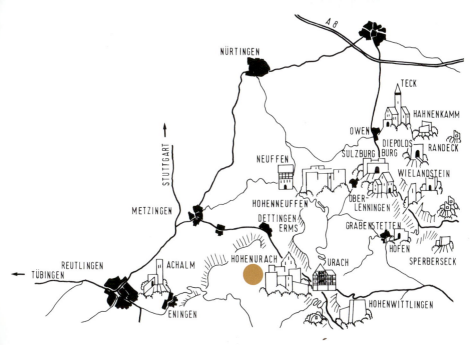

# Hohenurach

Lage

An der B 28 liegt im Ermstal, von steilen, felsigen Talhängen besäumt, Bad Urach. Nordwestlich über der Stadt ragt auf dem Gipfel des Schloßberges die imposante Ruine Hohenurach. Sie ist mit dem Hohenneuffen die größte der Schwäbischen Alb.

Von Urach auf der B 28 Richtung Stuttgart. An der Abzweigung Jugendherberge nach links durch die Eisenbahnunterführung zum Wanderparkplatz, bezeichnet (AV Dreieck); entweder auf dem Weg über den Sattel hinter dem Berg oder auf schmalem Fußsteig direkt zur Burgruine aufsteigen. Parkplatz – 2,0 km Hohenurach.

Weitere Möglichkeit: von der B 28, Straßenabzweigung Richtung Wasserfall über die Bahnlinie zum Wanderparkplatz. Auf bezeichnetem Weg (AV Dreieck) zuerst taleinwärts, dann links hoch über den Sattel (Kreuz) zur Ruine. Parkplatz – 1,9 km Hohenurach.

*Wandervorschlag:*
Ausgangspunkt dieser prächtigen Rundwanderung ist der Parkplatz Wasserfall. Zur Ruine Hohenurach wie oben beschrieben. Rückweg bis zum Sattel (Kreuz) und ins Tal (AV Raute) absteigen. Den Fußweg am Bach entlang bis zum Uracher Wasserfall. Zur Hangterrasse über dem Was-

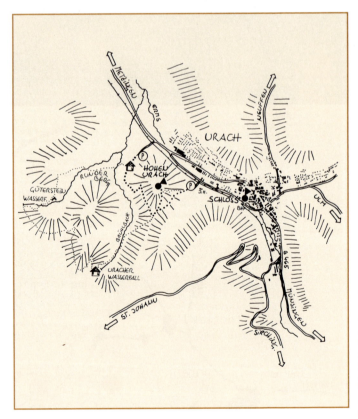

# Hohenurach

serfall aufsteigen (Kiosk). Weiter beschildert (AV Dreiblock) zu den Gütersteiner Wasserfällen. Ins Tal absteigen und am Gütersteiner Gestütshof vorbei zurück zum Ausgangspunkt.
Parkplatz – 1,9 km Hohenurach – 1,8 km Uracher Wasserfall – 2,6 km Gütersteiner Wasserfälle – 2,1 km Parkplatz.

| | |
|---|---|
| Gemeinde | Stadt Urach, Landkreis Reutlingen |
| Meereshöhe | Burghof 692 m, Urach 463 m |
| Besichtigung | Frei zugänglich |
| Campingplatz | Pfählhof im Elsachtal |
| Jugendherberge | Burgstraße 47 |
| Weitere Sehenswürdigkeiten | Uracher Wasserfall, Gütersteiner Wasserfälle |

**Nikodemus Frischlin auf Hohenurach 1547–1590**
Von Gustav Schwab (Auszug)

„Nik. Frischlin, geb. zu Balingen am 22. Sept. 1547, eines frommen Pfarrerssohn, zeigte ein großes Dichtertalent, und ward schon im 21sten Lebensjahr Professor der freien Künste zu Tübingen. Der große Beifall, mit welchem er hier lehrte, erfüllte seinen alten Lehrer und jetzigen Collegen, Martin Crusius, mit Neid. Dessen absichtliche Vernachlässigungen und Beleidigungen erregten Frischlins Galle und Witz. Sein Ruhm verschaffte ihm Rufe ins Ausland, die er jedoch, dem Vaterlande treu, zu seinem Unglück ablehnte, und in Tübingen blieb. Leider gab ein nicht fleckenloser Wandel seinen Feinden Blößen...
Der Vogt zu Vaihingen ward mit 6 Pferden abgeschickt, ihn auszukundschaften, traf ihn in einer Herberge zu Mainz, und führte ihn nach dem Schlosse Württemberg. Die Festungsfreiheit, die er hier genoß, benutzte er zu Bittschriften an den Kaiser und andre. Darum ward er mit verbundenen Augen nach Hohenurach in engere Haft abgeführt. Hier im öden Felsenkerker dichtete er, der Fesseln spottend, seine schöne Hebraide. Endlich aber übernahm ihn der mächtige Drang nach äußerlicher Freiheit. In der Nacht vor dem Sankt Andreastag 1590 brach er ein Stück aus dem Eisenofen, kroch durch das Ofenloch zum Kerker hinaus, zerschnitt all sein Linnenzeug und band es in ein Seil zusammen, erkletterte die Schloßmauer, schlug ein Stück Holz in diese und band sein Seil an. Der Mondschein hatte ihn getäuscht; er hatte die schroffste Seite gewählt. Als er halb hinabgelassen war, brach das Seil, und vier Klafter tief stürzte er an den gezackten Felsenwänden hinab. Am andern Morgen fand man ihn entseelt, Hirn, Arme, Rippen und Beine jämmerlich zerschellt, auf den Felsen liegen. So starb einer der größten Humanisten seiner Zeit, einer der genialsten Württemberger im 43sten

# Hohenurach

Lebensjahr. Sein Leichnam erhielt auf dem Kirchofe zu Urach von seinem Fürsten am 1sten Dez. ein ehrliches Begräbnis. Kein Denkmal zeichnet sein Grab. Der Stein, der ihm gesetzt war, soll durch eine Laune der Zeit in eine Herdplatte umgewandelt worden sein.

Eine rührende Volkssage aber läßt ein seltnes Blümlein, das sonst nirgens im Lande als auf Hohenurach wächst, von der teilnehmenden Natur auf die Stelle pflanzen, wo der arme Dichter seinen Tod fand.

Wenn ihn die Muttererde nicht schützend auffing, so hat sie ihn doch lange liebend in ihrem Schoße erhalten. Als man am 25. Nov. 1755 auf dem Kirchhofe zu Urach ein Grab für einen auf der Jagd erschossenen Schmiedeknecht bereiten wollte, stieß man auf einen eichenen Sarg. In ihm lag Nikodemus Frischlin noch ganz unversehrt. Er hatte einen Mantel von schwarzem Taffet an, mit einem goldenen Bande eingefaßt, das Unterkleid war strohgelb, mit scharlachener Unterlage; sein Baret war von schwarzem Sammet mit einer goldenen Schnur umwunden. An der Brust hing von beiden Seiten ein rotes Band herunter. In der linken Hand hielt er eine Papierrolle. Der damalige Beamte, Obervogt Schott, war bei der Aufgrabung zugegen. In dem Augenblick, als der Leichnam berührt ward, zerfiel er, jetzt erst, nach 165 Jahren, in Staub."

**Frischlin**
**Von Justinus Kerner**

„Ihn schlossen sie in starre Felsen ein,
Ihn, dem zu eng der Erde weite Lande.
Er doch, voll Kraft, zerbrach den Felsenstein,
Und ließ sich abwärts am unsichern Bande.
Da fanden sie im bleichen Mondenschein
Zerschmettert ihn, zerrissen die Gewande.
Weh! Muttererde, daß mit linden Armen
Du ihn nicht auffingst, schützend, voll Erbarmen!"

**Ausrüstung der Burg 1560**

12 Geschütze – Fünf- bis Neunpfünder, 25 Hakenbüchsen, 50 Gewehre, 195 Zentner Pulver. Die Wartung und Pflege von Waffen und Geräten oblag dem Zeugwart.

**Lebensmittelvorräte**

U. a. 440 Zentner Roggen, 535 Zentner Dinkel, 214 Zentner Haber, 3,5 Zentner Speck, 20 Zentner Schmalz, Erbsen, Linsen, Gerste, 16000 Liter Wein. Der Wert der eingelagerten Nahrung wird mit 1000 Gulden (ca. 100000 DM) angegeben.

**Standgericht auf Hohenurach 1613**

Von der Festung Hohenurach sind Standgerichte aus Friedenszeiten bekannt. Dem Hauptmann Hans Schweizer und zwei Gardisten wird 1613 vorgeworfen, sie hätten sich von dem eingekerkerten Kanzler Matthäus Enzlin bestechen und Briefe weiterleiten lassen. Nach achtstündiger Verhandlung unter Leitung des Richters Oberst Melchior von Reichau wird das Urteil auf Enthauptung verkündet. Der Herzog begnadigt einen Gardisten. Das Urteil wird noch am gleichen Tag vollzogen.

# Hohenurach

*Urach mit Schloß und Festung um 1616*

**Belagerung von Hohenurach 1634/35**

Nach der Schlacht bei Nördlingen überfluten die kaiserlichen und bayrischen Truppen Württemberg. Oberstleutnant Holzmüller wird von der schwedischen Heeresleitung mit 150 Mann zur Verstärkung der 50köpfigen Besatzung auf den Hohenurach befohlen. Die Kaiserlichen ziehen mit 2000 bis 3000 Mann vor die Festung. Hunderte von Bauern legen Schanzen an. Hohenurach bleibt trotz wiederholter Versuche uneingenommen. Ausfälle, die dem Gegner Verluste bringen, entlasten die Eingeschlossenen. Kommandant Holzmüller wird dabei mehrfach verletzt und verliert schließlich durch einen Schuß ins Gesicht das Augenlicht. Entlastungsangriffe von Ulm und Hohenneuffen verhindern nicht, daß die Lebensmittelvorräte zur Neige gehen. Kurz vor der Übergabe flieht der Kommandant mit 30 Mann bei einem wagemutigen Ausfall auf den Hohenneuffen. Die völlig entnervte und ausgehungerte Besatzung übergibt am 24. Juli 1635 die Festung und erhält freien Abzug.

**Aufzeichnung des Bürgers Bernhard Schwan**

„Unter währender Belagerung habe ich viel ohnmenschliche Speisen essen müssen, und hab in vier Tagen von unserm Obristen Holzmüller nicht mehr gehabt, denn fünf Vierling Brod und ein Pfund Roßfleisch, so fast lauter Bein gewesen."

**Schreiben des Festungskommandanten an den Herzog (Auszug)**

Während der Belagerung schreibt der Kommandant Oberstleutnant Holzmüller am 16. März 1635 aus der belagerten Festung an Herzog Eberhard III. von Württemberg: „...dem feind so tags so nachts auf die hauben greifen will, daß daran ihro fürstlichen gnaden nit nur angenehmes

# Hohenurach

gefallen, sondern dem feind auch groser abbruch beschehen solle. Möchte wünschen, daß ihre f. gn. ehisten mit gleith, wie ich dann zu gott hoffe, bald sollen khommen und uns succuriren möchten, dann ich habe alß ein soldat bey ihre f. gn. gehallten, auch die extrima mit denn meinigen ußgestanden, wollt es auch womöglich noch lenger thun, aber hic est summum periculum in mora. de his hat und das übrige werden ihr f. gn. beambte und zeiger mündtlichen berichten. Befehle ew. f. gn. göttlicher obacht und verbleibe euer fürstl. gnaden undertheniger getreuer diner undt knecht Gfr. Holtzmüller."

**Geschichte**

Die Grafen von Urach entstammen dem ostfränkischen Raum bei Würzburg. Wie sie aus dieser Gegend nach Schwaben gekommen sind, ist nicht bekannt. Zuerst lassen sie sich in Dettingen nieder. Egino I. und sein Bruder Rudolf erbauen die Achalm. Nach einer Erbteilung gründet Egino II. Hohenurach. Später verlassen die Grafen von Urach das Ermstal und gründen zwei Burgen bei Hammereisenbach und im Schwarzwald.
Egino IV. der Bärtige, Gemahl der Agnes von Zähringen, erbt 1219 den zähringischen Besitz. Sein Sohn Egino V. nennt sich Graf von Urach und Herr der Burg Freiburg.

**Um 1030–1050** Gründung von Hohenurach durch die Grafen von Urach.
**1227** Tod des Kardinals Graf Konrad von Urach, Bruder des Egino V., Abt von Citeaux und Clairvaux in Frankreich, Gründer des Klosters Güterstein.
**1235** Erste urkundliche Erwähnung des Hohenurach. Egino V. Graf von Urach und Freiburg und seine Brüder, die Grafen Berthold und Rudolf von Urach, stehen auf seiten des abtrünningen Königs Heinrich VII. Die Besatzung der Burg überfällt die Kaisertreuen während der Belagerung der Achalm und verhindert damit die Einnahme. Bei der offenen Schlacht im „Swigger-Tal" (Ermstal) werden die Uracher mit Heinrich und Gottfried von Neuffen geschlagen.
**1254** Nach dem Tod des Grafen Berthold von Urach geht Hohenurach durch Vertrag an Württemberg und Fürstenberg.
**1265** Württemberg wird Gesamteigentümer.
**1310–1313** Im Reichskrieg König Heinrichs VII. von Luxemburg gegen Graf Eberhard I. von Württemberg bleibt Hohenurach uneingenommen.
**1428** Grundlegender Umbau und Erweiterung der Burg unter Graf Ludwig I. von Württemberg.
**1450** Graf Ludwig I. stirbt an der Pest auf Hohenurach.
**1482** Wiedervereinigung der württembergischen Landesteile nach dem Münsinger Vertrag.
**1490** Graf Eberhard V. im Bart läßt seinen geisteskranken Vetter Graf Heinrich von Mömpelgard auf Hohenurach

# Hohenurach

festsetzen. Seine zweite Gemahlin, Gräfin Eva von Salm, begibt sich freiwillig zu ihm.

**1498** Georg, Stammvater des heutigen Hauses Württemberg, Sohn des Heinrich von Mömpelgard, wird auf Hohenurach geboren.

**1519** Tod des Heinrich von Mömpelgard auf Hohenurach. Herzog Ulrich muß im Streit mit dem Schwäbischen Bund abziehen.

**1534** Rückkehr Herzog Ulrichs, Beschießung und Wiedereinahme von Hohenurach.

**1540–1556** Unter Herzog Ulrich und seinem Sohn Herzog Christoph wird die Burg für ca. 42000 Gulden zur Festung ausgebaut; wesentlichste nachmittelalterliche Bautätigkeit.

**1547** Einnahme von Hohenurach und der Stadt durch spanische Truppen unter Fernando Alvarez, Herzog von Alba. Zur Behebung der Schäden auf Hohenurach muß Herzog Christoph 19000 Gulden aufwenden.

**1567** Angehörige der Landesregierung besuchen den Hohenurach. Die Besuchserlaubnis durch den Herzog erfolgt unter Ausschluß von deren Frauen.

**18. April 1590** Der Dichter Nikodemus Frischlin wird gefangengenommen und auf Hohenurach inhaftiert.

**29./30. November 1590** In der Nacht stürzt Frischlin bei einem Fluchtversuch tödlich ab.

**1609** Matthäus Enzlin, der Kanzler Herzog Friedrichs I. im Gefängnis des Hohenurach.

**1613** Enthauptung von Enzlin auf dem Marktplatz in Urach.

**November 1634** Beginn der Belagerung von Hohenurach durch die kaiserlichen Truppen.

**Juli 1635** Übergabe der Festung. Die Bürger der Stadt Urach stellen bei den Siegern den Antrag, die Festung „zu sprengen und mit Feuer zu ruinieren". Hohenurach ist für die Bevölkerung ein ständiger Unsicherheitsfaktor.

**1638** Einnahme Urachs durch Bernhard von Weimar.

**1641–1649** Bayrische Besatzung auf dem Hohenurach.

**1663–1669** Instandsetzung der beschädigten Festung und Erweiterung durch Außenwerke unter Herzog Eberhard III. von Württemberg.

**1693** Hohenurach während der französischen Überfälle Zufluchtsort für Asylanten.

**1694** Zerstörungen durch Blitzschlag in den Pulverturm des großen Zwingers.

**1732** Gräfin Würben, geb. von Grävenitz, die „Landverderberin" im Gefängnis des Hohenurach.

**1741** Der 13jährige Herzog Karl Eugen wird mit seinen jüngeren Brüdern Ludwig Eugen und Friedrich Eugen wegen Unruhen auf die Festung gebracht.

**1761** Herzog Karl Eugen beschließt, den Hohenurach als unzeitgemäße und unrentable Festung aufzugeben.

**1762** Abbruch von Bauteilen für den Neubau des Schlosses Grafeneck. Hohenurach dient danach als Steinbruch für den Bau von Gebäuden und Brücken.

# Hohenurach

1 Kernburg
2 Ehemaliger Zugang Untergeschoß
3 Gewölbekeller
4 Wachstube
5 Oberes Torgewölbe
6 Durchfahrt kleiner Zwinger
7 Kleiner Zwinger
8 Dettinger Tor
9 Tor zum großen Zwinger
10 Großer Zwinger
11 Hohenuracher Felsenhöhle
12 Lage des ehemaligen Pulverturmes
13 Felsterrasse vor dem Höhleneingang
14 Vorhof, Erdwall
15 Upfinger Turm
16 Unteres Torgewölbe
17 Wachstubenturm
18 Äußeres Tor
19 Zweites Tor
20 Drittes Tor
21 Burgweg von Urach
22 Scharfeneck
23 Graben
24 Vorbefestigungen
25 Fels
26 Kapelle von 1662
27 Innerer Burghof
28 Brunnen
29 Aufgang Wehrmauer
30 Großer Pulverturm
31 Ehemaliges Badhaus
32 Ehemaliges Zeughaus
33 Sogenanntes Heimliches Gewölbe
34 Ritterstube
35 Hofküche mit Stuben und Kammern des Nordflügels
36 Backofen
37 Abgang Gewölbekeller
38 Großer Saal, Gotischer Bau
39 Gesindeküche
40 Torgewölbe zum Wall
41 Wall oder sogenannter Brunnengarten
42 Brunnen
43 Obere Umfassungsmauer

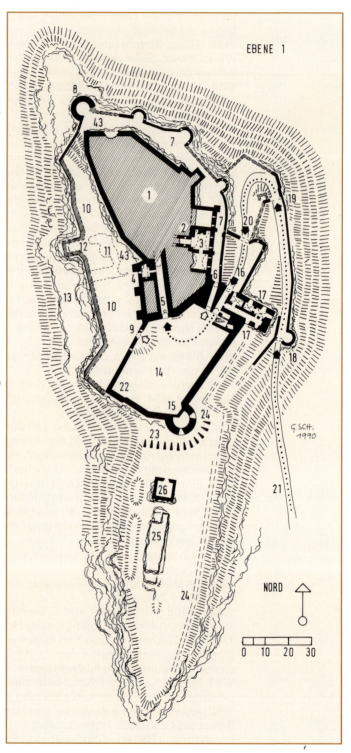

# Hohenurach

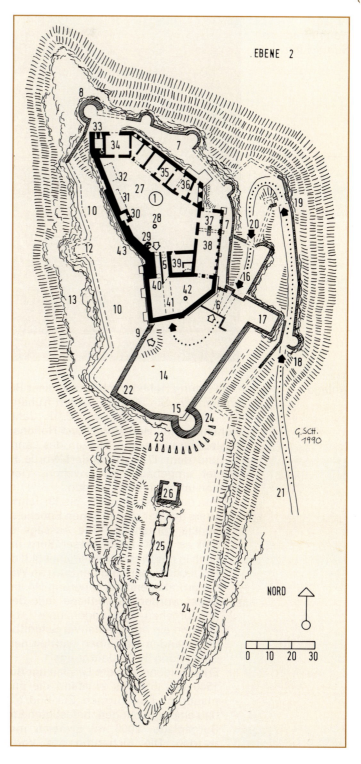

# Hohenurach

*Anlage Hohenurach von Südwesten*

Anlage

Die Festung Hohenurach ist aus einer Burg des Mittelalters entstanden. Sie gehörte zu den frühen Höhenburgen des 11. Jahrhunderts und im 16./17. Jahrhundert mit dem Hohenneuffen, Hohentwiel und Hohenasperg zu den wichtigsten, strategischen Stützen des Landes. Zwischen dem 11. und dem 17. Jahrhundert wurde Hohenurach immer wieder umgebaut und erweitert. Vier Hauptbauphasen können unterschieden werden:

  I. Von der ersten Burg (11. bis 13. Jahrhundert) des Mittelalters aus der romanischen Epoche sind wenig Anhaltspunkte vorhanden. Eine Aussage über den Grundriß gibt es nicht. Reste dieser Burg befinden sich heute noch in der Umfassungsmauer (43) der Kernanlage (1).

  II. Nach dem Übergang der Burg an Württemberg erfolgte die grundlegende Erneuerung (14. bis 15. Jahrhundert). Dabei wurden wesentliche Teile der Vorgängeranlage abgebrochen. Das sogenannte „Heimliche Gewölbe" (33) und ein repräsentativer Schloßbau mit Saal (38) auf bestehenden Gewölben wurden neu erbaut. Mögliche Entstehung im 14. Jahrhundert.

  III. Entscheidend war der Umbau der Burg zur Festung von 1540 bis 1556. Es entstand die äußere Umfassungsmauer mit fünf Türmen. Zur Südseite erfolgte der Aufbau eines gewaltigen, befestigten Erdwalles (41) vor die Burganlage. 2000 m³ Erdreich mußten transportiert werden. Die Sicherung des Vorbereiches entstand

# Hohenurach

*Zugang zu den Kammern des Küchenbereiches im Nordflügel*

durch Einplanierung und Aufschüttung (14) und den Neubau des Upfinger Turmes (15).

Die Kernanlage wurde völlig umfunktioniert. Garnisons-, Waffen- und Vorratsbauten entstanden. Etwas später erfolgte der Umbau der alten Torsituation mit dem Neubau des kasemattierten Wachstubenturmes (17).

Dabei berieten hessische Baumeister Herzog Ulrich beim Bau. Unter Herzog Christoph wurde Architekt Albrecht Tretsch tätig. Die Arbeiten führten freibezahlte Arbeitskräfte aus der Umgebung durch.

IV. Zur Sicherung der Festung an der Süd- und Ostseite erfolgte von 1663 bis 1669 der Ausbau der Zugangssituation durch zusätzliche Tore (18 + 19) bis unter den Wachstubenturm (17). Die Einplanierung des felsigen Vorgeländes und das Anlegen von Befestigungen wurden als „Neues Werk" bezeichnet. Die Arbeiten blieben jedoch unvollendet.

Ebene 1
Burgweg

Unteres
Torgewölbe

Der steile Burgweg (21) führt direkt unterhalb des hochaufragenden Wachstubenturmes zu den Resten des äußeren Tores (18). Er folgt zuerst der östlichen Bergflanke. Vor dem Burgfelsen wendet er nach links zum ehemaligen dritten Tor (20). Ihm folgt ein Zwischenhof mit dem unteren Torgewölbe (16) aus der vierten Bauphase (Länge: 12 m, Breite: 2,9 m). Links vom Gewölbe ist am Fels der zweigeschos-

# Hohenurach

sige Wachstubenturm (17) aufgebaut. Das Erdgeschoß besitzt drei Räume mit Kreuzgewölbe und Flurzone, das Untergeschoß eine große, tonnenüberwölbte Halle.

Vorhof

Beim Austritt aus dem unteren Torgewölbe erreicht man den Vorhof (14), ein umwehrter, planierter und aufgeschütteter hoher Wall mit freiem Ausblick. In der Südecke steht der nicht zugängliche starke Upfinger Turm (15), in dem Gefängnisse untergebracht waren.

Upfinger Turm

Dettinger Turm

Neben dem Torgewölbe (16) führt ein gleich langer Gang zum Kleinen Zwinger (7) mit drei Schalentürmen. Die Zwingermauer beim Gotischen Bau (38) besteht aus Großquader, die gleichzeitig die Mauerstärke mit 82 cm bilden. Abmessung z. B. (L x H x S): 104 x 43 x 82, 122 x 54 x 82, 152 x 54 x 82 cm. Am Ende des Zwingers auf der Nordseite ragt der Dettinger Turm (8). (Vermutlich war aus dem Gefängnis dieses Turmes Nikodemus Frischlin bei einem Fluchtversuch zu Tode gestürzt.) Danach verengt sich der Zwinger schlupfartig zum geräumigen Großen Zwinger (10) auf der Westseite. Von der äußeren Befestigung sind nur noch Reste der Futtermauer erhalten. Der Große Zwinger ist durch ein breites Tor (9) mit dem Vorhof (14) verbunden.

Großer Zwinger

Ebene 2
Oberes
Torgewölbe

Durch den in der dritten Bauphase entstandenen Wall (41) mit geböschten Mauern führt das obere Torgewölbe (5) steil nach oben in den Hof der Kernanlage (1). Links am Gewölbe der schmale Zugang zur Wachstube.

*Das obere Torgewölbe führt durch den Wall zur Kernburg*

# Hohenurach

**Burghof** — Mittelpunkt der Kernburg ist der innere, polygonale Burghof (27). Er bildete den Kern der Burg und wurde später von den Hauptgebäuden der Festung umschlossen. Links die westliche Umfassungsmauer mit Wendeltreppe (29), die zum Wehrgang führt. Ein auf Säulen gestützter, offener hölzerner Gang leitete von der Südseite zur Nordseite der angrenzenden Gebäude. Er diente zur Erschließung der Räume im oberen Geschoß.

Auf der Torseite befindet sich der Gewölbedurchgang zum Wall (40) und die Ruine der Gesindeküche (39) mit ehemals gewölbtem Vorratsraum. Ostseitig findet man Mauerreste mit hochaufragendem Giebel des 48 m langen Nordflügels.

**Nordflügel** — Seitlich dahinter stand ein Viereckturm. Im Erdgeschoß befanden sich die Backstube mit Backofen (36), die Hofküche mit Kammern (35) und die Ritterstube (34). Am Ende des Nordflügels steht das sogenannte „Heimliche Gewölbe" (33), das von der Ritterstube aus durch eine Falltüre und eine Wendeltreppe zugänglich war. Erhalten ist noch die Treppe, die in einem düsteren Raum mit zwei Lichtscharten endet. Die Aussparungen einer doppelten Vergitterung sind noch zu sehen. Das „Heimliche Gewölbe" wird als Schatzkammer der Burg beschrieben.

**Heimliches Gewölbe**

Steinmetzzeichen untere Tordurchfahrt

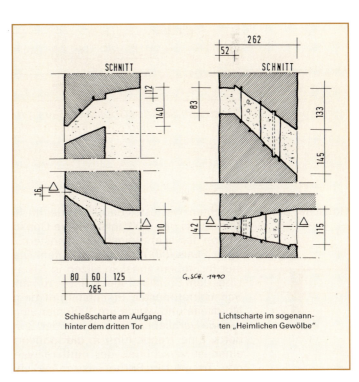

Schießscharte am Aufgang hinter dem dritten Tor

Lichtscharte im sogenannten „Heimlichen Gewölbe"

# Hohenurach

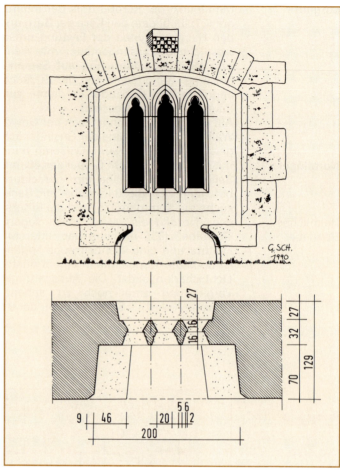

Fenster im Saal des Gotischen Baus mit Nische und Sitzbänken, darüber ein romanischer Konsolstein

Gotischer Bau

Lichtscharte zum Gewölbekeller unter dem großen Saal

Beachtenswertestes Bauteil ist der im 14. Jahrhundert oder spätestens um 1500 entstandene Gotische Bau (38). Leider ist von den acht dreigeteilten Fenstern des ehemals prächtigen Saals (38) nur eines erhalten. Die spitzbogigen Fenster in Stubensandstein sitzen in Nischen mit Sitzbänken. Über dem Sturz befindet sich ein romanischer Baustein mit Schachbrettmuster. Er entstammt dem Ruinenschutt der Nordseite und wurde um 1900 hier eingemauert. Er ist die einzige verbliebene Kunstform der Burg des 11. Jahrhunderts. Eine Treppe führt in die tonnenüberwölbten Keller; einer ist verschüttet, der mittlere war über eine Rampe oder Treppe vom Burhof aus zugänglich.

# Hohenurach

*Brunnen im inneren Burghof vor der Ruine des Nordflügels*

                     Zurückgekehrt zum Ausgangspunkt, zu den Resten des äußeren Tores (18) führt nach links ein verwachsener Fußpfad vor den Upfinger Turm mit der vorgelagerten Felsplattform des sogenannten „Neuen Werks" (24). Die Ruinenreste stammen von einer 1622 erbauten Kapelle auf fast quadratischem Grundriß. Westlich am Upfinger Turm vorbei gelangt man zu einer tiefer liegenden Felsterrasse (13). Hier befindet sich der Eingang zur Hohenuracher Felsenhöhle. Angeblich besaß sie einen geheimen Verbindungsgang zur Burg (Länge: 54 m, Breite: 3,5 m, Höhe: 7 m).

Neues Werk

Felsenhöhle

# Hohenurach

| | |
|---|---|
| Besitzer | Land Baden-Württemberg |
| Pläne | Grundriß 1:1000 nach Plan von 1663<br>Grundriß von Friedrich Neukomm, 1837<br>Grundriß Neukomm, überarbeitet von K. A. Koch<br>Baualterplan H. M. Maurer, in: „Burgen und Schlösser", 1975/1<br>Grundriß von Kommandant Lucan, 1660, Hauptstaatsarchiv Stuttgart<br>Baualterplan, in: „Stadtführer Urach", W. Röhm, 1978 |
| Alte Ansichten | Stadt und Festung, gez. J. P. Büttgen, Lith. von J. Wölffle, um 1835<br>Ansicht von Osten, von Nikolaus Ochsenbach, um 1620<br>Ansicht von Osten, 1764<br>Stadt und Festung, Merianstich, 1688<br>Ruine, Radierung von F. Weber, um 1795<br>Ruine von Norden, J. J. Müller-Riga, 1813<br>Stadt und Burg, Aquarell im Stammbuch des Prinzen Johann Wilhelm von Sachsen-Altenburg, um 1616, Württembergisches Landesmuseum Stuttgart<br>Stadt und Festung, Titelbild „Die Ritterburgen" von F. Gottschalck, 1821<br>Teilansicht Stadt und Festung, M. von Ring, um 1840<br>Festung, Gouache im Skizzenbuch von Carl Finkh, Staatsarchiv Stuttgart<br>Festung von der Stadtseite, vermutlich von C. E. G. Kuhn, 1810<br>Festung 1845, Aquarell in J. H. Rawerts Reise Sydtyskland, Kopenhagen kgl. Bibliothek<br>Tal und Festung, Julius Greth, 1862, Landesbibliothek Stuttgart<br>Festung mit Erms, Tonlith. von Louis Rachel |
| Literaturhinweise | – Gradmann, Wilhelm<br>  Burgen und Schlösser der Schwäbischen Alb, 1980<br>– Kies, Wolfram<br>  Die mittelalterlichen Burgen und Burgstellen des Landkreises Reutlingen, nicht veröffentlichte Zulassungsarbeit, 1989<br>– Koch, Konrad Albert<br>  Burg und Feste Hohenurach, in: „Blätter des Schwäbischen Albvereins", Nr. 9/10, 1917<br>– Maurer, Hans-Martin<br>  Hohenurach als Beispiel einer württembergischen Landesfestung, in: „Burgen und Schlösser", 1975/1<br>– Memminger<br>  Beschreibung des Oberamts Urach, 1831<br>– Mettler, Adolf<br>  Von Hohenurach und Urach, in: „Blätter des Schwäbischen Albvereins", Nr. 8, 1929<br>– Nägele, Stadtpfarrer<br>  Hohenurach, in: „Blätter des Schwäbischen Albvereins", Nr. 9/10, 1917<br>– Reutlinger und Uracher Alb<br>  Wanderführer Schwäbischer Albverein, 1988<br>– Röhm, Walter<br>  Urach, Stadtführer durch Kunst und Geschichte, 1974, 1978<br>– Schwab, Gustav<br>  Die Neckarseite der Schwäbischen Alb, 1823, 1960<br>– Schwenkel, Hans<br>  Heimatbuch des Bezirks Urach, 1933<br>– Uhland, Robert<br>  900 Jahre Haus Württemberg, 1985<br>– Veit, Hans<br>  Urachs Gründung und Stadterhebung, 1959<br>– Wais, Julius<br>  Albführer, Band 2, 1971 |

# Schorren (Venedigerloch)

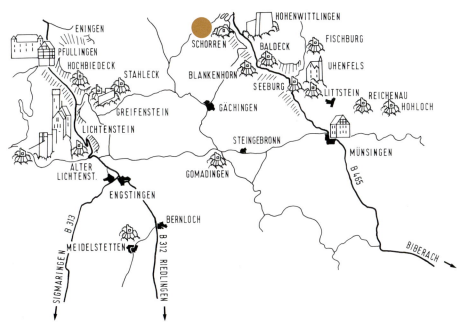

# Schorren (Venedigerloch)

**Lage**  Südlich von Bad Urach verläuft das wildromantische, obere Ermstal. Kurz vor der Ruine Hohenwittlingen ragen aus dem westlichen Talhang die Schorrenfelsen. Im nördlichsten Felsen befindet sich das Venedigerloch mit den Resten einer ehemaligen Höhlenburg.
Von der B 465 im Ermstal führt kurz hinter Urach eine Straße in Richtung Sirchingen. Nach Erreichen der Hochfläche, kurz vor der Ortschaft, rechts zum ausgeschilderten Wanderparkplatz. Auf dem Feldweg geradeaus in westlicher Richtung (AV Dreieck Nr. 50). Bei der Tafel Urach–Sirchingen" links am Trauf entlang zum Aussichtspunkt. Weiter den Fußweg bis hinter den nördlichen Felsen (ca. 80 m). Nach rechts auf schmalem und steilem Pfad am Talhang abwärts bis zum Fuß des Felsens auf der Talseite. Aufstieg zur Höhle über eine vier Meter hohe Felsstufe. Wanderparkplatz – 1,1 km Schorren.

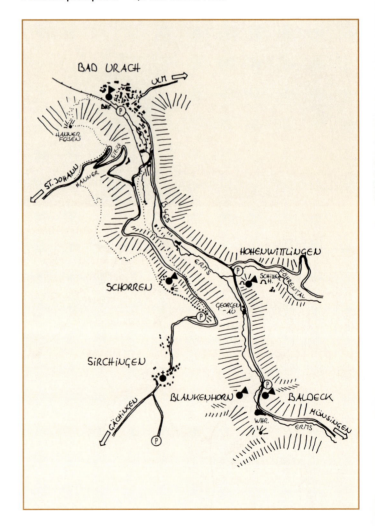

# Schorren (Venedigerloch)

*Wandervorschlag*
In Bad Urach, nördlich vom Bahnhof, auf bezeichnetem Albvereinsweg (AV Raute) bis zum nord-westlichen Talhang, Aussichtspunkt „Hanner Fels", aufsteigen. Am Trauf entlang in südlicher Richtung über die Hanner Steige, beschildert, durch den Wald zur Höhlenburg Schorren (Venedigerloch). Weiter am Trauf entlang bis zur Einmündung des bezeichneten Weges Urach–Sirchingen. Auf diesem ins Tal absteigen und zurück zum Ausgangspunkt.
Urach – 3,9 km Höhlenburg – 3,7 km Urach.

| | |
|---|---|
| Gemeinde | Bad Urach, Landkreis Reutlingen |
| Meereshöhe | Höhlenburg ca. 680 m, Schorrenfels 711 m, Ermstal 505 m |
| Besichtigung | Frei zugänglich (Vorsicht bei Nässe, Trittsicherheit erforderlich) |
| Geschichte | Der Höhlenname Venedigerloch bezieht sich auf eine sagenumwobene Überlieferung, wonach die Höhle mit den Venetern, einem bergbauernkundigen Zwergenvolk aus dem Ostalpenraum (Großer Venediger), in Verbindung gebracht wird. |
| | Über die Höhlenburg am Schorren (am schroffen Fels) ist urkundlich nichts bekannt. 1402 wird unter den Uracher Zinsen eine Korngült aus einem Hof „ze Sunthein, heißet Schorren" genannt. Möglicherweise handelt es sich um den ehemaligen Wirtschaftshof der Höhlenburg. |
| | Die Anlage findet erst jüngst Beachtung durch die von Christoph Bizer ausgewerteten Lesefunde. Danach entstehen Befestigung und Ausbau der Höhle zwischen 1100 und 1150. Zu Beginn des 14. Jahrhunderts muß sie aufgegeben worden sein. Für einen wehrhaften Wohnsitz sprechen auch eine aufgefundene Armbrustbolzenspitze und das Stück eines tönernen Wächterhorns. |
| Anlage | Höhlen wurden auf der Schwäbischen Alb schon früh als Wohnplatz genutzt. Daß aber noch im Mittelalter in einem nach Norden ausgerichteten „Loch" ein befestigter Wohnsitz eingebaut wurde, ist kaum vorstellbar. Dennoch gibt es mit der Höhle im Schorrenfelsen ein solches Beispiel. |
| | Das 4,7 x 6 m große Höhlenportal (1) liegt hinter einer 4 m hohen Felsstufe (2). Bauliche Spuren, wie Balkenlöcher und Bodenfunde, weisen auf eine ausgeriegelte Lehmflechtwerkwand als Frontmauer hin. Nach 12 m teilt sich die Höhle durch einen rundlichen, 2 x 3,5 m starken, säulenartigen Felspfeiler (3). Links eine 7 m hohe Halle (4) mit engem, nach oben steigenden Lichtschacht (8). Rechts am Felspfeiler (3) zweigt eine Nebenhöhle (6) ab, die, ständig niedriger werdend, schließlich unbegehbar wird. |

## Schorren (Venedigerloch)

1 Höhlenportal
2 Felsstufe
3 Felspfeiler
4 Große Halle
5 Balkenlöcher
6 Nebenhöhle
7 Talseite
8 Lichtschacht
9 Seitengang

Im Bereich der Halle (4) zeigen sich etwa 2 m über dem Höhlenboden mehrere Balkenlöcher (5) und Lager. Abmessung fast regelmäßig 15 x 21 cm, Tiefe bis 15 cm. Sie beweisen eine zweigeschossige Teilung.

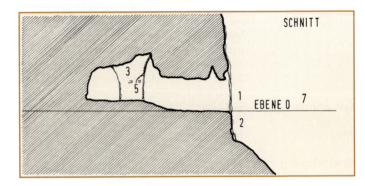

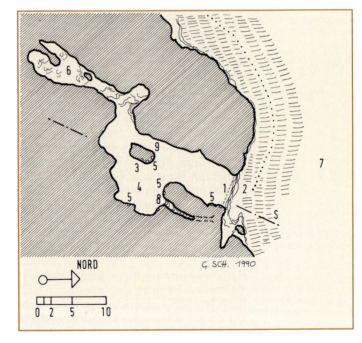

Besitzer   Stadt Urach

Literaturhinweise
– Beschreibung des Oberamts Urach, 1909
– Binder, Hans
  Höhlenführer Schwäbische Alb, 1977
– Bizer, Christoph und Götz, Rolf
  Vergessene Burgen der Schwäbischen Alb, 1989
– Wais, Julius
  Albführer, Band 2, mittlerer Teil, 1971

# Hohenwittlingen

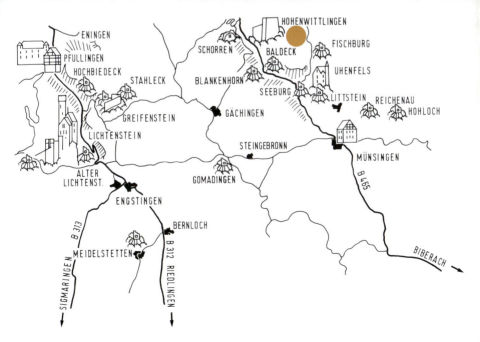

# Hohenwittlingen

Lage
Zwischen Bad Urach und Seeburg erstreckt sich das obere Ermstal. Etwa auf halbem Wege kennzeichnet ein mächtiger Felsklotz die Einmündung des Föhrentales. An seinem äußersten Ende liegt die Ruine Hohenwittlingen.
Von Münsingen oder Urach auf der B 465 kurz vor bzw. nach der Abzweigung in Richtung Wittlingen, zum Parkplatz bei der Einmündung des Föhrentales ins Ermstal. Aufstieg an der Föhrentalseite, beschildert (AV Dreiblock), direkt nach Hohenwittlingen.
Parkplatz – 0,8 km Hohenwittlingen.
Weitere Möglichkeit: Von der Ortschaft Wittlingen zum Wanderparkplatz an der Straße zum Hofgut Hohenwittlingen. Von hier beschildert auf fast ebenem Weg zuerst an der Straße, dann rechts im Wald zur Ruine.
Parkplatz – 1,1 km Hohenwittlingen.

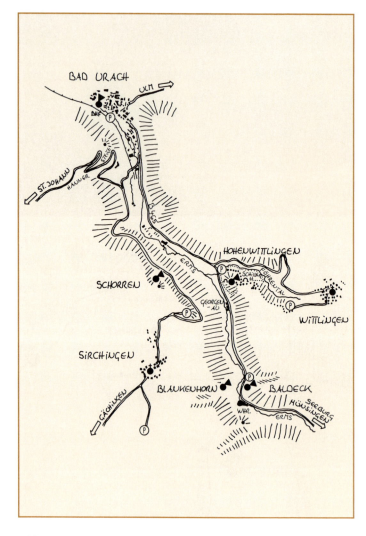

# Hohenwittlingen

*Wandervorschlag:*
Vom beschriebenen Parkplatz, bei der Einmündung des Föhrentales ins Ermstal, den Forstweg an der Ermstalseite taleinwärts. Nach etwa 450 m links auf bezeichnetem Weg zum Hohenwittlingen aufsteigen. Zurück zum Halsgraben und auf dem Albvereinsweg zur Schillerhöhle. Taleinwärts Richtung Wittlingen ins Föhrental durch die Wolfschlucht absteigen und im Tal zurück zum Ausgangspunkt.
Parkplatz – 1,1 km Hohenwittlingen – 0,4 km Schillerhöhle – 1,2 km Parkplatz.
Weiterer Wanderweg siehe Baldeck.

| | |
|---|---|
| Gemeinde | Bad Urach-Wittlingen, Landkreis Reutlingen |
| Meereshöhe | Burg 677 m, Ermstal 508 m |
| Besichtigung | Frei zugänglich |
| Weitere Sehenswürdigkeiten | Schillerhöhle (Schillingshöhle) Tulkahöhle in Weinlands „Rulaman", Steffesloch (Staffahöhle) über Eisenklammern zugänglich |
| Gustav Schwab 1823 | „Diese am wildesten Waldeck vom verschlungenen Gestrüpp überwachsenen Trümmer lassen sich rund umwandeln, und zeugen noch von der Felsenfestigkeit des alten Schlosses; unterirdische Wendeltreppen sollen in tiefe Gewölber führen.<br>Schon zu Crusius Zeit war es nichts mehr als ‚ein grausames Gefängnis, in das Wilderer und andre Bösewichter gelegt wurden'. Die Volkssage fabelt von den Baldeckern und Wittlingern, daß sie durch Zauberei in der Luft hätten zusammenfahren können; eine andere Tradition sagt, daß sie unterirdische Communicationen gehabt haben. Der Blick von dem Schlosse ins Tal auf die geschlängelte Erms, auf Hohenurach, Neufen und Teck ist herrlich." |
| Johannes Brenz auf dem Hohenwittlingen | Johannes Brenz, württembergischer Theologe und Schwäbischer Reformator (1499–1570), als Prediger in Schwäbisch Hall tätig, bemüht sich um die Neuordnung der Kirche. Er arbeitet 1536 an der Kirchenordnung und an der Reform der Universität Tübingen. 1548 flieht Brenz mit Hilfe von Jakob Kornmesser, Sekretär Herzog Ulrichs von Schwäbisch Hall, auf den Hohenwittlingen. Während seiner Zeit auf der Burg arbeitet Brenz unermüdlich an den Erklärungen zum 93. und 130. Psalm. Er beginnt an seinem Katechismus, den er in seinem zweiten Asyl auf Hornberg vollendet.<br>Nachdem Brenz auf Hohenwittlingen vor seinen Verfolgern nicht mehr sicher scheint, flieht er nach Basel. 1553 wird Brenz Propst der Stuttgarter Stiftskirche und zum Leiter des württembergischen Kirchenwesens berufen. 1559 verfaßt er die „Große Kirchenordnung". |

# Hohenwittlingen

Geschichte  Hohenwittlingen gehört mit dem Hohenurach zu den frühen Höhenburgen der Umgebung und zu den Schutzburgen an der wichtigen Reichsstraße durch das Ermstal (Swiggertal).
Im 11. Jahrhundert werden Herren von Wittlingen genannt. Mechthild, Schwester des Grafen Kuno und Liutold von Achalm, heiratet Graf Kuno von Lechsgmünd. Ihr Enkel Burkhard nennt sich von „Witilingin". Nicht geklärt ist, ob diese Angaben sich auf Hohenwittlingen oder die Ortschaft Wittlingen beziehen. Die Entstehung der Burg kann in der ersten Hälfte des 12. Jahrhunderts oder noch früher angenommen werden.

*Ruine der Kernburg mit starker Schildmauer zur Feldseite von Südwesten*

# Hohenwittlingen

*Rekonstruktions- versuch der Burg Hohenwittlingen als Beispiel einer Schildmauer- burg von Christoph Stauß*

**1090** Burkhard von Wittlingen, Sohn des Berthold von Lechsgmünd.
**Um 1248** Bischof Eberhard von Konstanz erhält die Burg vermutlich wegen der Beteiligung des Grafen Egino V. an der Erhebung Heinrichs VII. gegen seinen Vater Friedrich II.
**1251** Graf Ulrich I. von Württemberg kauft für 1100 Mark Silber Hohenwittlingen von Bischof Eberhard. Der Kauf erfolgt unter dem Vorbehalt der Lehensherrschaft für den Bischof.
**1254** Graf Ulrich tauscht mit Graf Heinrich von Fürstenberg die Hälfte der Burg Wittlingen gegen die Hälfte der Burg und Grafschaft Urach.
**1286** Graf Eberhard von Württemberg überläßt die Burgen Hohenwittlingen und Rems als Pfand für den mit König Rudolf geschlossenen Frieden.
**1298** Rückgabe der Burg an Württemberg.
**1311** Hohenwittlingen hält im Reichskrieg gegen Graf Eberhard I. von Württemberg der Belagerung stand.
**1548** Reformator Johannes Brenz im Asyl auf der Burg.
**1576** Hohenwittlingen brennt aus. Anschließender Wieder- aufbau und Einrichtung eines Gefängnisses für „Wilderer und Bösewichter".
**1648** Die Garnison wird auf Bitten des Uracher Magistrats abgezogen. Hohenwittlingen wird nicht mehr bewohnt und dem Zerfall überlassen.
**1781** In den Fußböden von zwei erhaltenen Gemächern werden Skelette gefunden. Es wird berichtet: die Wittlinger Bauern hätten ihr Vieh so dressiert, daß sie beim Anrücken von Feinden allein zur Burg eilen.
**1953–1963** Instandsetzung der Ruine durch die Staatliche Forstverwaltung.

# Hohenwittlingen

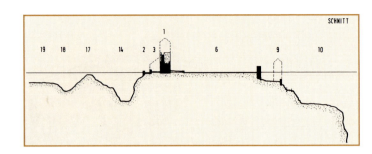

**Anlage**

Hohenwittlingen zeigt den idealen Typus einer Schildmauerburg in Spornlage.
Drei Bauphasen sind am Mauerwerk ablesbar. Kleinquader aus der Gründungszeit, vermutlich 12. Jahrhundert, Buckelquader um 1200 und verputztes Bruchsteinmauerwerk nach 1250.

**Halsgraben**

Zwei Gräben – ein Vorgraben (18) sowie ein 9 m breiter und bis 14 m tiefer Halsgraben (14) – schützen die Burg. Das verbleibende, 100 m lange und 24 m breite Gelände zwischen Halsgraben und Spornende gliedert sich in Hauptburg (70 m lang) und Vorburg (30 m lang) (10).
Der Burgweg führt an der östlichen Bergflanke zunächst eben, dann rampenartig zwischen Hauptburg und Vorburg (10) um die Nordseite zur Westseite. Am Aufgang befand sich bei dem Rest eines runden Turmes (9) das Burgtor (8).

**Palas**

Es folgt auf der unteren Ebene die Palasruine (7), der Hauptbau der Burg. Außer den Resten der Umfassungsmauer des unteren Geschosses sind auf der Südseite noch sechs Stufen und die untere Hälfte eines 132 cm breiten Portals erhalten. Nach links führt ein schmaler Weg zwischen Fels und Palas über in den Fels gehauene Stufen (13) zum 7 m höher liegenden oberen Burghof (6). Zur Ostseite begrenzt die beachtliche, 180 cm starke Umfassungsmauer (12). Teile entstammen der ersten Burganlage. Auf der Außenseite der 7–8 m hohen Wand Kleinquaderverblendung und eingemauerte Buckelquaderschichten (5). Buckelquader z. B. (L x H) 85 x 44, 90 x 44, 50 x 40 cm, Buckel teils flach, teils kissenförmig bis 12 cm, Randschlag 4–5 cm breit.

**Umfassungsmauer**

**Buckelquader**

**Schildmauer**

Den südlichen Abschluß zur inneren Burg bildet das wichtigste, verteidigungstechnische Bauwerk, die in großen Teilen noch vorhandene Schildmauer (1). Ihr vorgelagert ist ein Zwinger (2) mit einem kleineren Gebäude (3) (Reste). Die Stärke der Schildmauer ist beachtlich: im Zwingerbereich 5,3 m, an der Oberkante 4,5 m. Sie verjüngt sich nach oben und bildet zur Westseite einen ausgeprägten, abgestuften Sockel (siehe Zeichnung).

# Hohenwittlingen

1 Schildmauer
2 Zwinger
3 Anbau
4 Aufgang Schildmauer
5 Buckelquader
6 Oberer Burghof
7 Palas
8 Lage des Tores
9 Ehem. Turm
10 Vorburg
11 Steiler Fels
12 Umfassungsmauer
13 Stufen im Fels
14 Halsgraben
15 Grabenauswurf
16 Schutzhütte
17 Gedenkstein
18 Vorgraben
19 Hochfläche
20 Vom Hofgut Hohenwittlingen
21 Von Baldeck
22 Vom Seeburger Tal
23 Von Wittlingen
24 Von Urach
25 Föhrental
26 Seeburger Tal

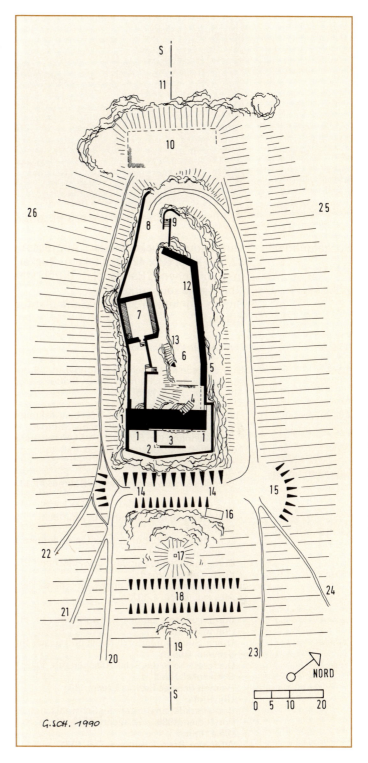

# Hohenwittlingen

Schildmauersockel Südwestseite

*Schildmauerruine am Ende des Burghofes*

| | |
|---|---|
| Buckelquader | Verblendung Buckelquader: Abmessung z. B. (L x H) 76 x 52, 108 x 38, 69 x 43, 68 x 64 cm. Buckel 3–23 cm kissenförmig vorstehend, Randschlag durch starke Absandung der Oberfläche kaum erkennbar.<br>Stufen (4) führen zur Aussichtsplattform auf der Schildmauer. |
| Besitzer | Land Baden-Württemberg |
| Pläne | Grundriß von K. A. Koch bei Antonow, in: „Burgen des südwestdeutschen Raumes" und „Blätter des Schwäbischen Albvereins", Nr. 4, 1915 |
| Alte Ansichten | Lithographie von Emminger, 1860, Landesbibliothek<br>Aquarell von C. Obach, Staatsarchiv Stuttgart<br>Pinselzeichnung von C. Obach, 1831, Staatsarchiv Stuttgart<br>Aquarelliert. Skizzenbuchblatt, Ed. Kallee |
| Literaturhinweise | – Antonow, Alexander<br>  Burgen des südwestdeutschen Raumes im 13. und 14. Jahrhundert, 1977<br>– Beschreibung des Oberamts Urach, 1831<br>– Beschreibung des Oberamts Urach, 1909<br>– Dörr, Gerd<br>  Schwäbische Alb, Burgen, Schlösser, Ruinen, HB-Bildatlas, 1988<br>– Gradmann, Wilhelm<br>  Burgen und Schlösser der Schwäbischen Alb, 1980<br>– Koch, Konrad Albert<br>  Hohenwittlingen und Baldeck, in: „Blätter des Schwäbischen Albvereins", Nr. 4, 1915<br>– Pfefferkorn, Wilfried<br>  Burgen unseres Landes, Schwäbische Alb, 1972<br>– Röhm, Walter<br>  Urach, Stadtführer durch Kunst und Geschichte, 1978<br>– Schwab, Gustav<br>  Die Neckarseite der Schwäbischen Alb, 1823, 1960<br>– Schwenkel, Hans<br>  Heimatbuch des Bezirks Urach, 1933<br>– Uhl, Stefan<br>  Buckelquader an Burgen der Schwäbischen Alb, Neufassung von Vorstudien, 1990, z. Zt. nichtveröffentlicht<br>– Wais, Julius<br>  Albführer, Band 2, mittlerer Teil, 1971 |

# Baldeck

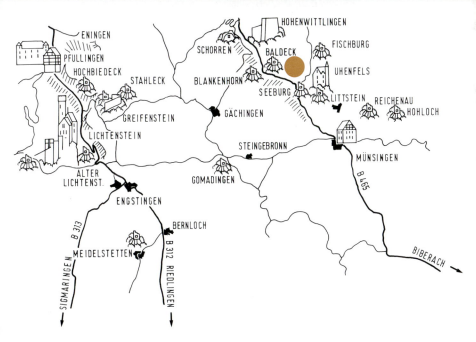

# Baldeck

Lage

Südlich von Bad Urach beginnt das wildromantische obere Ermstal, auch Seeburger Tal genannt. An der sogenannten „Enge" nahe eines Fischweihers ragt aus dem östlichen Talhang der zerklüftete Baldecker Felsen.
Von der B 465 ab Bad Urach in Richtung Münsingen. Nach der Abzweigung Wittlingen etwa 1,7 km vor einer Kurve (Fischweiher) links zu einem ausgeschilderten Parkplatz. Auf bezeichnetem Fußweg in südlicher Richtung am Talhang aufsteigen und bei der ersten Weggabelung links direkt zur Burgstelle.
Parkplatz – 0,4 km Baldeck.

*Wandervorschlag:*
Vom Parkplatz an der Bundesstraße im Ermstal nach Baldeck wie oben beschrieben. Hinter der Burgstelle weiter am Talhang aufsteigen. Bei der Wegteilung nach links abzweigen und auf bezeichnetem, aussichtsreichem Weg (AV Dreiblock) zur Ruine Hohenwittlingen. Den gleichen Weg zurück bis zur Weggabelung vor Baldeck und schließlich nach rechts auf dem Forstweg durch den Tobel zurück zum Parkplatz.
Parkplatz – 0,4 km Baldeck – 2,6 km Hohenwittlingen – 2,5 km Parkplatz.

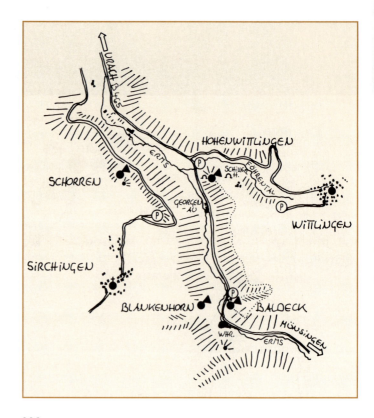

# Baldeck

| | |
|---|---|
| Gemeinde | Bad Urach, Landkreis Reutlingen |
| Meereshöhe | Burg 625 m, Ermstal 530 m |
| Besichtigung | Frei zugänglich |
| Weitere Sehenswürdigkeit | Schillerhöhle bei Hohenwittlingen |
| Geschichte | Die Entstehung der Burg wird kurz vor der Belagerung von 1256 angenommen.<br>Vermutlich haben die Bauherren ihre Burg früh verlassen und in andere Hände gegeben. Wahrscheinlich ist die Aufgabe von Baldeck nach der angenommenen Zerstörung erfolgt. Familienangehörige werden vielfach bezeugt; mit ihrer Burg hatten sie jedoch nichts mehr zu tun. Ein Otto von Baldeck ist Landhofmeister unter Graf Eberhard dem Milden von Württemberg. Von einem anderen Otto, möglicherweise dem Vater, befindet sich an der Uracher Amanduskirche eine Grabplatte von 1363. Hohengutenberg kommt 1432 als Lehen an die Baldecker; weitere Baldecker erscheinen im Gefolge der Grafen von Württemberg und 1440 als Burgherren aus Asperg. Der letzte stürzt 1565 auf der Jagd bei Magolsheim tödlich vom Pferd. |

*Besonders eindrucksvoll zeigt sich der Burgfelsen von der Nachbarburgstelle Blankenhorn*

# Baldeck

**1256** Pfalzgraf Rudolf von Tübingen belagert „Castris Baldegge" (Obermarchtaler Urkunde), vermutlich Zerstörung.
**17./18. Jahrhundert** Ruine Baldeck dient Wegelagerern als Unterschlupf. Die Bezeichnung „Mörderschlößle" entstammt dieser Zeit.

Anlage
Wie keine andere Burg der Umgebung ist Baldeck mit dem zerklüfteten Felsen verbunden. Spalten, Kanten, Klüfte und eine Höhle wurden zum Bau mit einbezogen. Grob läßt sich die Anlage in Kernburg (1), Vorbereich (19) und hinteren Bereich (7) differenzieren.

1 Kernburg
2 Halsgraben
3 Talseite
4 Verebnete Flächen am Fels
5 Lage eines Gebäudes
6 Reste Kernmauerwerk
7 Terrassierte Flächen
8 Reste Frontmauer
9 Lage des Tores
10 Rest Quadermauerwerk
11 Reste Kleinquadermauerwerk
12 Felsstufe
13 Eingang Höhle
14 Durchgangshöhle
15 Vom Parkplatz
16 Von Wittlingen
17 Vom Nachbarfelsen
18 Balkenlager
19 Vorbereich

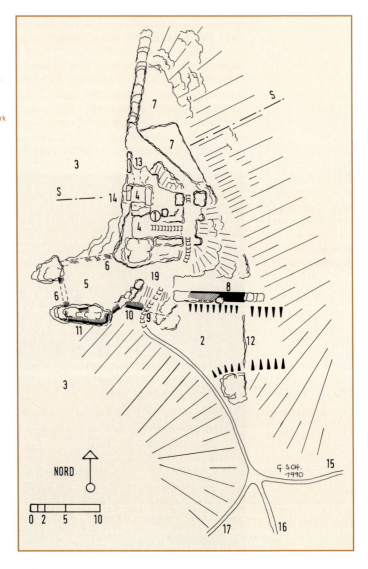

# Baldeck

| | |
|---|---|
| Halsgraben | Ein 10 m breiter Halsgraben (2) trennt den Burgfelsen vom Talhang. Der Aufstieg zum Vorbereich erfolgt über einen 110 cm hohen Mauerrest (9) mit grob bearbeiteten Quadern (10), z. B. (L x H) 120 x 53, 53 x 49, 90 x 40 cm. |
| Vorbereich | Auf der terrassierten Vorbereichsfläche stand links ein Gebäude (5), das keck zwischen Felsen eingeklemmt aufgebaut war. An der Oberkante der feldseitigen Felsnadel zeigen sich Reste mehrerer Lagen Kleinquader (11). Rechts am Vorbereich eine schildartige, 140 cm starke Frontmauer (Reste) (8). Verblendung: grob bearbeitetes Kleinquadermauerwerk, z. B. (L x H) 30 x 15, 38 x 30, 16 x 15 cm. |

*Südliche Felsnadel mit Resten von Kleinquadermauerwerk*

# Baldeck

**Kernanlage**  Die Kernanlage (1) auf dem Hauptfelsen ist nicht mehr nachvollziehbar. Vermutlich stand hier ein größerer Wohnturm (4) auf ca. 9 x 9 m Grundfläche. Sein unteres Geschoß war aus dem Fels gearbeitet.

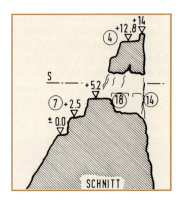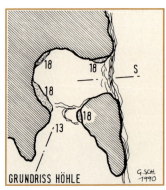

**Höhle**  Unmittelbar am Fußpunkt der Nordseite vor dem hinteren Bereich (7) befindet sich eine Durchgangshöhle (13 + 14) mit talseitigem Höhlenportal. Ausgearbeitete Auflagerflächen (18) dienten zur Aufnahme einer Holzbalkendecke.
Der folgende hintere Bereich (7) am Spornabsturz ist für Nebengebäude terrassiert. Aufgehendes Mauerwerk ist nicht zu erkennen.
Höhendifferenz Oberkante Hauptfelsen (1) – untere Terrasse (7): 12,8 m. Rotverfärbung des Kalkfelsens an verschiedenen Stellen weisen auf eine Zerstörung durch Feuer.

**Besitzer**  Land Baden-Württemberg

**Plan**  Grundriß und Schnitt von K. A. Koch, in: „Blätter des Schwäbischen Albvereins", Nr. 4, 1915

**Literaturhinweise**
– Beschreibung des Oberamts Urach, 1831
– Beschreibung des Oberamts Urach, 1909
– Gradmann, Wilhelm
  Burgen und Schlösser der Schwäbischen Alb, 1980
– Koch, K. A.
  Hohenwittlingen und Baldeck, in: „Blätter des Schwäbischen Albvereins", Nr. 4, 1915
– Pfefferkorn, Wilfried
  Hohenwittlingen – die Schildmauerburg in Münsingen, Heimatbuch, 1982
– Röhm, Walter
  Urach, Stadtführer durch Kunst und Geschichte, 1978
– Wais, Julius
  Albführer, Band 2, mittlerer Teil, 1971

# Blankenhorn

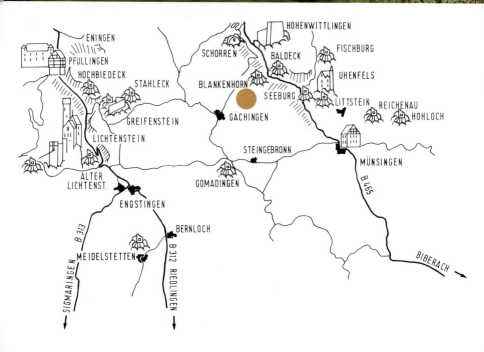

# Blankenhorn

Lage   Im burgenreichen oberen Ermstal liegt zwischen Bad Urach und Seeburg die weithin sichtbare Ruine Hohenwittlingen. Nach Süden verengt sich das Tal zur sogenannten „Enge". An der östlichen Talseite liegt auf einem Felsen die Burgstelle Baldeck, gegenüber an der westlichen Talseite die Burgstelle Blankenhorn.
Von der B 465 kurz nach Bad Urach in Richtung Münsingen links ab nach Sirchingen auf der Hochfläche. Am Ortsende in Richtung Gächingen und links zum Wanderparkplatz „Blasenberg". Den Weg zurückgehen und bei der zweiten Abzweigung rechts bis zum Waldrand. Diesen entlang bis zur Waldecke (Talrand); in den Wald abzweigen und auf schmalem Fußsteig zum Forstweg (AV Dreiblock) absteigen. Der Burggraben liegt unmittelbar hinter einer Wegkehre (Tafel: Ruine Blankenhorn).
Parkplatz – 1,7 km Blankenhorn.

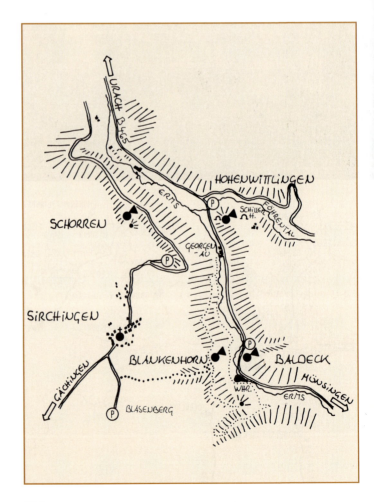

# Blankenhorn

*Wandervorschlag:*
Ausgangspunkt dieser Wanderung mit prächtigen Ausblicken auf Baldeck und Hohenwittlingen ist Georgenau an der B 465, unterhalb von Hohenwittlingen. Im Ermstal westseitig taleinwärts (AV Dreiblock) bis zum Fischweiher. Unmittelbar danach rechts in den Wald (AV Raute) durch das ansteigende Trockental. Bei der ersten bezeichneten Abzweigung rechts zum Schlupffels und nach Blankenhorn. Den Weg weiter (AV Dreiblock) am Talhang entlang, dann abwärts zurück zum Ausgangspunkt.
Georgenau – 1,6 km Fischteich – 2,7 km Blankenhorn – 1,7 km Georgenau.

| | |
|---|---|
| Gemeinde | Bad Urach, Landkreis Reutlingen |
| Meereshöhe | Burg ca. 650 m, Ermstal 530 m |
| Besichtigung | Frei zugänglich |

1 Kernburg
2 Graben
3 Front-Schildmauer
4 Mulde
5 Rest Umfassungsmauer
6 Kleinquader in Graben
7 Felsstufe
8 Talseite
9 Steiler Felsabsturz
10 Fußpfad von Sirchingen
11 Forstweg
12 Seitental

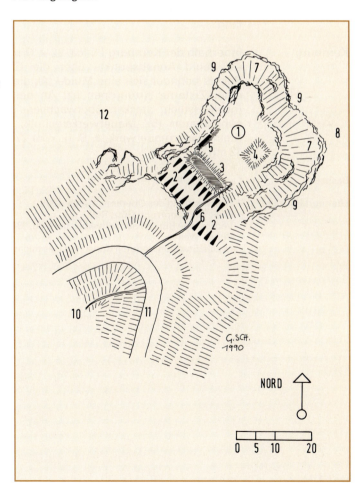

## Blankenhorn

| | |
|---|---|
| Geschichte | Die Burg wird mit der Familie Blankenhorn aus Sirchingen in Verbindung gebracht. 1492 verkauft ein Hans Blankenhorn an Graf Eberhard den Älteren von Württemberg einen Lehenhof zu Pfälen. 1496 stiftet vermutlich derselbe eine Messe in die Kapelle von Sirchingen, und Jakob Blankenhorn stiftet einen Altar in die Gächinger Kirche. Die Blankenhorner waren jedoch nicht von Adel, so daß sie als Burgherren auch nicht in Frage kommen. Wie die Burgstelle zu ihrer Bezeichnung kam, ist unklar.<br><br>**12. Jahrhundert** Mögliche Entstehung der Burg. |
| Anlage | Die kleine Spornburg lag durch einen Halsgraben (2) getrennt auf einer in das Ermstal vorspringenden felsigen Talecke. |
| Schildmauer | Ähnlich der Burg Hohenwittlingen besaß sie eine Schildmauer (3). Reste von Kernmauerwerk stecken in einem 2 m hohen Schutthügel. Ursprünglich war die Mauer ca. 13,5 m lang. |
| Kernburg | Innerhalb der Kernburg (1) (ca. 22 x 17 m Grundfläche) gibt es wenig Anhaltspunkte über die Grundrißgliederung. Rechts befindet sich eine Mulde (4), die einem Keller oder einer Zisterne zuzuordnen ist. An der linken Bergflanke (nordwestlich) stecken überwachsene Reste der Umfassungsmauer (5). Mauerwerkstechnik: grob bearbeitetes Kleinquadermauerwerk, z. B. (L x H) 27 x 12, 25 x 12, 21 x 12 cm. |
| Besitzer | Land Baden-Württemberg |
| Literaturhinweise | – Beschreibung des Oberamts Urach, 1909<br>– Bizer, Christoph und Götz, Rolf<br>   Vergessene Burgen der Schwäbischen Alb, 1989<br>– Röhm, Walter<br>   Urach, Stadtführer durch Kunst und Geschichte, 1978 |

# Seeburg

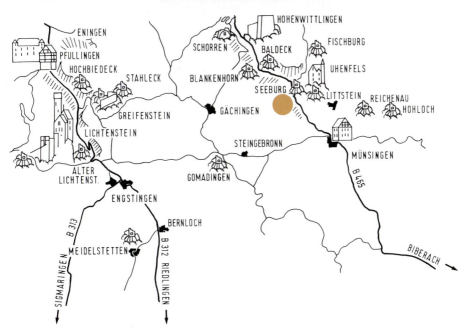

# Seeburg

Lage  Im oberen Ermstal südlich von Bad Urach liegt an der Einmündung von vier Tälern der reizvolle Ort Seeburg. Zwischen dem Seetal in Richtung Münsingen und dem Mühltal (Ermsursprung) in Richtung Trailfingen erstreckt sich der Burgberg.
Von Bad Urach oder Münsingen auf der B 465 nach Seeburg. An der Straßenkreuzung in Richtung Ulm abzweigen. Nach ca. 100 m rechts zum Parkplatz an der Straße. Auf bezeichnetem Weg: Burgweg – Münsinger Höhenweg (AV Dreiblock) zur Burgstelle (Burgberg) aufsteigen.
Parkplatz – 0,4 km Burgberg.

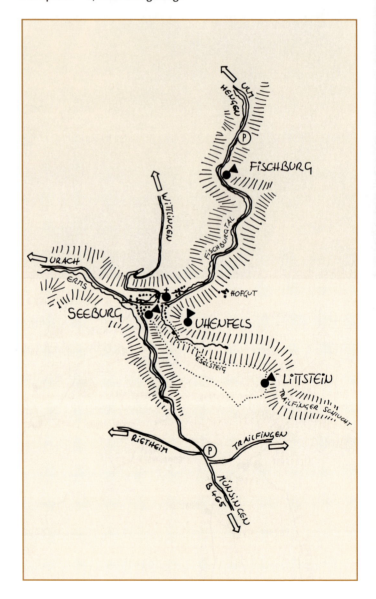

# Seeburg

*Wandervorschlag:*
Vom beschriebenen Parkplatz zum Burgberg. Weiter auf dem Münsinger Höhenweg bis zur Querung des Höhenrundweges Ellwangen–Littstein (Blauer Punkt). Auf diesem nach links zur Burgstelle Littstein (siehe Littstein). Dem Fußweg an der felsigen Kante abwärts folgen, über den Eselsteig ins Mühltal zurück zum Ausgangspunkt.
Seeburg – 2,2 km Littstein – 2,3 km Seeburg.

| | |
|---|---|
| Gemeinde | Bad Urach, Landkreis Reutlingen |
| Meereshöhe | Burg 630 m (Kriegerdenkmal), Seeburg 597 m |
| Besichtigung | Frei zugänglich (Burgfelsen über Eisenklammern nur für Geübte zugänglich) |
| Einkehrmöglichkeit | Gasthäuser in Seeburg und Café „Schlößle" |
| Weitere Sehenswürdigkeit | Pfarrkirche St. Johannes d. T. mit spätromanischen Fresken |
| Geschichte | Durch die frühe Nennung der Seeburg im 8. Jahrhundert und vorgeschichtliche Scherbenfunde sind verschiedene Vermutungen entstanden. An eine Alemannen- oder Hallstattbefestigung wird gedacht. Die Auswertung der Keramikfunde durch Christoph Bizer läßt eine gleiche Entstehung wie bei der Fischburg (siehe Fischburg) annehmen. |

**Vor 1150** Gründung der mittelalterlichen Burg.
**1208** Berthold von Seeburg, Zweig der Familie von Stein.
**1311** Belagerung im Reichskrieg Kaiser Heinrichs VII. gegen Graf Eberhard I. von Württemberg. Seeburg bleibt als württembergischer Besitz mit Hohenurach und Hohenwittlingen uneingenommen.
**1326** Mechthild von Seeburg verkauft ein Gut in Hochberg an das Kloster Zwiefalten.
**1363** Konrad von Seeburg mit Angelinus von Urach in Diensten oberitalienischer Städte.
**1387** Hans von Seeburg verkauft Gülten in Rietheim an Württemberg.
**1396** Graf Eberhard von Württemberg erwirbt die Güter der Herren von Seeburg in Trailfingen und Rietheim.
**Nach 1442** Eberhard von Stein, Lehensherr von Seeburg.
**1485** Übergang des württembergischen Lehens an Eberhard Speth.
**1556** Hans Ludwig Speth verkauft sein Lehen, den Burgstall Seeburg, mit Gütern und Rechten sowie Steingebronn an Herzog Christoph von Württemberg.
**1562** Burg Seeburg bereits in Verfall.

# Seeburg

Anlage

Die Seeburg gehörte mit den Ausmaßen von etwa 120 m Länge und 30 m Breite zu den größeren Anlagen. Sie lag am Ende eines nach Norden abfallenden Höhenrückens und gliederte sich durch einen Abschnittsgraben (5) in zwei Bereiche. Hinter dem Halsgraben (6) lag die Kernburg (1), im Rücken nach Norden hinter einem Abschnittsgraben (5) die Vorburg (2). Beide Bereiche umzieht, etwas tiefer liegend, ein ehemals 4 m breiter Zwinger (9 + 10).

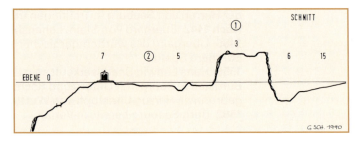

# Seeburg

1 Kernburg
2 Vorburg
3 Burgfelsen
4 Aufstieg
5 Abschnittsgraben
6 Halsgraben
7 Kriegerdenkmal
8 Mauerreste
9 Zwinger
10 Verebnete Fläche
11 Tuffquader
12 Verebnete Fläche
13 Von Seeburg
14 Mühltal
15 Bergseite
16 Ehemalige Umfassungsmauer

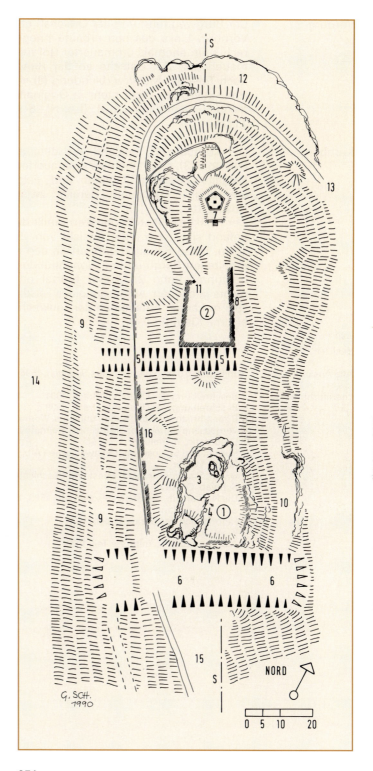

# Seeburg

| | |
|---|---|
| Vorburg | Der Burgweg führt von der Ortschaft etwa in die Mitte der Vorburg. Links das neu erbaute Kriegerdenkmal (7) und rechts ein ehemals ummauerter Hof mit Resten von Kernmauerwerk. Zur Ostseite an der Hangkante finden sich noch Teile der Mauerverblendung (8) mit ca. 50 bis 60 cm Höhe (teilweise nicht mehr in Originallage). Mauerwerkstechnik: Kleinquader, z. B. (L x H) 18 x 13, 15 x 13, 24 x 13 cm. |
| Kernburg | Die Kernburg (1) bestand aus dem alles überragenden Felsklotz (3), einer ehemals ummauerten Hoffläche auf der Ostseite zwischen Graben und Felsen sowie einem ursprünglich bebauten Bereich zwischen Felsen und Abschnittsgraben (5).<br>Der Felsklotz (3) stellt den Kernpunkt der Anlage. Auf ihm befand sich nach einer Ansicht von 1596 ein viereckiger Turm. Diese Situation erinnert an den noch weitgehendst erhaltenen Bergfried von Hohenhundersingen (siehe Burgenführer Band 2). Außer Mörtel und Ziegelresten ist nichts geblieben. Abmessung des Felsens: 3 bis 8 m Breite, 19,5 m Länge. Aufstieg an der senkrechten Felswand über eiserne Klammern (4). |
| Besitzer | Stadt Urach |
| Alte Ansichten | Abbildung in Jakob Rammingers Seebuch, 1596 |
| Literaturhinweise | – Beschreibung des Oberamts Urach, 1831<br>– Beschreibung des Oberamts Urach, 1909<br>– Bizer, Christoph; Götz, Rudolf und Kies, Wolfram<br>   Vergessene Burgen, in: „Münsinger Heimatbuch", 1982<br>– Gradmann, Wilhelm<br>   Burgen und Schlösser der Schwäbischen Alb, 1980<br>– Röhm, Walter<br>   Urach, Stadtführer durch Kunst und Geschichte, 1978<br>– Schwab, Gustav<br>   Die Neckarseite der Schwäbischen Alb, 1823, 1960<br>– Schwenkel, Hans<br>   Heimatbuch des Bezirks Urach, 1933<br>– Wais, Julius<br>   Albführer Band 2, mittlerer Teil, 1971 |

# Littstein und Uhenfels

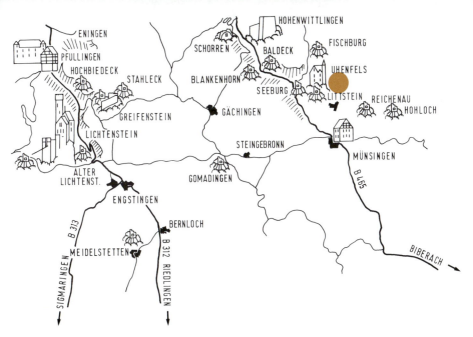

## Littstein und Uhenfels

Lage

Die Erms entspringt im Mühltal südöstlich von Seeburg. An ihrer Einmündung in das Fischburgtal ragt aus der bewaldeten Talecke das romantische Schlößchen Uhenfels.
Wenig dem Mühltal aufwärts verengen sich die Steilhänge zur „Trailfinger Schlucht". Hinter einer Talbiegung liegt auf einem Felsen die Burgstelle Littstein.
Auf der B 465 von Bad Urach oder Münsingen nach Seeburg. In Seeburg in Richtung Ulm abzweigen und am Ortsende, nach Überquerung der Erms, rechts zum Sportplatz. Auf bezeichnetem Weg (AV Dreieck) in Richtung Trailfingen bis zur Brücke über die Erms. Rechts zum Talhang abzweigen. Über den „Eselsteig" aufwärts und am Trauf entlang zur Burgstelle Littstein.
Sportplatz – 1,8 km Littstein.

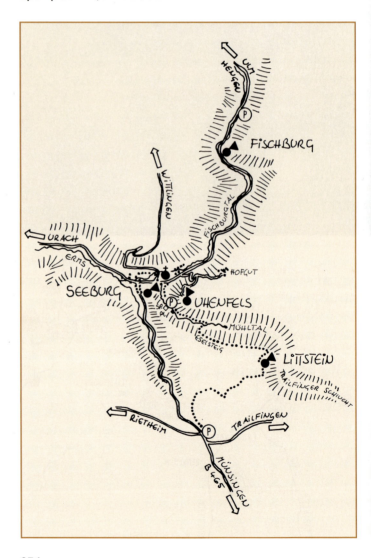

# Littstein und Uhenfels

*Wandervorschlag:*
Ausgangspunkt ist der Wanderparkplatz an der B 465 nahe der Abzweigung Rietheim. Auf bezeichnetem Wanderweg Ellwangen–Littstein (blauer Punkt) bis zum Waldteil „Burgsteig". Den Forstweg verlassen und auf schmalem Pfad am Trauf entlang zur Burgstelle.
Wanderparkplatz – 1,6 km Littstein.
Weiterer Wandervorschlag siehe Seeburg.

| | |
|---|---|
| Gemeinde | Littstein: Münsingen und Bad Urach, Landkreis Reutlingen<br>Uhenfels: Bad Urach, Landkreis Reutlingen |
| Meereshöhe | Littstein ca. 760 m, Uhenfels 700 m, Mühltal ca. 600 m |
| Besichtigung | Littstein: frei zugänglich<br>Uhenfels: nicht zugänglich |
| Hohenlittstein und der Weiler Elwangen in Beschreibung des Oberamts Urach, 1831 | „Oelwangen, Elwangen, ein abgegangener Weiler. Der Bezirk führt noch den Namen Oelwangen, gemeiniglich Oelwig genannt, er machte eine besondere, jetzt zu Rietheim geschlagene Feldmarkung, zwischen Trailfingen, Münsingen und Rietheim aus. An denselben grenzt ein andrer kleiner Bezirk ‚Auf Littstein' genannt. Nach der Überlieferung stand hier eine Burg mit Namen Hohen-Littstein." |
| Geschichte Littstein | Von der Burg Littstein oder Hohenlittstein ist wenig bekannt. Der abgegangene Weiler Elwangen (Oelwangen) ist als Wirtschaftshof der Burg zu verstehen. 1396 werden ein Brecht von Seeburg und der Uracher Vogt Dietrich Bälz als Eigentümer erwähnt. Herren von Littstein sind nicht genannt. In italienischen Diensten steht 1328 ein „Eberardus de Litestin" als Söldner der Stadt Pisa und 1356 ein „Herrico de Litesten" als Führer einer päpstlichen Reitereinheit. Nicht eindeutig ist deren Zuordnung, denn Ritter mit ähnlicher Schreibweise gehören zur Familie von Lichtenstein. Aufgrund der Auswertung von Lesekeramik durch Christoph Bizer hat Littstein nicht lange bestanden. Ihre Entstehung ist im 13. Jahrhundert und ihre Aufgabe wenig danach anzunehmen. Der Burgweiler Elwangen ist im 16. Jahrhundert ebenfalls verlassen. |
| Anlage Littstein | Außer Geländespuren ist von der früh abgegangenen Burg nichts geblieben. Der Burgfelsen liegt an der Traufkante zum Mühltal und fällt nach Norden und Osten steil ab. Ein bogenförmiger Halsgraben (2) umgrenzt den von der Hochfläche noch 5 m höher liegenden Fels. Er mündet rechts in die Talseite und links in einen flachen Hang. |
| Kernburg | Die polygonale Kernburg (1) maß etwa 32 m Länge und 18 m größte Breite. Im Schutthügel (4) zur Feldseite ist eine Frontmauer und dahinter ein Gebäude (5) zu vermuten. |

## Littstein und Uhenfels

1 Kernburg
2 Halsgraben
3 Grabenauswurf
4 Schutthügel Frontmauer
5 Schutthügel mögliches Gebäude
6 Verebneter Graben
7 Grenze Urach–Münsingen
8 Aussichtspunkt
9 Talseite
10 Von Seeburg
11 Von der Hochfläche

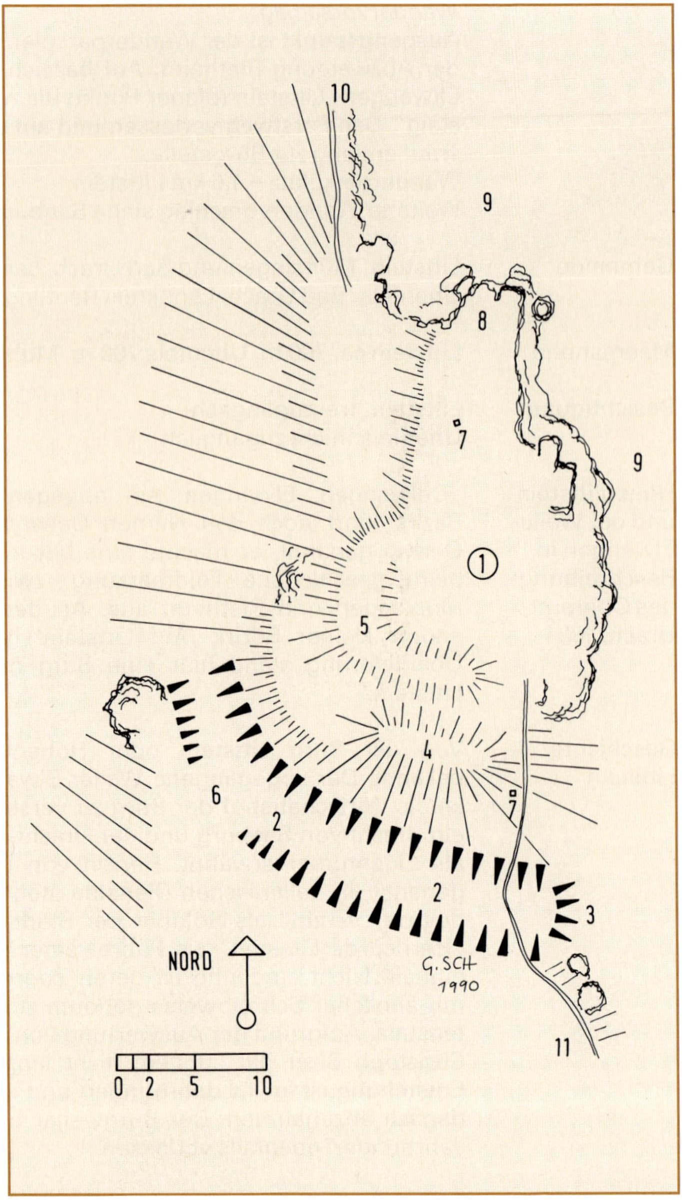

Geschichte Uhenfels

Uhenfels wird als Schloß im Sinne der Romantik des 19. Jahrhunderts erbaut. Meist entstehen solche Anlagen wie Lichtenstein aus mittelalterlichen Burgen oder Ruinen. Uhenfels ist eine völlige Neugründung auf einem Berg, der weder eine Burg noch ein Schloß getragen hat.

Das zum Besitz gehörende Hofgut Uhenfels wird bereits 1383 mit Seeburg erwähnt. Herzog Eberhard Ludwig von Württemberg verkauft es 1695 an Privat.

## Littstein und Uhenfels

1 Schloßanlage
2 Tor
3 Rundturm
4 Umfassungsmauer
5 Fachwerkbau
6 Hauptbau
7 Nebenbau
8 Privater Fahrweg
9 Wanderweg vom Hofgut Uhenfels
10 Wanderweg vom Mühltal
11 Fischburgtal
12 Umgrenzter Schloßbereich
13 Mühltal

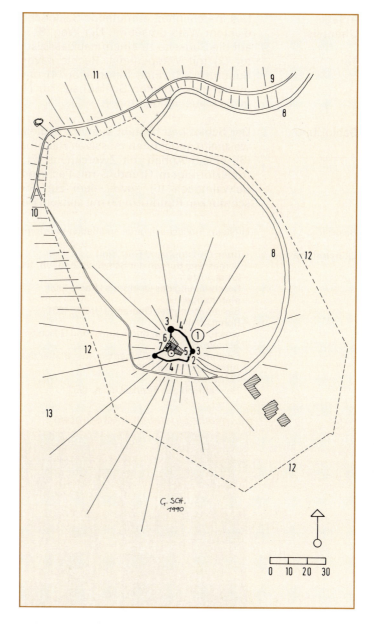

**1872–1883** Karl Ferdinand Freiherr von Hayn, Hofmarschall des württembergischen Königs, Bildhauer und Maler, läßt nach eigenen Entwürfen Uhenfels erbauen.
**1899** Nach dem Tod der beiden Brüder des Karl Ferdinand von Hayn erwirbt der Rittergutsbesitzer Georg Warburg aus Hamburg Uhenfels.
**1957** Übergang an einen Stuttgarter Bankier.

# Littstein und Uhenfels

| | |
|---|---|
| Anlage Uhenfels<br><br>Tor | Das märchenhaft anmutende Schlößchen Uhenfels ist von dichtem Wald umsäumt. Der Weg (8) führt von der Nord- auf die Südseite zu einem neuklassizistischen Rundbogen- tor (2) mit Wappentafel. Rechts davon steht ein kleiner Rundturm (3). Eine Ringmauer (4) umschließt den etwa mittig angeordneten Schloßbau. Zur Nordwestseite ist er in die Mauer eingebunden. |
| Schloßbau | Der Schloßbau besteht aus vier Bauteilen: dem zur Nord- westseite gerichteten massiven Hauptbau mit Staffelgiebel (6), einem Anbau mit Zwerchhaus (7), dem Hofhaus auf trapezförmigem Grundriß mit Fachwerkaufbau und Krüp- pelwalmdach (5) sowie dem zur Südseite gerichteten schmucken Rundturm (3) mit spitzem Helmdach. |
| Besitzer | Littstein: Stadt Urach und Land Baden-Württemberg; Uhenfels: Privat |
| Literaturhinweise | – Bizer, Christoph und Götz, Rolf<br>  Vergessene Burgen der Schwäbischen Alb, 1989<br>– Ernst, Viktor<br>  Beschreibung des Oberamts Urach, 1909<br>– Memminger<br>  Beschreibung des Oberamts Urach, 1831<br>– Röhm, Walter<br>  Urach, Stadtführer durch Kunst und Geschichte, 1978<br>– Schmid, R.<br>  Seeburg und Schloß Uhenfels, in: „Blätter des Schwäbischen Albvereins", Nr. 6, 1907<br>– Schwenkel, Hans<br>  Heimatbuch des Bezirks Urach, 1933 |

*Burgstelle Littstein mit Halsgraben*

# Fischburg

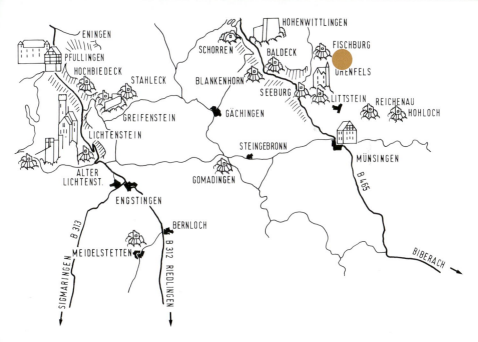

# Fischburg

Lage · Zwischen Bad Urach und Münsingen liegt im oberen Ermstal die Ortschaft Seeburg. Nach Osten zweigt das enge, felsengesäumte Fischburgtal ab. Etwa auf halbem Weg zwischen Seeburg und Hengen erhebt sich an der östlichen Talseite der markante Kapuzinerfels. Auf ihm finden sich die Reste der Fischburg.
Über Bad Urach oder Münsingen nach Seeburg. In Seeburg in Richtung Ulm abzweigen. Nach etwa 2,2 km führt die Straße um den Kapuzinerfels. Eine Parkmöglichkeit besteht direkt an der Straße. Der Aufstieg führt hinter dem Fels weglos zur Burgstelle.
Straße – 0,2 km Burgstelle.

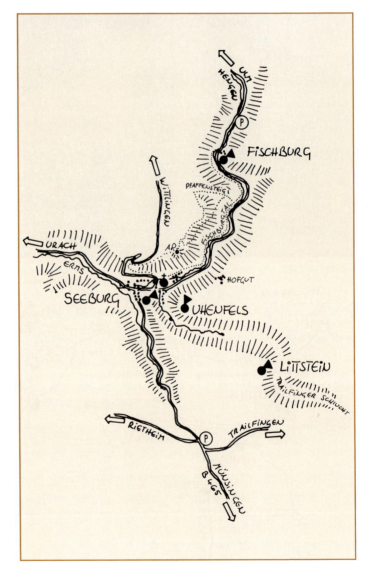

# Fischburg

*Wandervorschlag:*
Von Seeburg an der nördlichen Talseite des Fischbachs entlang (AV Dreieck) zur Fischburg. Ein kurzes Stück Weg zurück und über den „Pfaffensteig" zum Talhang durch den Tobel aufsteigen. Am Trauf (Waldrand) entlang zum westlichen Ende des Hartberges mit schönem Ausblick auf Seeburg und Schloß Uhenfels. Schließlich über den Fußweg nahe der Straße Seeburg–Wittlingen zurück zum Ausgangspunkt.
Seeburg – 2,4 km Fischburg – 3,2 km Seeburg.

| | |
|---|---|
| Gemeinde | Gemarkung Gruorn (z. Zt. Truppenübungsplatz), Landkreis Reutlingen |
| Meereshöhe | Burg ca. 640 m, Tal 600 m |
| Besichtigung | Frei zugänglich (Lage am Rande des Truppenübungsplatzes Münsingen) |
| Geschichte | Anselm (VI.) von Justingen, letzter des Geschlechts (siehe Burgenführer Band 2), stiftet 1335 nach einer Urkunde des Klosters Urspring für sich und seine verstorbene Frau Heilgun „von Vischburg" eine Jahrzeit im Kloster Offenhausen. Vermutlich ist Heilgun die letzte einer edelfreien Familie, deren Herkunft ungeklärt ist. Aus der Ehe mit Anselm entstammen zwei Töchter. Berta und ihr Ehemann Werner von Bernhausen sind im Kapitelsaal des Klosters Bebenhausen beigesetzt. Heilke ist 1360 als Nonne im Kloster Offenhausen nachgewiesen. Die Entstehung und der Abgang der Burg ist durch die Auswertung der Lesekeramik (Christoph Bizer) belegt. **Um 1150** Entstehung der Fischburg. **Vor 1304** Vermählung der Heilgun (Haylgun) von Fischburg mit Anselm (VI.) von Justingen. **1330** Heilgun und Anselm verschenken einen Maierhof zu Buttenhausen. **Um 1300** Aufgabe der Burg und Zerfall. |
| Anlage Graben | Die „Burg am Fischbach" lag auf einem vorspringenden Spornfelsen in Talhanglage. Zwei Quergräben (2 x 4) durchschneiden das Gelände zwischen Fels und Hang. Eine abgespitzte, ca. 1,5 m breite Felsrippe (3) trennt beide Gräben. Gegen Norden ist der Auswurf des inneren Grabens (2) zu einer ca. 6 x 14 m großen Fläche terrassiert (10). |
| Kernburg | Die angrenzende Burgfläche (1) bildet ein Oval von ca. 35 m Länge und 17 m Breite am Graben. Zur Süd- und Westseite fällt der Fels senkrecht ab. Schürfstellen verfälschen den Eindruck der Oberflächenstruktur. Im Schutthügel (5) am Graben ist der Rest eines Bergfrieds oder eines Wohnturmes zu vermuten. |

# Fischburg

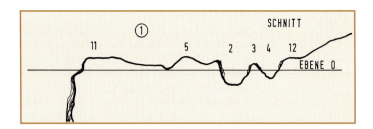

1 Kernburg
2 Innerer Graben
3 Felsrippe – Wall
4 Äußerer Graben
5 Schutthügel
6 Schürfgrube, geringe Mauerreste
7 + 8 Verebnete Flächen
9 Höhle
10 Grabenauswurf
11 Kapuzinerfels
12 Bergseite
13 Fußpfad
14 Damm
15 Talseite
16 Felsterrasse

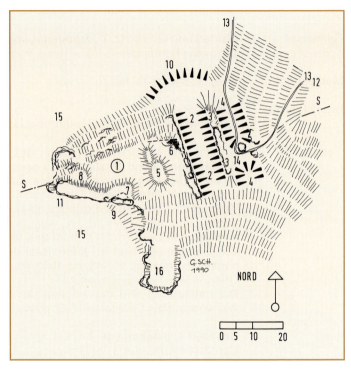

Durch Aushub liegt auf der Nordseite der Rest einer zum Graben parallel verlaufenden Mauer (6) frei. Mauerwerkstechnik: Verblendung mit Kleinquader, z. B. (L x H) 21 x 17, 30 x 17 cm. Auch im Hangschutt befinden sich zahlreiche Kleinquader.

Etwa 8 m unterhalb der Kernburg ragt aus dem südlichen Steilhang eine ca. 7 x 13 m verebnete Felsterrasse (16). Schuttreste lassen ein Gebäude vermuten.

Besitzer     Französische Militärbehörde

Literaturhinweise
– Bizer, Christoph und Götz, Rolf
 Vergessene Burgen der Schwäbischen Alb, 1989
– Bizer, Christoph; Götz, Rolf und Kies, Wolfram
 Vergessene Burgen, in: „Heimatbuch Münsingen", 1982
– Uhrle, Alfons
 Regesten zur Geschichte der Edelherren von Gundelfingen und Justingen, Phil. Dissertation Tübingen, 1960

# Reichenau und Hohloch

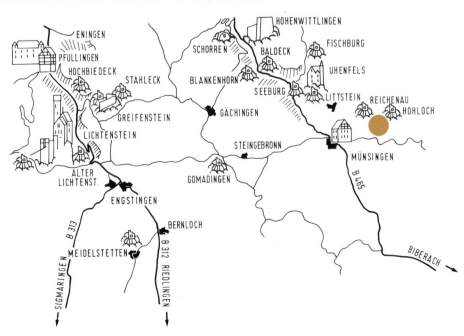

# Reichenau und Hohloch

| | |
|---|---|
| Lage | Nordöstlich von Münsingen erstreckt sich das Sperrgebiet des Truppenübungsplatzes. Innerhalb seiner Grenzen befinden sich die Burgstellen Reichenau und Hohloch.<br>Durch den Deutschlandvertrag von 1955 untersteht das Gelände der französischen Oberhoheit. Im Zuge der Entmilitarisierung ist es denkbar, daß dieses Sperrgebiet eines Tages der Öffentlichkeit wieder zugänglich wird.<br>Reichenau liegt östlich der Straße Münsingen–Trailfingen und nördlich von Auingen. Vom Weiler Burkhardsbühl führt ein Weg zum bewaldeten Ausläufer des Erschberges. An seinem südlichen Ende befindet sich die Burgstelle (TK 7523 Lage: rechts $^{35}$3877, hoch $^{53}$6587).<br>Der bewaldete Hohloch erhebt sich als Einzelberg etwa 2 km östlich von Reichenau und 1,6 km nördlich der Ortsmitte von Böttingen (TK 7523 Lage: rechts $^{35}$4079, hoch $^{53}$6556). |
| Gemeinde | Münsingen, Landkreis Reutlingen |
| Meereshöhe | Reichenau 821 m, Hohloch 824 m |
| Besichtigung | Nicht möglich (Truppenübungsplatz) |

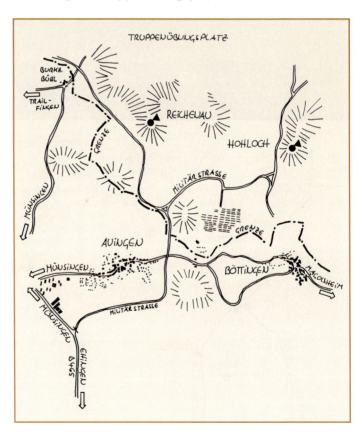

# Reichenau und Hohloch

**Geschichte Reichenau**

Reichenau zählt zu den frühen Burgengründungen der Umgebung. Die Bauherrenfamilie ist bis jetzt nicht bekannt. Vermutlich entstammt sie dem im 12. Jahrhundert genannten Ortsadel der Edelfreien von Gruorn. Entstehung und Abgang ist durch die Auswertung von Lesekeramik (Christoph Bizer) belegt.

**Um 1100** Enstehung der Burg Reichenau.
**Um 1300** Aufgabe und anschließender Zerfall.
**1454** Aufzeichnung im Lagerbuch des Amtes Urach über Felder, die bis „an daz burgstal richenowe" reichen.
**1777** Der Blaubeurer Oberamtmann Philipp Friedrich Scholl berichtet dem herzoglichen Archivar Christian Friedrich Sattler von der „Reichenau, welches ein altes verfallenes Schloß gewesen seyn solle, wovon aber nicht mehr alß ein hoher, ganz mit Holz überwachsener Felßenhügel, mit 3 hintereinander rings um gezogenen tiefen Gräben und Wällen, zu sehen ist".

1 Kernburg
2 Untere Ebene
3 Zisterne
4 Wall
5 Graben
6 Möglicher Zugang
7 Voranlage
8 Äußerer Graben
9 Äußerer Wall
10 Höhenpunkt 821,1 m
11 Mulde
12 Schutt, Böschung
13 Schuttkegel
14 Verebnete Fläche

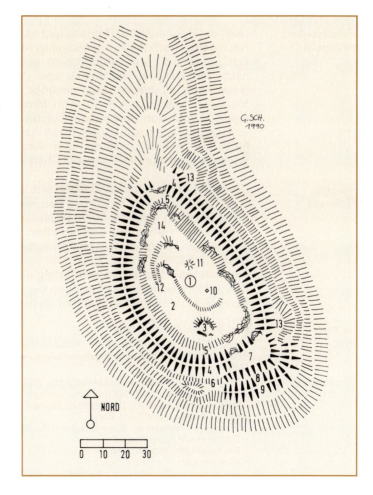

# Reichenau und Hohloch

| | |
|---|---|
| Anlage Reichenau | Die Reste der Reichenau liegen auf einer Spornkuppe etwa 50 m über dem angrenzenden Gelände. Graben (5) und Wall (4) umziehen die etwa 60 m lange und 30 m breite halbkreisförmige Burgstelle. Ihre Oberfläche differenziert sich in eine obere (1) und eine untere Ebene (2). |
| Zisterne | Am südlichen Ende befindet sich der Rest einer Zisterne (3) mit 8 m Durchmesser und 5 m Tiefe. Sie ist weitgehendst aus dem Fels gespitzt. Nur auf einer Seite zeigt sich Vermauerung. Im Gegensatz zu den häufig einfacheren Lehmabdichtungen wurde hier ein sandarmer Mörtel mit Ziegelschrot verwendet. |
| Bauweise | Deutliche Hinweise auf Mauerfundamente, Mörtelreste und Steinquader fehlen. Die Bebauung ist somit weniger massiver Art als mit Fachwerk-Lehm-Konstruktion und Palisaden anzunehmen. Zur Südseite umgrenzt ein weiterer Graben (8) einen kleinen, ehemals bebauten Vorbereich (7). Der Zugang (6) ist hier zu vermuten. |
| Geschichte Hohloch | Über die Burg auf dem Hohloch gibt es keine urkundlichen Nachweise. Auch der Burgenname ist nicht bekannt. Lediglich Lesekeramik und Lehmbrocken weisen eine Bebauung nach. Die Nähe zu Reichenau und ihre geringe Größe lassen eine zu dieser Burg gehörige Anlage vermuten. Möglicherweise war sie Sitz von Ministerialen der edelfreien Herren von Reichenau. Aufgrund der Auswertung von Lesekeramik (Christoph Bizer) kann die Entstehung Mitte des 13. Jahrhunderts und ihr Abgang zu Beginn des folgenden Jahrhunderts angenommen werden. |
| Anlage Hohloch | Die kleine Anlage Hohloch befand sich auf einer Kuppe am südlichen Ende eines länglichen Berges. Ihre Oberfläche ist heute verebnet. Übliche Geländespuren wie Wall und Graben fehlen. Gebrannte Lehmbrocken weisen auf einen turmartigen Hauptbau in Ständerbauweise auf ca. 5 x 6 m Grundfläche.<br>5 m unterhalb legt sich nierenförmig eine teilweise in den Fels gelegte Hangterrasse um den Berg. Ein weiteres größeres Gebäude kann hier angenommen werden. |
| Besitzer | Französische Militärbehörde |
| Plan | Lageplan, Längs- und Querschnitt, Staatliches Vermessungsamt Reutlingen, 1981, mit Eintragungen von Chr. Bizer, in: „Heimatbuch Münsingen" |
| Literaturhinweise | – Beschreibung des Oberamts Münsingen, 1912<br>– Bizer, Christoph; Götz, Rolf und Kies, Wolfram<br>  Vergessene Burgen, in: „Heimatbuch Münsingen", 1982<br>– Bizer, Christoph und Götz, Rolf<br>  Vergessene Burgen der Schwäbischen Alb, 1989<br>– Decker-Hauff, Hans-Martin<br>  Gruorner Heimatbuch, 1967<br>– Memminger<br>  Beschreibung des Oberamts Münsingen, 1825 |

# Münsingen mit Gomadingen und Steingebronn

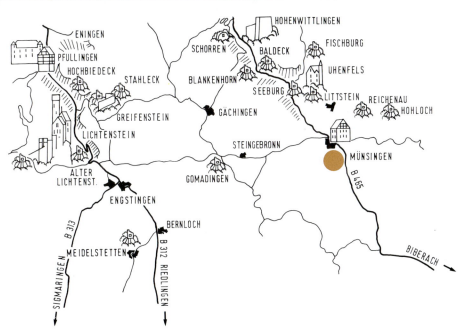

# Münsingen mit Gomadingen und Steingebronn

Lage
: Die Städte im Bereich der Schwäbischen Alb liegen meist in Tälern. Eine der wenigen Ausnahmen ist Münsingen. Es liegt an der B 465 südlich von Bad Urach auf der Hochfläche.
Einst umgaben Gräben und Mauern die fast quadratisch angelegte Stadt. In dieses Verteidigungssystem war das württembergische Schloß in der Südostecke einbezogen.
Es liegt heute direkt an der Hauptdurchgangsstraße (B 465) am Ortsende in Richtung Biberach. Die Karlstraße, Oberamteigasse, Hauptstraße und die Straße „Beim Oberen Tor" begrenzen den Schloßbezirk. Geringe Parkmöglichkeit besteht an der Hauptstraße.

Gemeinde
: Münsingen, Landkreis Reutlingen

Meereshöhe
: Schloß ca. 720 m

Besichtigung
: Heimatmuseum: Mittwoch u. Samstag 14.30 bis 16.30 Uhr
Information: Bürgermeisteramt, Telefon (07381) 182138

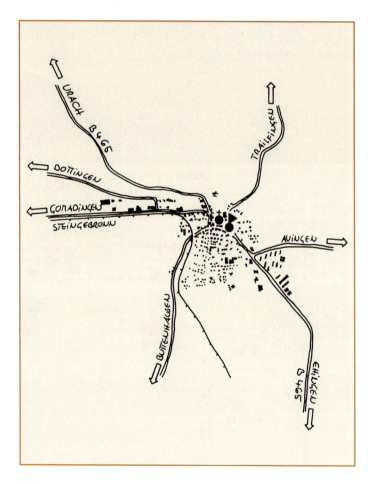

## Münsingen mit Gomadingen und Steingebronn

**Weitere Sehenswürdigkeiten**  Altstadt, Stadtkirche St. Martin aus dem 13. Jahrhundert, Chor 1495/96 von Peter von Koblenz

**Auszug aus dem Münsinger Vertrag von 1482**  Graf Eberhard im Bart und Graf Eberhard der Jüngere erklären: „daß wir unser baider land und lüte zusammen in ain regiment und wesen tuen, domit wir unser leben lang und nach uns unser erben und die loblich herschaft wirttemberg zu ewigen zeiten ungetailt als ain wesen . . . bey ainander blyben und syen . . . mögen", und einige Sätze später bekräften sie: „ so haben wir frywilliglich und mit raut wie vorsteet unser baider land und lüte . . . zusammen in ain gemainschaft geworfen und gethan also, das es füro zu ewigen zeiten ain wesen und ain land unser baider haissen und sein soll."

**Geschichte**  Bekannt wird das Stadtschloß durch den „Münsinger Vertrag". Er vereinigt die beiden württembergischen Landesteile und regelt gleichzeitig die Erbfolge. Nicht eindeutig ist, in welchem Gebäude dieser Vertrag zur Unterzeichnung kam; möglicherweise in einem Vorgängerbau. Die Gründung der Anlage ist als Burg im Zusammenhang mit der Ummauerung der Stadt zu sehen.

**Um 1263–1339** Enstehung der Stadtburg.
**Vor 1339** Erhebung zur Stadt.
**1378** Belagerung im Städtekrieg.
**14. Dezember 1482** Graf Eberhard im Bart und Graf Eberhard der Jüngere unterzeichnen auf dem gemeinsamen Landtag in Münsingen den Vertrag zur Wiedervereinigung der seit 40 Jahren getrennten württembergischen Landesteile.
**1483–1485** Grundlegender Umbau oder Neubau des „Fruchtkastens" unter Einbezug älterer Bauteile.
**1484** Bestätigung des Münsinger Vertrages durch den Kaiser.
**1485** Eberhard der Jüngere von Württemberg verzichtet auf seine Mitregierungsrechte gegen eine Abfindung von Erträgen aus vier Ämtern. Münsingen ist dem württembergischen Vogt von Urach unterstellt.
**1603** Umbau des „Fruchtkastens".
**1631** Besetzung von Münsingen im 30jährigen Krieg durch Graf Egon von Fürstenberg.
**1643** Besetzung unter dem bayrischen General von Werth.
**1646** Plünderung durch die schwedischen Truppen.
**1654** Münsingen wird eigenes Unteramt.
**1671** Zerstörung der Stadt zur Hälfte durch Feuer.
**1702** Brandschatzung durch bayrische Truppen.
**1740** Im Steuerbuch der Stadt wird der Westbau als Schloß bezeichnet.
**1772–1774** Unterscheidung des Schloßbezirks in Schloß, Fruchtkasten, Backhaus/Waschküche u. a.
**1800** Französische Truppen besetzen Stadt und Schloß.

# Münsingen mit Gomadingen und Steingebronn

*Zweites Obergeschoß mit der Heimatkundlichen Abteilung des Museums*

**1863** Dem Oberamtsrichter soll eine Chaisenremise, Pferdestall und eine Knechtskammer eingebaut werden.
**1879** Veränderung des Tores am Westgiebel und mehrerer Fenster.
**1883** Die „Königliche Domänen-Direktion" erteilt dem Kameralamt Münsingen über das Bezirksamt Biberach die Genehmigung zur Dekoration des Schlosses aus Anlaß der 400jährigen Gedenkfeier des Münsinger Vertrages. Dem Festkomitee wird mitgeteilt: „daß man gegen die Tauglichkeit des II. Stockes vom Fruchtkasten zu einem Lokal für das Festessen verschiedene Bedenken geltend gemacht habe . . . mangelnde Heizbarkeit, Steilheit der letzten Treppe, mangels eines Raumes, der als Küche benützt werden könnte, Fehlen einer Abtritteinrichtung, besonders aber die Feuergefahr wird betont für den Fall, daß in den Zugängen zu dem Lokal und in diesem selbt Licht angezündet und geraucht wird . . ."
**1919** Neubau eines Überganges vom Fruchtkasten zum Finanzamt.
**1934** Verlegung des Heimatmuseums in den oberen Stock.
**1963–1972** Instandsetzungsarbeiten am Fruchtkasten.

# Münsingen mit Gomadingen und Steingebronn

1 Fruchtkasten
2 Eingang
3 Schloßhof
4 Landratsamt – Westbau
5 Innere Schloßmauer
6 Hauptstraße
7 Ehemaliges oberes Tor
8 Finanzamt
9 Ehemaliger Stadtgraben
10 Ehemalige Zwingermauer
11 Karlstraße
12 Amtsgericht
13 Ehemalige Stadtmauer
14 Staatliches Forstamt
15 Übergang

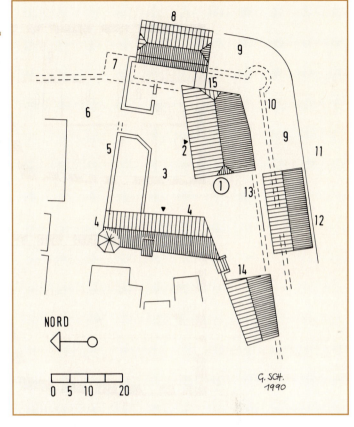

| Anlage Stadtburg | Die Münsinger Schloßanlage entstammt einer herrschaftlichen Stadtburg des Mittelalters. Aus verteidigungstechnischen Gründen war sie in die Befestigungsanlagen der Stadt mit einbezogen. Sie schützte die schwächste Stelle des Mauersystems an der Südostecke. Zwingermauer (10) und Graben (9) führten im Bereich des heutigen Amtsgerichts (12) und Finanzamts (8) um die Anlage. Dieser Stadtburgtypus bildet keine Ausnahme. Er galt damals, wie andere Beispiele in Geislingen und Göppingen zeigen, als zeitgemäß. |
|---|---|
| Schloß | Mehrere Umbauphasen prägen die Anlage in der Folgezeit. Zwei Gebäude sind davon noch erhalten. |
| Westbau | Der Westbau (4), das sogenannte „Schloß" ist zweigeschossig mit Satteldach. Aus dem 18. Jahrhundert stammt der Fachwerkaufbau als typische Ständerkonstruktion in verzapfter Bauweise. Die stadtseitigen Wände und der Eckrundturm mit Helmdach sitzen auf den Außenmauern der Burg. Am Sockel befinden sich mehrere Scharten. |

# Münsingen mit Gomadingen und Steingebronn

1 Portal zum Keller
2 Kleiner Keller
3 Großer Keller
4 Verwaltungsräume ehemalige sogenannte Dürnitz
5 Vermauerte Pforte zum ehemaligen Wehrgang
6 Brücke von 1919
7 Finanzamt
8 Eingang Museum
9 Museum – Heimatkundliche Abteilung
10 Einrichtungen aus Schloß Grafeneck
11 Wandmalereien aus Münzdorf und Gruorn
12 Büro

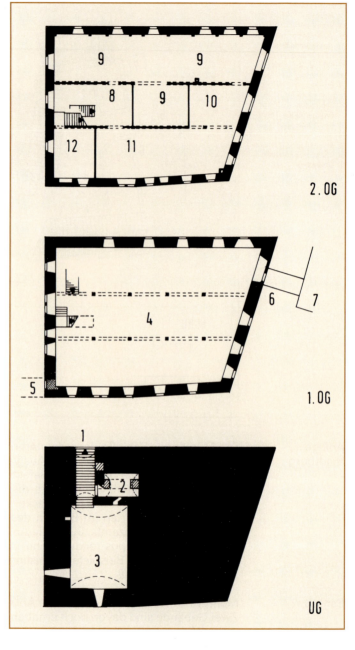

Eckbau Fruchtkasten

Gegenüber, in der Stadtmauerecke, steht der Eckbau, der sogenannte „Fruchtkasten" (1). Die dendrochronologische Untersuchung ergab eine Bauzeit für die Holzkonstruktion von 1483 bis 1485. Es ist anzunehmen, daß der Vorgängerbau kurz nach Unterzeichnung des Münsinger Vertrages zumindest teilweise abgebrochen wurde. Danach entstand

## Münsingen mit Gomadingen und Steingebronn

ein Neubau unter Einbezug älterer Bauteile. Als Vorgängerbau ist der Hauptbau der Burg wahrscheinlich. Er bestand wohl bis ins 15. Jahrhundert, und in ihm dürfte dann auch der Münsinger Vertrag abgeschlossen worden sein.

**Fassaden** — Das Äußere wirkt durch die kleinen Fenster und den vorherrschenden Maueranteil eher trutzig und massiv. Die Fenster, mit gotischer Profilierung, sind einfach oder gekoppelt in unregelmäßiger Anordnung. Am Westgiebel befindet sich im ersten Obergeschoß rechts eine vermauerte Pforte (5), der ehemalige Zugang auf den Wehrgang. Zum Jubiläum des Münsinger Vertrages erhielt die Hofseite zwei, heute nicht mehr vorhandene Aufschriften. Links: „Hie gut Württemberg allweg den 14. Dezember 1482"; rechts: „Furchtlos und treu den 14. Mai 1883".
Der Dachstuhl besitzt Krüppelwalme und sichtbare Fachwerkgiebel.

**Keller** — Der Fruchtkasten ist teilunterkellert und besitzt einen größeren und einen kleineren, vom Hof aus zugänglichen tonnenüberwölbten Keller (2 + 3).

**Erdgeschoß** — Das Gebäude war ursprünglich dreigeschossig. Im Erdgeschoß befand sich die fälschlicherweise bezeichnete Dürnitz (4), ein ca. 4,5 m hoher, über die gesamte Grundfläche reichender Raum mit massiger, eichener Ständerkonstruktion. Leider ist der Raum durch eine eingezogene Zwischendecke nicht mehr erlebbar; in den Räumen ist das Staatliche Vermessungsamt untergebracht.
Eine Holztreppe führt vom Erdgeschoß zum zweiten Obergeschoß mit den Ausstellungsräumen des Heimatmuseums. Reste von Wandbemalungen weisen darauf hin, daß dieses Gebäude durchaus nicht immer als Fruchtspeicher gedient hat.

**Heimatmuseum** — Museumseinrichtung:
Treppenraum, Brunnenfigur Madonna mit zwei Gesichtern aus Baach um 1700, Ofenplatten, Holzmodel.
Eingangsbereich: Möbel, gußeiserne Öfen, Hausrat 19. Jahrhundert.
Raum links: Fossilien, Funde aus Hübelgräbern der Bronzezeit, Schuhhandwerk.
Räume rechts: Fundstücke aus der Umgebung, Grenzsteine, Siegel, Tonwaren.
Südwestzimmer: Einrichtung aus dem Schloß Grafeneck, alte Ansichten, Religion und Herrschaftsverhältnisse, der Münsinger Vertrag, eichene Säule mit Kapitell von 1569 aus Hohenjustingen.
Südzimmer: Wandmalerei 13./14. Jahrhundert aus einer ehemaligen Kapelle in Münzdorf, bedeutende Wandmalerei aus der Kirche zu Gruorn um 1380 in Fresko-Secco-Technik.

## Münsingen mit Gomadingen und Steingebronn

**Ehem. Burg Gomadingen**

Westlich von Münsingen liegt am Zusammenfluß der Großen Lauter und der Gächinger Lauter die Ortschaft Gomadingen.
Bereits 1200 wird eine Niederadelsfamilie „de Gumedingen" genannt. Ihre Burg ist in der ersten Hälfte des 12. Jahrunderts entstanden (Auswertung Lesekeramik Christoph Bizer). Der Zerfall steht vermutlich in Zusammenhang mit dem Übergang des Besitzes 1265 an Württemberg. Letztgenannter der Familie ist ein Ritter Werner von Gomadingen.
Die Burg des Ortsadels lag auf dem wenig hohen, ins Tal vorspringenden „Burgfelsen". Von der kleinen Anlage ist außer geringen Geländespuren nichts mehr zu sehen. Auf dem Grundstück steht ein privates Wohnhaus.

**Ehem. Burg Steingebronn**

Steingebronn ist eine kleine Ortschaft an der Straße von Münsingen nach Gomadingen.
1276 wird Steingebronn als Sitz der niederadligen Familie Speth genannt. 1374 verkauft Heinrich Speth von Steingebronn Güter an Württemberg. 1562 erwirbt Herzog Christoph von Hans Ludwig Speth von Höpfingen den gesamten Besitz mit den angrenzenden Gemeinden. Wann die kleine Ortsburg verlassen wurde, ist nicht bekannt. An sie erinnert nur noch der Name „Burgstraße".

**Besitzer**

Schloß Münsingen: Land Baden-Württemberg
Burgstellen Gomadingen und Steingebronn: Privat

**Pläne**

Grundriß und Schnitt im Kunstinventar von 1926
Grundrisse und Schnitt von W. Pfefferkorn, in: „Heimatbuch Münsingen", 1982

**Alte Ansichten**

Schloß und Amtsgebäude, um 1870
Stadt und Schloß, um 1500/1530, in: „Abconterfectur des löblichen Fürstentumbs Württemberg"
Südwestansicht Mitte des 16. Jahrhunderts, nachgezeichnet von K. A. Koch

**Literaturhinweise**

– Bizer, Christoph; Götz, Rolf und Kies, Wolfram
  Vergessene Burgen, in: „Heimatbuch Münsingen", 1982
– Blank, Rolf
  Gomadingen im Wandel der Zeit, Heimatbuch, 1987
– Dörr, Gerd
  Schwäbische Alb, Burgen, Schlösser, Ruinen, HB-Bildatlas, 1988
– Gonschor, Lothar
  Kulturdenkmale und Museen im Kreis Reutlingen, 1989
– Land Baden-Württemberg, Burgen, Schlösser und Ruinen, Band 1, 1980, mit Grundriß
– Memminger
  Beschreibung des Oberamts Münsingen, 1825
– Pfefferkorn, Wilfried
  Schloß Münsingen – die Stadtburg, in: „Heimatbuch Münsingen", 1982
– Reutlinger und Uracher Alb
  Wanderführer, Hrg. Schwäbischer Albverein, 1988
– Wais, Julius
  Albführer, Band 2, mittlerer Teil, 1971

# Achalm

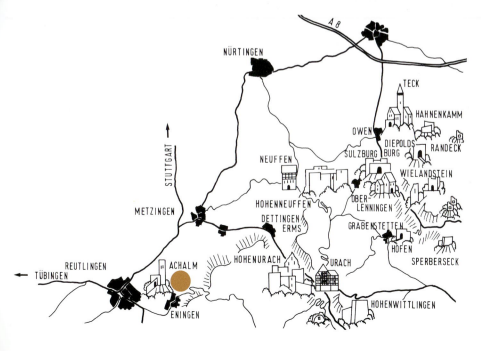

# Achalm

**Lage**

Die Landschaft der nördlichen Alb wird durch mehrere vor dem Steilabfall stehende Zeugenberge geprägt. Einer der markantesten ist bei Reutlingen die Achalm. Sagenumwoben und besungen zählt er zu den meist besuchtesten Aussichtsbergen.
Von Reutlingen auf der B 28 in Richtung Stuttgart. Noch innerhalb des Stadtbereiches dem Hinweisschild „Achalm" folgen. Die Straße führt zu den Parkplätzen auf der Anhöhe unterhalb des Berges.
Ein Fußweg führt links an der Straße entlang bis zum Höhenrestaurant. Weiter auf bezeichnetem Wanderweg (AV Dreieck) zum Achalmberg aufsteigen. Etwa auf halber Höhe, bei der Weggabelung, nach rechts aufwärts zum Gipfel. Eine Wegvariante führt an der Gabelung geradeaus über die Nordseite und mündet wieder in den erstbeschriebenen Weg.
Parkplatz – 1,6 km Achalm, Wegvariante 1,9 km.

**Gemeinde**

Reutlingen, Landkreis Reutlingen

**Meereshöhe**

Achalm 707 m, Reutlingen 408 m,
Scheibengipfel-Parkplatz und Höhenrestaurant ca. 535 m

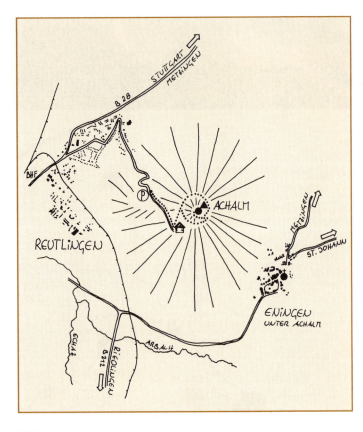

# Achalm

| | |
|---|---|
| Besichtigung | Frei zugänglich |
| Weitere Sehenswürdigkeiten | Altstadt von Reutlingen, Marienkirche, Heimatmuseum, Naturkundemuseum, Kunstausstellungen im Spendhaus |
| Belagerung der Achalm, 1235 | Während der Auseinandersetzung zwischen Kaiser Friedrich II. von Hohenstaufen und seinem rebellierenden Sohn König Heinrich VII. wird die Achalm zum Mittelpunkt des Geschehens. Graf Friedrich von Zollern belagert die Burg im Auftrag des Kaisers. Die Verteidiger stehen unter der Führung des Heinrich von Neuffen und Marschall Anselm von Justingen. Bei einem Ausfall gelingt es ihnen, Söldner und acht Ministeriale des Grafen von Zollern zu verwunden und gefangen zu setzen. Zahlreiche Waffen und Pferde werden erbeutet. Entlastung bringen zusätzliche Angriffe der Königstreuen vom Hohenurach. Die Ausweglosigkeit der Belagerung ist durch ein erhaltenes Schreiben des Zollern-Grafen an den Kaiser dokumentiert.<br>Erst am 21. Juni werden die Anhänger König Heinrichs durch ein Aufgebot des Bischofs von Konstanz in einer offenen Feldschlacht an der Erms geschlagen. |

*Obere Burg mit Zugang und Torsituation von Südwesten*

# Achalm

**Die Schlacht bei Reutlingen, 1377**
Ballade von
Ludwig Uhland

Zu Achalm auf dem Felsen, da haust manch kühner Aar,
Graf Ulrich, Sohn des Greiners, mit seiner Ritterschar;
Wild rauschen ihre Flüge um Reutlingen, die Stadt,
Bald scheint sie zu erliegen, vom heißen Drange matt.

Doch plötzlich einst erheben die Städter sich zunacht,
Ins Urachtal hinüber sind sie mit großer Macht,
Bald steigt vom Dorf und Mühle die Flamme blutig rot,
Die Herden weggetrieben, die Hirten liegen tot.

Herr Ulrich hat's vernommen, er ruft im grimmen Zorn:
„In eure Stadt soll kommen kein Huf und auch kein Horn!"
Da sputen sich die Ritter, sie wappnen sich in Stahl,
Sie heischen ihre Rosse, sie reiten stracks zutal.

Ein Kirchlein stehet drunten; Sankt Leonhard geweiht,
Dabei ein grüner Anger, der scheint bequem zum Streit.
Sie springen von den Pferden, sie ziehen stolze Reihn,
Die langen Spieße starren, wohlauf! Wer wagt sich drein?

Schon ziehn vom Urachtale die Städter fern herbei,
Man hört der Männer Jauchzen, der Herden wild Geschrei,
Man sieht die fürder schreiten, ein wohlgerüstet Heer;
Wie flattern stolz die Banner! Wie blitzen Schwert und Speer!

Nun schließ dich fest zusammen, du ritterliche Schar!
Wohl hast du nicht geahnet so dräuende Gefahr.
Die übermächt'gen Rotten, sie stürmen an mit Schwall,
Die Ritter stehn und starren wie Fels und Mauerwall.

Zu Reutlingen am Zwinger, da ist ein altes Tor,
Längst wo mit dichten Ranken der Epheu sich davor,
Man hatt' es schier vergessen, nun kracht's mit einmal auf,
Und aus dem Zwinger stürzet, gedrängt, ein Bürgerhauf'.

Den Rittern in den Rücken fällt er mit grauser Wut,
Heut will der Städter baden im heißen Ritterblut.
Wie haben da die Gerber so meisterlich gegerbt!
Wie haben da die Färber so purpurrot gefärbt!

Heut nimmt man nicht gefangen, heut geht es auf den Tod,
Heut spritzt das Blut wie Regen, der Anger blümt sich rot.
Stets drängender umschlossen und wütender bestürmt,
Ist rings von Bruderleichen die Ritterschar umtürmt.

Das Fähnlein ist verloren, Herr Ulrich blutet stark,
Die noch am Leben blieben, sind müde bis ins Mark.
Da haschen sie nach Rossen und schwingen sich darauf,
Die hauen durch, sie kommen zur festen Burg hinauf.

„Ach Allm" – stöhnt' einst ein Ritter, ihn traf des Mörders Stoß –
Allmächt'ger! wollt' er rufen – man hieß davon das Schloß.
Herr Ulrich sinkt vom Sattel, halbtot, voll Blut und Qualm,
Hätt' nicht das Schloß den Namen, man hieß' es jetzt Achalm.

# Achalm

Wohl kommt am andern Morgen zu Reutlingen ans Tor
Manch trauervoller Knappe, der seinen Herrn verlor.
Dort auf dem Rathaus liegen die Toten all gereiht,
Man führt dahin die Knechte mit sicherem Geleit.

Dort liegen mehr denn sechzig, so blutig und so bleich,
Nicht jeder Knapp' erkennet den roten Herrn sogleich.
Dann wird ein jeder Leichnam von treuen Dieners Hand
Gewaschen und gekleidet in weißes Grabgewand.

Auf Bahren und auf Wagen, getragen und geführt,
Mit Eichenlaub bekränzet, wie's Helden wohl gebührt,
So geht es nach dem Tore, die alte Stadt entlang,
Dumpf tönet von den Türmen der Totenglocken Klang.

Götz Weißenheim eröffnet den langen Leichenzug,
Er war es, der im Streite des Grafen Banner trug,
Er hatt' es nicht gelassen, bis er erschlagen war,
Drum mag er würdig führen auch noch die tote Schar.

Drei edle Grafen folgen, bewährt im Schildesamt,
Von Tübingen, von Zollern, von Schwarzenberg entstammt.
O Zollern! Deine Leiche umschwebt ein lichter Kranz:
Sahst du vielleicht noch sterbend dein Haus im künft'gen Glanz?

Von Sachsenheim zween Ritter, der Vater und der Sohn,
Die liegen still beisammen in Lilien und in Mohn,
Auf ihrer Stammburg wandelt von alters her ein Geist,
Der längst mit Klaggebärden auf schweres Unheil weist.

Einst war ein Herr von Lustnau vom Scheintot auferwacht,
Er kehrt' im Leichentuche zu seiner Frau bei Nacht,
Davon man sein Geschlechte die Toten hieß zum Scherz,
Hier bringt man ihrer einen, den traf der Tod ins Herz.

Das Lied, es folgt nicht weiter, des Jammers ist genug,
Will jemend alle wissen, die man von dannen trug:
Dort auf den Rathausfenstern, in Farben bunt und klar,
Stellt jeden Ritters Name und Wappenschild sich dar.

Als nun von seinen Wunden Graf Ulrich ausgeheilt,
Da reitet er nach Stuttgart, er hat nicht sehr geeilt;
Er trifft den alten Vater allein am Mittagsmahl,
Ein frostiger Willkommen! Kein Wort ertönt im Saal.

Dem Vater gegenüber sitzt Ulrich an den Tisch,
Er schlägt die Augen nieder, man bringt ihm Wein und Fisch;
Da faßt der Greis ein Messer, und spricht kein Wort dabei,
Und schneidet zwischen beiden das Tafeltuch entzwei.

# Achalm

**Graf Eberhard von Württemberg gibt Achalm an Werner den Jüngeren von Zimmern, 1466**
Aus der Chronik der Grafen von Zimmern

Da die Zeitläufte fast im ganzen Land Schwaben sehr besorglich waren, hat ihm Graf Eberhard, damit er nicht weit vom Land Württemberg saß, das Schloß Achalm bei Reutlingen, das vor vielen Jahren den Grafen von Achalm gehörte, gegeben, damit er dort, solang er württembergischer Diener sei, entweder selber haushalte oder einen vom Adel hierfür einsetze. Den Unterhalt für das Schloß hatte Graf Eberhard jedes Jahr zu zahlen, auch Herrn Werner in allem, was Rechtens ist, zu schützen und zu unterstützen versprochen; gegeben zu Urach Anno 1466. Kurze Zeit danach hat Graf Eberhard Herrn Werner bewilligt, die Pfandschaft des Schlosses zu übernehmen, und da sie dem Haus Österreich gehörte, hat er sie von Herzog Sigmund leicht erhalten. Auf Achalm hat Herr Werner mit seiner Gemahlin etliche Jahre hausgehalten. Einmal schlug der Blitz in das Schloß, und zwar gerade in das Frauengemach, wo der junge Herr Johann Werner auf einem Tisch saß. Das Wetter schlug ihn unter den Tisch. Als der Dunst sich etwas verzogen, hat man das Kind blutend und übel zerschlagen unter dem Tisch gefunden, was ohne Zweifel kein geringes Zeichen seines künftigen Unglücks war, das ihn nachher im besten Alter und Vermögen traf.

Schloß Achalm war ganz baufällig. Herr Werner wollte, weil ja Graf Eberhard ihm erlaubt hatte, die Pfandschaft an sich zu nehmen, es wieder instandsetzen und ließ deshalb Holz, Steine, Kalk und anderes, was zum Bauen gehört, mit großen Kosten den Berg hinaufbringen. Da hat es Graf Eberhard gereut, daß er Herrn Werner das Schloß gegeben, vielleicht fürchtete er auch, Herr Werner wolle sich da einnisten und wäre hernach im Guten nicht wieder herauszubringen. Als daher einmal Herr Werner samt seiner Gemahlin nicht auf Achalm weilte und nur etliche Diener dort waren, die von niemandem etwas Arges oder Feindseligkeiten erwarteten, rückte eines Nachts Graf Eberhard unangemeldet und zum Schaden seiner Ehre mit etlichen Knechten und Berittenen heimlich vor das Schloß, erstieg und besetzte es. Als Herr Werner diese Handlung erfahren, war er darüber sehr bekümmert, auch hatte er mit Hans von Bubenhofen, Graf Eberhards Hofmeister, in großen Streitigkeiten gelebt. Um wieder einen Dienst und damit Schutz gegen Württemberg zu bekommen, bat Herr Werner Herzog Sigmund von Österreich, dem Graf Eberhards Handlung mit Achalm sehr mißfiel, um die Vogtei Bregenz, die seiner Herrschaft Meßkirch günstig gelegen war.

**Waffenbestand der Burg Achalm, 1490**

- 20 Armbrüste
- 4 Winden (Schießmaschinen nach dem Prinzip der Armbrust)
- 4 Hakenbüchsen (schwere Gewehre zum Auflegen)
- 6 Handbüchsen
- 1 Faß Pulver

# Achalm

| | |
|---|---|
| Vorräte der Burg für 85 Mann Kriegsbesatzung, 1490 | 13 Scheffel Brotmehl (etwa 26 Ztr.)<br>½ Scheffel „Schönmehl" (Weizenmehl, etwa 1 Ztr.)<br>1 Scheffel Musmehl (etwa 2 Ztr.)<br>1 Scheffel Erbsen (etwa 2 Ztr.)<br>1 Scheffel Gerste (etwa 2 Ztr.)<br>4 Ztr. Schmalz<br>4 „Seiten" Speck<br>3 „Scheiben" Salz (etwa 950 kg)<br>2 Fuder Wein (etwa 3600 Ltr.) |
| Die Achalm in Beschreibung des Oberamts Urach, 1831 | „Ein sanfter Rasen bedeckt mit den Trümmern der alten Veste in einer Höhe von 2472 württ. Fuß die ungefähr anderthalb Morgen große Oberfläche des Bergscheitels; den beschwerlichen Gang dahin belohnt eine unermeßliche Aussicht in reichem Maße. Die Burg war rundum mit einer Mauer eingefaßt, wovon noch einige Reste vorhanden sind. Mitten auf dem Platze steht noch ein hoher stattlicher Turm, der aber, vielfach beschädigt und auf den 4 Ecken seiner Quader beraubt, seinem Einsturz droht, wenn ihm nicht bald zu Hilfe gekommen wird. Außerdem erblickt man nur noch Schutt und Trümmer; doch erkennt man noch das alte Haupttor zu dem die Fahrstraße von Reutlingen herauf führte, so wie die Abteilung der Burg in zwei Vesten, wie sie der Zwiefalter Mönch Ortlieb schon vor 700 Jahren beschrieb." |
| Geschichte | Die 600 Jahre dauernde Geschichte der Achalm als Residenz mächtiger Grafen, als Reichsburg deutscher Kaiser und Könige und zuletzt als württembergische frühe Festung ist von besonderer Bedeutung. Beachtung verdient auch die Gründungsgeschichte. Als Stifter des Klosters Zwiefalten werden die Bauherren bevorzugt erwähnt. Nach den von den Mönchen Ortlieb und Berthold 1140 verfaßten Chroniken hat um 1030 ein angesehener Graf namens Egino mit dem Bau der Burg Achalm begonnen. Kurz danach stirbt er kinderlos. Sein Bruder Rudolf führt die Bauarbeiten weiter und vollendet die Burg.<br>Graf Rudolf hat sieben Söhne und drei Töchter. Der Bruder seiner Frau Adelheid aus Burgund ist Reichskanzler Kaiser Heinrichs III. und der Kaiser selbst vermutlich ihr Vetter. Das Erbauungsdatum dürfte durch die nicht genauen Kenntnisse der Chronisten zu früh angesetzt sein. |

**Um 1030–1050** Gründung der Burg Achalm durch die Grafen Egino und Rudolf.
**1085/86** Liutold, Sohn des Rudolf, gewährt im Investiturstreit dem vom Kaiser vertriebenen Bischof Adalbert von Würzburg Zuflucht auf der Burg.
**1098** Mit Graf Liutold stirbt die Bauherrenfamilie im Mannesstamme aus. Erbe wird Graf Werner in Hessen.
**1135** Die Grafen von Gammertingen nennen sich nach der Achalm.

# Achalm

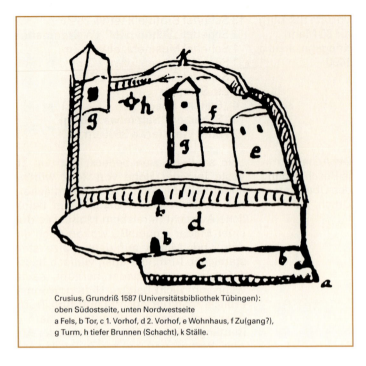

Crusius, Grundriß 1587 (Universitätsbibliothek Tübingen):
oben Südostseite, unten Nordwestseite
a Fels, b Tor, c 1. Vorhof, d 2. Vorhof, e Wohnhaus, f Zu(gang?),
g Turm, h tiefer Brunnen (Schacht), k Ställe.

**Um 1170–1180** Die Grafen von Gammertingen ausgestorben. Durch die Erbtochter Adelheid erhält Berthold von Neuffen die Herrschaften Achalm und Hettingen-Gammertingen.
**1235** Vergebliche Belagerung der Achalm durch die Kaisertreuen unter Graf Friedrich von Zollern. Bei der anschließenden Schlacht im „Swiggertal" (Ermstal) gerät der Burgherr Heinrich von Neuffen in Gefangenschaft.
**1236** Die Achalm wird Reichsgut und Wohnsitz des Reichsvogts Konrad von Plochingen.
**1278** Neun Mal schlägt der Blitz in die Burg.
**1281** König Rudolf I. von Habsburg entzieht die Achalm Graf Eberhard I. von Württemberg und übergibt sie seinem Schwager, Graf Albrecht II. von Hohenberg.
**1292** König Adolf von Nassau verleiht die Burg an Heinrich von Isenburg.
**1293** König Adolf und seine Gemahlin Imagina besuchen die Achalm.
**1309** Heinrichs Bruder wird Lehensherr.
**1330** Kaiser Ludwig verleiht den Besitz an Graf Ulrich III. von Württemberg.
**1346** Graf Eberhard II. der Greiner und Graf Ulrich IV. lassen die Burg modernisieren und stärker befestigen.
**1351** Heinrich Remp von Pfullingen, Burgherr.
**1360** Rücknahme der Reichspfandschaft durch Kaiser Karl IV.
**1376** Graf Eberhard der Greiner in Besitz der Achalm.

## Achalm

**1377** Verstärkung der Burgbesatzung während des Städtekrieges. Graf Ulrich, Sohn des Eberhard, zieht von der Achalm in die Schlacht bei Reutlingen. Graf Friedrich von Zollern, Graf Ulrich der Scherer von Tübingen, Graf Hans von Schwarzenberg, 60 Ritter und Knechte fallen auf seiten der Württemberger.
**1409** Konz von Reischach, Burgherr.
**1417** Erwähnung der Burgkapelle St. Georg.
**1498** Kaiser Maximilian I. wird die Baufälligkeit mitgeteilt.
**1519** Besetzung durch den Schwäbischen Bund. Der Burgvogt wird im Gasthaus zum Bären in Reutlingen erstochen.
**1636** Verleihung an Erzherzogin Claudia von Tirol.
**1645** Der bayrische Obrist Haßlang läßt die Achalm mit Palisaden verstärken und mit Musketieren besetzen.
**1646** Erzherzogin Claudia beauftragt den Vogt Andreas Hilteprand, die Burg unschädlich zu machen. Dieser läßt die Türme einstürzen, die Mauern abreißen und die Zisterne zuschütten. Die unversehrt gebliebene Wohnung über dem Tor wird noch im selben Jahr angezündet.
**1650 und 1658** Endgültiger Abbruch der Burg im Auftrag des Herzogs Eberhard III. von Württemberg.
**1762** Verkauf an Privat.
**1822** König Wilhelm erwirbt die Achalm zurück.
**1838** Instandsetzung der Turmruine.
**1932** Erneuerung und Erhöhung des Burgturmes.
**1950** Verkauf an Privat, danach Erwerb durch die Stadt Reutlingen.
**1966/67** Instandsetzung der Ruine.

*Die Kinder des Grafen Rudolf:*

| | |
|---|---|
| Kuno | Mitstifter des Klosters Zwiefalten, 1092 dort begraben. |
| Liutold | Mitstifter des Klosters Zwiefalten, Anhänger der päpstlichen Partei im Investiturstreit, 1098 in Zwiefalten gestorben. |
| Egino | Anhänger des Kaisers im Investiturstreit, früh gestorben. |
| Werner | Bischof von Straßburg, Anhänger des Kaisers im Investiturstreit. |
| Hunfried, Rudolf und Behringer | früh gestorben. |
| Beatrix | Äbtissin des Klosters Eschau im Elsaß. |
| Mechthild | Gemahlin des Grafen Kuno von Lechsgmünd. |
| Willibirg | Gemahlin des Grafen Werner von Grüningen, Reichsbannerträger und Freund König Heinrichs IV. |

# Achalm

1 Obere Burg
2 Untere Burg
3 Bergfried
4 Wohngebäude
5 Umfassungsmauer obere Burg
6 Zisterne
7 Lage des ehemaligen Ostturmes
8 Lage des Tores zur oberen Burg
9 Unverfälschtes Kleinquader-Mauerwerk
10 Zweites Tor
11 Poterne
12 Tor Zwinger
13 Äußeres Tor
14 Vorhof
15 Grabenartiger Auswurf
16 Umfassungsmauer untere Burg
17 Burgweg

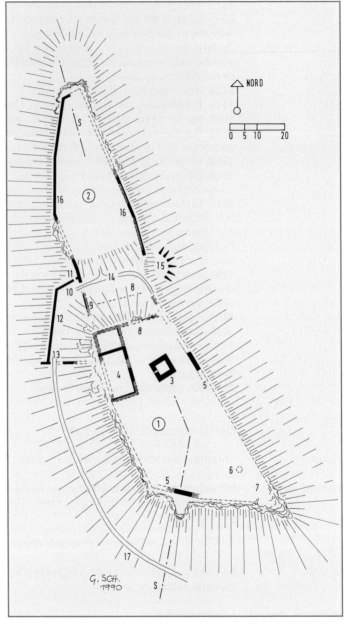

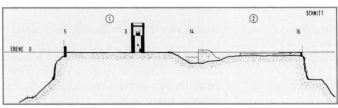

# Achalm

**Anlage**

Die Achalm gehörte zu den typischen Burgengründungen der ersten Bauwelle des 11. Jahrhunderts. Ihre Lage auf isoliertem Gipfel war ein repräsentativer und zugleich verteidigungstechnisch idealer Standort. Ähnlich der Limburg und des Hohenstaufen war die gesamte Fläche des Gipfels in die Anlage einbezogen.

Die Planskizze des Gelehrten Martin Crusius von 1587 gibt Aufschluß über das Aussehen der Burg im 16. Jahrhundert. Entstanden ist die Achalm in mehreren, nicht genau kenntlichen Bauabschnitten. Zum Gründungsbau der Grafen Egino und Rudolf gehört die Umfassungsmauer der oberen Burg (1). Laut Bericht der Zwiefalter Chronik wird noch im 11. Jahrhundert unter Rudolfs Sohn Liutold die untere Burg (2) erbaut. Im 12. Jahrhundert entstand vermutlich der Bergfried (3) und im darauffolgenden Jahrhundert der Ostturm (7). Bis zum Spätmittelalter folgte die Verstärkung des Zugangs durch ein weiteres Tor (13) sowie Umbauten und Erweiterungen innerhalb der Anlage.

Der länglich ovale Gipfel mit felsiger Ecke im Südosten gliedert sich in die untere (2) und die obere Burg (1).

**Burgweg**
**Poterne**

Von Süden führt der Burgweg (17) in den Torzwinger (12) mit den Resten der 75 cm starken Zwingermauer. Kurz vor dem zweiten Tor (16) führt eine Poterne (11) mit neuer spitzbogiger Sturzvermauerung nach außen. Original ist noch der runde Formstein mit Pfannenloch.

**Vorhof**
**Untere Burg**

Durch das zweite Tor (Reste) gelangt man in den Bereich des ehemaligen, von Mauern umschlossenen Vorhofs (14). Links davon beginnt die untere Burg (2). Reste der Umfassungsmauer (16) folgen polygonal dem felsigen Bergrand. Auf der Ostseite ist an einer nicht sanierten, 4 m hohen Wand die Mauerwerkstechnik des 11. Jahrhunderts ersichtlich. Geschichtete Kleinquader: z. B. (L x H) 28 x 25, 34 x 25, 40 x 27, 33 x 27 cm.

**Obere Burg**

Vom Vorhof erreicht man rechts die sechs Meter höher liegende obere Burg (1). Sie bildet den Hauptbereich der Anlage. Aus der Gründungsphase entstammen die Reste der 1,5 – 1,6 m starken Umfassungsmauer (5).

**Bergfried**

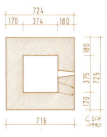

Achalm
unteres Geschoß
Turm

Etwa in der Mitte steht der alles überragende Aussichtsturm (3). Der Stumpf mit etwa 8,70 m Höhe entstammt dem mittelalterlichen Bergfried. Umbau und Aufsatz mit romantisierenden, spitzbogigen Fenstern von 1932 bestimmen das äußere Erscheinungsbild. Die Grundmauern mit 180 cm Stärke und 7,27 x 7,13 m Seitenlängen bilden fast ein Quadrat. Martin Crusius beschrieb einen hochgelegenen Eingang, der vom angrenzenden Wohnhaus (4) über einen Gang zugänglich war. Beim Einstieg in den Turm sah er im Fußboden des Eingangsgeschosses (1. OG) ein Loch, in das man nach seiner Meinung in älterer Zeit Gefangene hinabgelassen hat. Durch seine Beschreibung wurde auch die Lage der Zisterne (6) und des Ostturmes (7) belegt.

# Achalm

| | |
|---|---|
| Besitzer | Stadt Reutlingen |
| Pläne | Grundriß/Aufriß Südostseite und Nordwestseite von Martin Crusius, 1587; Universitätsbibliothek Tübingen<br>Lageplan Ruine von Dr. Heintzeler, in: „Reutlinger Geschichtsblätter", S. 108, 1891 |
| Alte Ansichten | Reutlingen und Achalm von Merian, 1643<br>Kupferstich von Ludwig Ditzinger, 1620<br>Ansicht in „Civitates orbis Terrarum" von Braun-Hogenberg, 1617 |
| Literaturhinweise | – Beschreibung des Oberamts Reutlingen, 1893<br>– Beschreibung des Oberamts Urach, 1831<br>– Chronik der Grafen von Zimmern, 1564–1566, Band 1–3, Hrg. Decker-Hauff, 1964/67<br>  und „Wappen, Becher, Liebesspiel" von Johannes Bühler, 1940<br>– Dörr, Gerd<br>  Schwäbische Alb, Burgen, Schlösser, Ruinen, HB-Bildatlas, 1988<br>– Gradmann, Wilhelm<br>  Burgen und Schlösser der Schwäbischen Alb, 1980<br>– Heintzeler, Dr.<br>  Die Burg Achalm, in: „Reutlinger Geschichtsblätter", Nr. 2, 1891<br>– Jacobsen, Johannes<br>  Die Schlacht bei Reutlingen, 1882<br>– Kies, Wolfram<br>  Die mittelalterlichen Burgen und Burgstellen des Landkreises Reutlingen, nichtveröffentlichte Zulassungsarbeit, 1969<br>– König, E. und Müller, K. O.<br>  Die Zwiefalter Chroniken Ortliebs und Bertholds, 1941<br>– Maurer, Hans-Martin<br>  Die Achalm und der mittelalterliche Burgenbau, in: „Reutlingen, aus der Geschichte einer Stadt", 1973<br>  und „Reutlinger Geschichtsblätter", Nr. 6, 1968<br>– Rommel, Karl<br>  Reutlinger Heimatbuch, 1913<br>– Schön, Theodor<br>  Die Burg Achalm (mit Lageplan), in: „Blätter des Schwäbischen Albvereins", Nr. 6, 1894<br>– Schwab, Gustav<br>  Die Neckarseite der Schwäbischen Alb, 1823/1960<br>– Wais, Julius<br>  Albführer, Band 2, mittlerer Teil, 1971 |

*Kleinquader-mauerwerk im Torzwinger*

# Pfullingen (Obere Burg, Schloß und Schlößle)

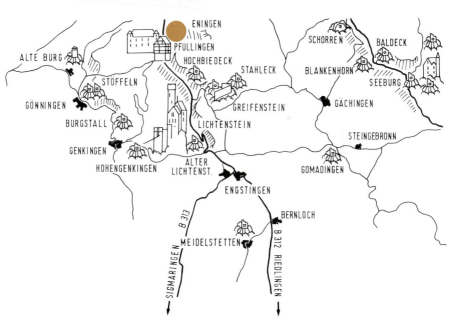

## Pfullingen (Obere Burg, Schloß und Schlößle)

Lage

Südlich von Reutlingen liegt an der Echaz die Stadt Pfullingen. Innerhalb ihrer Mauern befinden sich mehrere Adelssitze.
Die B 312 von Reutlingen nach Riedlingen führt direkt durch Pfullingen. Eine Parallelstraße leitet auf der westlichen Seite der Pfullinger Altstadt nach Gönningen und Sonnenbühl. Dazwischen erstreckt sich der ausgedehnte Museums- und Schulbereich.
Günstiger Ausgangspunkt zum Besuch des ehemaligen Schlosses und des „Schlößle" ist der kleine Parkplatz bei der steinernen Echazbrücke. Das Schloß liegt in Sichtweite von Brücke und Parkplatz.
Zum „Schlößle" führt an der Echaz entlang ein Fußweg in den Museumsbereich. Der schmucke Fachwerkbau erhebt sich auf einem flachen, von der Echaz umflossenen wiesengesäumten Hügel.

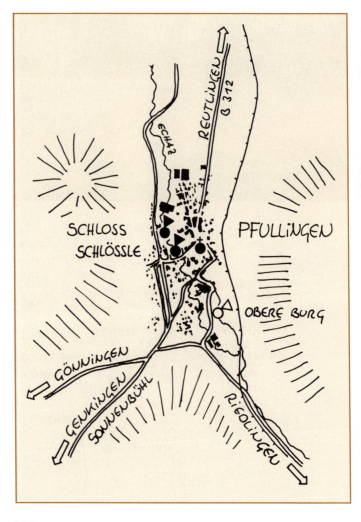

## Pfullingen (Obere Burg, Schloß und Schlößle)

| | |
|---|---|
| Gemeinde | Pfullingen, Landkreis Reutlingen |
| Meereshöhe | ca. 498 m |
| Besichtigung | Schloß: außen frei zugänglich; innen nicht zugänglich (Kindergarten und Vereinsnutzung) „Schlößle": April bis Oktober, samstags 14 bis 17 Uhr, sonntags 13 bis 17 Uhr |
| Weitere Sehenswürdigkeiten | Altstadt, Martinskirche 12. bis 15. Jahrhundert, „Pfullinger Hallen" 1907, Jugendstil, Heimat- und Trachtenmuseum, Mühle |
| Geschichte „Obere Burg" | **937** wird ein Hermann als Graf des „Pfullichgaus" bezeugt. Nach Decker-Hauff ist er der Sohn Herzog Arnulfs von Bayern und somit der Schwager von König Ottos Bruder. Die „Obere Burg" oder „Grafenburg" wird als Stammsitz der Familie angesehen. Vermutlich entstammen die im 12. Jahrhundert genannten Greifensteiner den Pfullinger Grafen.<br>**1262** Erstmalige Erwähnung der „Oberen Burg".<br>**1338** Mechthild von Pfullingen gibt der Klosterfrau Dingmut von Pfullingen „10 Schilling Heller jährlicher Gült aus Smeggen Gut zu Pfullingen, das vor der Oberen Burg liegt".<br>**1355** Übergang des Besitzes an Württemberg.<br>**1454** Als Burgstall erwähnt.<br>**Vor 1521** Abbruch der Burg und Einebnung des Geländes zu einem Baumgarten. |
| Anlage „Obere Burg" | Über das Aussehen der Burg ist nichts bekannt. Die Grundstücke zwischen der Leonhardstraße und dem Mühlkanal sind überbaut. Als zu Beginn dieses Jahrhunderts das Gelände als Sandgrube genutzt wurde, fand man Grundmauern aus glatt bearbeiteten Tuffsteinen von beachtlicher Größe (bis 1 m lang, 0,5 m breit). |
| Geschichte Schloß | Die mittelalterliche „Rempenburg" oder „Untere Burg" ist als Niederungsburg (Wasserburg) an der Echaz entstanden. Sie war Stammsitz der Rempen von Pfullingen. Nachdem 1262 die Burg der Grafen von Pfullingen als „Obere" genannt wird, muß auch die „Untere" bereits existiert haben. Verwandtschaftliche Beziehungen zu den Grafen von Pfullingen und den Greifensteinern sind nicht nachgewiesen.<br>Nach dem Übergang an Württemberg entstand im 16. Jahrhundert ein neues Schloß im Renaissancestil. Das Schloß war nicht nur Ausdruck repräsentativen Denkens, sondern auch nützlicher Verwaltungssitz. So entstehen durch Herzog Christoph neben Pfullingen nicht weniger als acht weitere Landschlösser. |

## Pfullingen (Obere Burg, Schloß und Schlößle)

**1213** Erstmalige Erwähnung des Heinrich Rempe.
**1260** Burkart, genannt Remp, Zeuge in einer Urkunde des Pfullinger Frauenklosters.
**1443 und 1445** Caspar Remp und seine Mutter erwerben die Burg Gomaringen sowie Besitzungen in Hinterweiler, Stockach und Ziegelhäuser.
**1487** Caspar Remp verkauft seine Burg an Graf Eberhard im Bart.
**1532** In Abwesenheit von Herzog Ulrich belehnt König Ferdinand den Kaiserlichen Rat Peter Scheer von Schwarzenberg mit dem Besitz.
**1534** Nach der Rückkehr Herzog Ulrichs wird Peter Scheer das Lehen entzogen.
**1540** Die Burg wird als herzogliches Jagdhaus benutzt und ein Tiergarten angelegt.
**1560–1565** Herzog Christoph von Württemberg läßt anstelle der Burg für 16775 fl. durch Aberlin Tretsch ein neues Schloß als Vierflügelanlage erbauen.
**1561** Ausschmückung der Schloßkapelle mit Illustrationen über die zwölf Artikel des christlichen Glaubens.
**1568** Letzter Aufenthalt von Herzog Christoph im Schloß.
**1570** Fertigstellung des Schloßbrunnens durch den Bildhauer Leonhard Baumhauer.
**1631** Plünderung durch das kaiserliche Heer unter dem Grafen von Fürstenberg.
**1634** Erneute Plünderung durch die kaiserlichen Truppen.
**1636–1648** Während der österreichischen Besatzung überfällt Konrad Widerholt mit seinen Truppen vom Hohentwiel aus zwei Mal die Stadt.
**1670** Aufruhr einiger Bürger gegen den württembergischen Schloßvogt.
**1699** Durch herzoglichen Erlaß wird Pfullingen selbständige Stadt und Oberamt.
**1806** Verlegung der Oberamtsverwaltung aus dem Schloß nach Reutlingen.
**1824** Das Schloß wird für Beamtenwohnungen genutzt.
**1828/29** Kaufmann Müller von Reutlingen erwirbt das Schloß um 8800 fl.
**1832** Weiterverkauf an Umgeldkommissär Raach.
**1835** Abbruch des Schloßnordflügels.
**1844** Die Stadt Pfullingen als neuer Eigentümer verpachtet das Schloß an Wundarzt Friedrich Flamm.
**1847 oder 1851** Abbruch des Schloßbrunnens.
**1851** Flamm erwirbt das Schloß um 9000 fl. zur Einrichtung für geistig Behinderte.
**1920** Aufgabe der Anstalt.
**1945** Beschlagnahme durch die französische Militärbehörde.
**1954** Erwerb des Schlosses für 850000 DM durch die Stadt Pfullingen.

## Pfullingen (Obere Burg, Schloß und Schlößle)

*Die Herren Remp von Pfullingen*

Heinrich Rempe
1213

Möglicher Stammvater
Kinder: Burkhard, Berthold

Berthold
von Pfullingen
1230

Sohn des Heinrich
Kind: Burkhard

Burkhard
von Pfullingen
1260, 1280

genannt Remp, Sohn des Berthold.
Kind: Heinrich

Heinrich
von Pfullingen
1280, 1283

genannt Remp, Sohn des Burkhard.
Kinder: Wolf, Walther

Wolf
1296

genannt Wolf Rempe von Pfullingen, Sohn des Heinrich.
Kinder: Hans, Beringar, Susanna

Beringar Remp
1343

Sohn des Wolf
Kinder: Hans, Fritz

Fritz Remp
1357, 1385

Sohn des Beringar
Kind: Melchior

Melchior Remp
1418, 1434

Sohn des Fritz
Kind: Caspar

Caspar Remp
1434, † 1498

genannt von Pfullingen, Sohn des Melchior.
Kind: Heinrich

Heinrich Remp
1484, 1497

Sohn des Caspar
Kinder: Bernhard, Hans, Caspar, Adelheid, Walpurga

Hans Remp
1522, 1555

Sohn des Heinrich
Kinder: Caspar, Jung-Hans Remp

Caspar Remp
* 1530, † 1598

Sohn des Hans, letzter der Familie, möglicher Bauherr des „Schlößle".
Gemahlin: Anna

# Pfullingen (Obere Burg, Schloß und Schlößle)

1 Schloßhof
2 Südflügel
3 Ostflügel
4 Nordflügel
5 Westflügel
6 Wendeltreppen

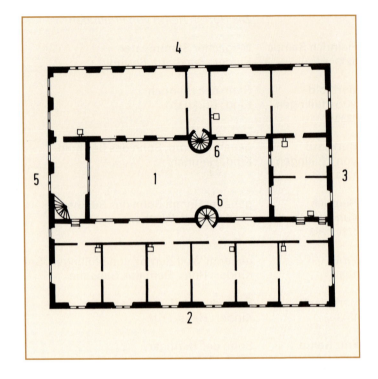

**Anlage Schloß**

Die dreigeschossige Vierflügelanlage entsprach einem Rechteck, dessen Innenhof (1) lang und schmal wirkte. Der Süd- und Nordflügel (2 + 4) war als Hauptbau breit und lang, die Zwischenflügel (3 + 5) kurz und schmal. Zur Erschließung dienten zwei hofseitig angeordnete Wendeltreppen (6).

Das Schloß umgab ein breiter Graben, der durch die Echaz mit Wasser gefüllt war. Eine Brücke führte vom Schloßhof in das Tor des Westflügels (5).

Aufschluß über die Innenräume gibt eine Inventarliste des 16. Jahrhunderts. Danach besaß der Südflügel 19 Räume mit 4 Fürstengemächern und jeweils anschließenden Schlafkammern. 7 weitere Schlafkammern enthielten 35 Betten; zusätzlich wird die Kanzleikammer erwähnt.

Die gesamte Anlage umgab eine weiträumige Mauer mit zwei Toren und vier runden Ecktürmen. Innerhalb befand sich ein Marstall, Torhaus, Pfisterei, Scheuer, Tiergarten und im Hof vor der Brücke ein Schloßbrunnen.

**Das heutige Schloß**

Der verbliebene Schloßbau zeigt noch den repräsentativen, 33 m langen Südflügel (13), Teile des bis zum ehemaligen Tor reichenden Westflügels (16), den mehrfach umgebauten Ostflügel (14) und einen Anbau im Bereich des Nordflügels (18). Die Lage des Südflügels ist identisch mit der ehemaligen „Rempenburg". Teile der Bausubstanz könnten beim Neubau Mitverwendung gefunden haben.

# Pfullingen (Obere Burg, Schloß und Schlößle)

1 Schloßhof
2 Kindergarten-Gruppenräume
3 Leiterinnenzimmer
4 Aufgang Obergeschoß
5 Räume Heilsarmee
6 Kleiner Saal Heilsarmee
7 Balkon
8 Flur
9 Garderobe
10 Saal
11 Dachraum
12 Räume für Volkshochschule und Vereine
13 Südflügel
14 Ostflügel
15 Abgebrochener Nordflügel
16 Abgebrochener Westflügel
17 Lage des ehemaligen Tores
18 Anbau

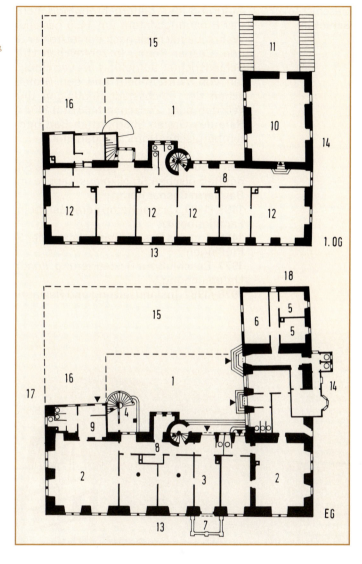

Das Äußere wird geprägt durch die eckturmartigen Aufbauten und den südseitigen Söller mit steinernen Balustern und Postamenten (7). Hofseitig zeigt sich ein neuer, viergeschossiger Viereckturm mit pyramidenförmigem Helmdach. Er verdeckt den ursprünglich freien, runden Treppenturm (4). Der Ostflügel (14) besitzt einen tonnenüberwölbten Keller.

Die Innenräume werden zur Zeit unterschiedlich genutzt. Erdgeschoß: Kindergarten; Ostflügel und Anbau: Heilsarmee; 1. Obergeschoß: Volkshochschule; 2. Obergeschoß: Vereinsräume; Dachgeschoß mit Turmzimmer: Musik- und Volkshochschule.

## Pfullingen (Obere Burg, Schloß und Schlößle)

Geschichte Schlößle

Aufgrund der dendrochronologischen Untersuchung ist das Erbauungsdatum um 1450 gesichert. Bauherr ist aller Wahrscheinlichkeit nach der letzte der Rempen von Pfullingen, Caspar Remp. In zahlreichen Urkunden wird er als Schiedsrichter aufgeführt. Er vermittelt zwischen den Grafen von Württemberg und den Grafen von Zollern, zwischen der Reichsstadt Reutlingen und den Grafen von Württemberg. Zwischen 1468 und 1494 wird er als einer der Räte des Grafen Eberhard im Bart und in Urach als württembergischer Hofrichter genannt.

**Um 1450** Neubau des „Schlößle" als Sitz für die Kaplanei der Rempischen St.-Nikolaus-Kapelle und als Alterssitz des Bauherrn Caspar Remp.
**1487–1491** Caspar Remp veräußert beinahe den gesamten Familienbesitz.
**1498** Tod des Caspar Remp, letzter der Rempen von Pfullingen.
**1977** Beschluß zur Restaurierung, dendrochronologische Untersuchung.
**1978–1981** Instandsetzung und Restaurierung.

# Pfullingen (Obere Burg, Schloß und Schlößle)

1 Stube
2 Flur
3 Museum – Alemannen in Pfullingen
4 Ehemalige Küche, Ausstellung Martinskirche
5 Museum – Frühgeschichte
6 Aufgang Dachgeschoß
7 Aufgang 1. Obergeschoß Außentreppe

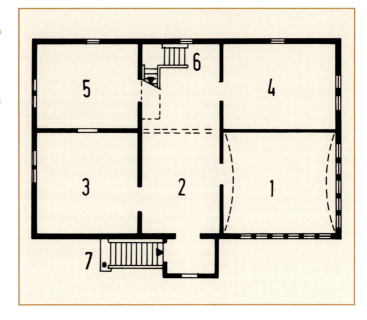

Anlage Schlößle

Das zweigeschossige „Schlößle" ist im Erdgeschoß massiv. Der Aufbau in Fachwerk mit Krüppelwalmdach besitzt steil angeordnete Kopf-, Fuß- und Steigbänder. Kopf- und Brustriegel gliedern die Konstruktionsfelder. Dazwischen liegen kleine, nachempfundene Fenster.

Die Erschließung des Wohngeschosses erfolgt über einen gedeckten Treppenaufgang (7). Das Innere ist zweischiffig und dreizonig. Einziger Wohnraum ist die Stube (1) mit zwei Fenstererkern und eingezogener Gewölbedecke. Im angrenzenden Raum (4) befand sich die Küche. Das Gebäude zeigt durch seinen klaren Konstruktionsaufbau anschaulich das Beispiel eines spätmittelalterlichen, freistehenden Gebäudes in alemannischer Fachwerkbauweise.

Als Museum ist es mit der dazugehörigen Scheuer öffentlich zugänglich.

Museumseinrichtung:
1. Obergeschoß – Ausstellung Stadtgeschichte, Darstellung baulicher Entwicklungen der Martinskirche, Ausgrabungsergebnisse; Keramik und Waffen der Bronze-, Urnenfelder- und Latènezeit; herausragende Funde der Merowingerzeit; Waffen, Schmuck und Tonwaren der Alemannen in Pfullingen 3. bis 8. Jahrhundert n. Chr.

Dachgeschoß – Dokumentation zur Geschichte von Schloß, Kloster und Kirche im Zusammenhang mit der Stadtentwicklung.

Scheuer – Ausstellung von bäuerlichem Gerät, Handwerk, Handel und Gewerbe.

## Pfullingen (Obere Burg, Schloß und Schlößle)

| | |
|---|---|
| Besitzer | Stadt Pfullingen |
| Pläne | Schloß: Grundriß Gesamtanlage, verschiedene Pläne zu Umbauten im Stadtbauamt<br>„Schlößle": Grundrisse und Schnitte von Architekt Richard Senner, Pfullingen, 1977 |
| Alte Ansichten | Nordseite Schloß, Gemälde, um 1850<br>Pfullingen, Schloß und Achalm von Westen, 1.Hälfte 18. Jahrhundert<br>Schloß und Stadt von Westen, Mitte 18. Jahrhundert<br>Schloß als Heil- und Pflegeanstalt von Osten, Tonlithographie, um 1850 |
| Literaturhinweise | – Beschreibung des Oberamts Reutlingen, 1893<br>– Beschreibung des Oberamts Urach, 1831<br>– Böhringer, Dietmar<br>   Das Schloß, in: „Pfullingen einst und jetzt", 1982<br>– Gonschor, Lothar<br>   Kulturdenkmale und Museen im Kreis Reutlingen, 1989<br>– Kies, Wolfram<br>   Die mittelalterlichen Burgen und Burgstellen des Landkreises Reutlingen, nichtveröffentlichte Zulassungsarbeit, 1969<br>– Kuppinger, Karl<br>   Pfullingen und Umgebung, 1909<br>– Maier, Gottfried und Schaible, Dieter<br>   Bauern, Bürger und Obrigkeit nach dem 30jährigen Krieg, in: „Pfullingen einst und jetzt", 1982<br>– Reutlinger und Uracher Alb<br>   Wanderführer, 1980/1988, Hrg. Schwäbischer Albverein<br>– Wais, Julius<br>   Albführer, Band 2, mittlerer Teil, 1971 |

# Hochbiedeck

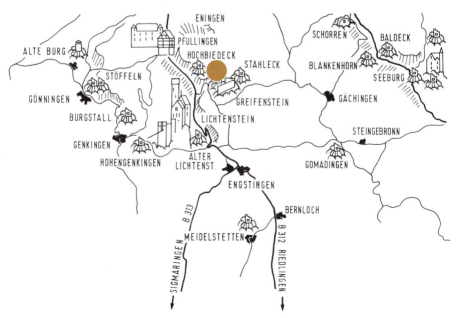

# Hochbiedeck

Lage  Südlich von Reutlingen erstreckt sich das burgenreiche obere Echaztal. Von Reutlingen kommend lag die erste dieser Burgen, Hochbiedeck, nahe Unterhausen bei der Einmündung des Zellertales in das Echaztal auf dem vorspringenden Imenberg.
Von der B 312 Reutlingen in Richtung Riedlingen am Ortseingang von Unterhausen (Lichtenstein) ins Baugebiet am östlichen Talhang (bezeichnet AV Imenberg–Übersberg). Auf der Straße „Im Weinberg" bei der Linkskurve rechts abzweigen (AV Dreieck). Achtung: nach wenigen Metern nicht links dem Fahrweg folgen, sondern rechts durch das Trockental zur Hangterrasse unter dem Urselhochberg aufsteigen. Das ebene Wiesengrundstück nach rechts überqueren, am Ende in den Wald und auf schmalem Pfad über den langen Berggrat zur Burgstelle.
Unterhausen Baugebiet – 1,4 km Burgstelle.

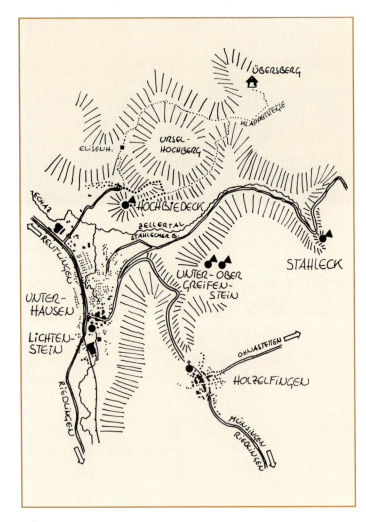

# Hochbiedeck

*Wandervorschlag:*
Vom beschriebenen Baugebiet in Unterhausen auf bezeichnetem Weg (AV Dreieck) zur Elisenhütte (Urselhochberg) aufsteigen. An der Straße entlang Richtung Übersberg bis zum Kreuzungspunkt zum „Klappersteigle". Nach rechts abwärts (AV Dreieck) zur oben beschriebenen Hangterrasse und über die Burgstelle Hochbiedeck zurück zum Ausgangspunkt.
Baugebiet – 0,8 km Elisenhütte – 1,7 km Klappersteigle – 2,1 km Hochbiedeck – 1,4 km Baugebiet.

| | |
|---|---|
| Gemeinde | Lichtenstein, Landkreis Reutlingen |
| Meereshöhe | Burg 627 m, Echaztal ca. 480 m, Urselhochberg 788 m |
| Besichtigung | Frei zugänglich |
| Einkehrmöglichkeit | Gasthaus „Übersberg" (siehe Wandervorschlag, Karte) |
| Geschichte | Nach neueren Erkenntnissen ist Hochbiedeck auf dem Imenberg eine der drei Greifensteiner Burgen. Als kleine Anlage diente sie zur Stärkung der Position im Tal gegen die Stadt Reutlingen und zur Bewachung des Albaufstiegs durch das Zellertal. Vermutlich saßen auf ihr Greifensteiner Dienstmannen.<br>Die Greifensteiner Burgen werden im Reichskrieg gegen Graf Eberhard den Erlauchten von Württemberg durch die Reutlinger zerstört. Martin Crusius berichtet von einer „Vicina arx dicta Hochbidegga", einer benachbarten Burg der Greifensteiner. Zur Geschichte dieser Familie siehe Ober- und Untergreifenstein.<br><br>**12. Jahrhundert** mögliche Entstehung der Burg.<br>**1311** Zerstörung durch die Reichsstadt Reutlingen. |
| Anlage | Der Imenberg wird an seinem westlichen Ende vom Zeller- und Staufental begrenzt. Am Übergang zur Hangterrasse des Urselhochberges bildet sich ein außergewöhnlich schmaler und ca. 350 m langer Grat.<br>Der erste Quergraben liegt bereits 50 m vor der Burgstelle. Hinter dem zweiten Graben (2) ist der Grat auf einer Länge von 36 m 4–6 m verebnet. Ob die Bebauung auf den felsigen Zwischenteilen (3 + 5) oder in den flachen Bereichen (4 + 6) anzunehmen ist, kann nur eine Grabung sicherstellen. Im vordersten Teil (6) ist ein größeres Gebäude denkbar.<br>Etwa 4–5 m unterhalb umzieht der Rest eines schmalen Zwingers (8) die nördliche Bergflanke. Christoph Bizer konnte im Hangschutt außer Keramikscherben auch Teile von gebrannten Ofenkacheln und eine Bolzenspitze auflesen. |

# Hochbiedeck

1 Kernanlage
2 Zweiter Graben
3 Gewachsener Fels
4 Kleine verebnete Fläche
5 Felsige Erhebung
6 Verebnete Fläche
7 Höhenpunkt 626,8 m
8 Ehemaliger Zwinger
9 Möglicher Zwingerverlauf
10 Mulde
11 Zellertal
12 Staufental
13 Von der Hochfläche 50 m zum ersten Graben

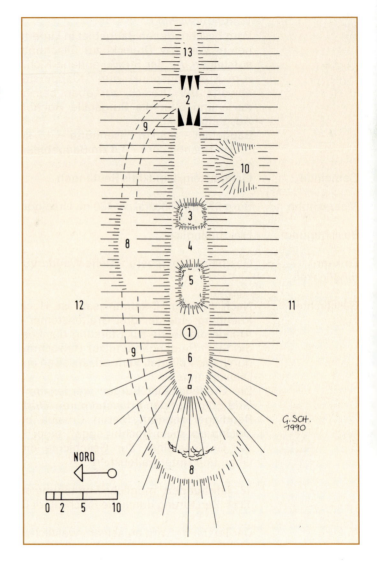

Plan — Lageplan von W. Kinkelin M 1:1000, in: „Blätter des Schwäbischen Albvereins", Nr. 7, 1932

Literaturhinweise
– Felder, Hans, Pfr. i. R.
  Das Burgensystem der Greifensteiner, Text zum Vortrag vom 8. Dezember 1989 im Geschichts- und Heimatverein Lichtenstein, Manuskript
– Kies, Wolfram
  Die mittelalterlichen Burgen und Burgstellen des Landkreises Reutlingen, Zulassungsarbeit, 1989
– Kinkelin, Dr. med. Wilhelm
  Hochbiedeck ob dem Pfullinger Tal, in: „Blätter des Schwäbischen Albvereins", Nr. 7, 1932
– Memminger
  Beschreibung des Oberamts Reutlingen, 1824

# Ober- und Untergreifenstein

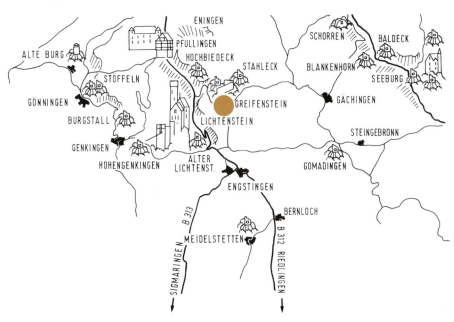

## Ober- und Untergreifenstein

Lage  Südlich von Reutlingen erstreckt sich bis Lichtenstein das obere Echaztal. Beim Ortsteil Unterhausen zweigt nach Osten das Zellertal ab. An den steilen Felsen des südlichen Talhanges liegen die Ruinen von Ober- und Untergreifenstein.
Von der B 312 Reutlingen in Richtung Riedlingen in Unterhausen nach Holzelfingen abzweigen. In der Ortsmitte von Holzelfingen in Richtung Bad Urach/St. Johann und nach 800 m links zum Parkplatz. Diesen in nördliche Richtung überqueren und auf schmaler Straße zum Wanderparkplatz auf der Hochfläche. Von dort beginnt links ein Wanderweg, der zur Ruine Obergreifenstein führt.
Auf dem Wanderweg weiter, beschildert, in Richtung Stahleck (AV Dreieck) bis zur nächsten Abzweigung. Hier beginnt links ein Steig, der Richtung Zellertal abwärts direkt zur Ruine Untergreifenstein führt.
Parkplatz – 0,6 km Obergreifenstein – 0,5 km Untergreifenstein.

Weiterer Wandervorschlag siehe Stahleck.

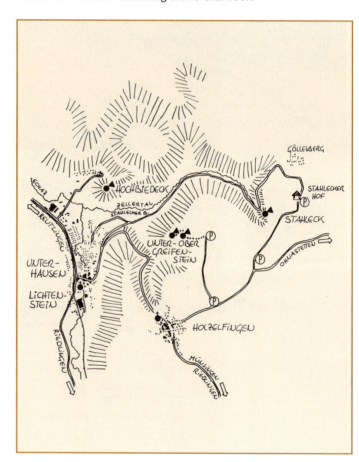

# Ober- und Untergreifenstein

| | |
|---|---|
| Gemeinde | Lichtenstein, Landkreis Reutlingen |
| Meereshöhe | Obergreifenstein 760 m, Untergreifenstein 734 m, Zellertal 510 m |
| Besichtigung | Frei zugänglich (zur Besteigung des Burgfelsens Untergreifenstein ist Trittsicherheit erforderlich) |

1 Untergreifenstein
2 Obergreifenstein
3 Gräben
4 Schutzhütte
5 Von Holzelfingen
6 Von Stahleck
7 Vom Zellertal

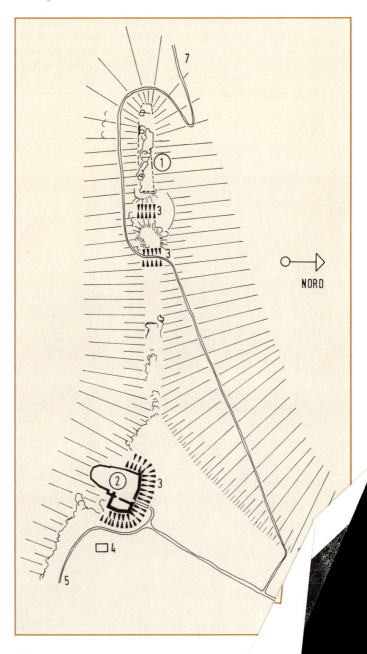

# Ober- und Untergreifenstein

Die Sage vom letzten Greifensteiner Raubritter

Die Greifensteiner waren in der Umgebung allgemein als Raubritter gefürchtet und gehaßt. Sie preßten und schikanierten nicht nur die Bauern, sondern überfielen auch von ihren Burgen aus die Reutlinger Handelszüge. Eines Tages zogen die Reutlinger bewaffnet vor die Greifensteiner Burgen und zerstörten sie. Der Burgherr selbst war jedoch nicht dingfest zu machen und blieb zunächst verschwunden.

Eines Tages erschien er in Holzelfingen und verlangte sofortige Verpflegung und Unterkunft. Die Holzelfinger, des Greifensteiners überdrüssig, steckten ihn kurzerhand in ein Faß. Lange Nägel wurden in die Wandung geschlagen, das „Blutfaß" zum Burgstein gerollt und über die Felsen gestoßen.

*Burgfelsen der ehemaligen Anlage Untergreifenstein von der Talseite*

## Ober- und Untergreifenstein

Geschichte

Der Bauherr der Greifensteiner Burgen entstammt vermutlich dem angesehenen Pfullinger Grafengeschlecht. Es ist dort als Besitzer der „Oberen Burg" nachgewiesen. Vom blutigen Ende des letzten Greifensteiners berichtet die Sage. Es wird angenommen, daß die edelfreie Familie aus wirtschaftlichen Gründen ihre Burgen nach der Zerstörung nicht mehr aufbauen konnte.
Zu dem elsässischen und Tiroler Adelsgeschlecht gleichen Namens bestehen keine verwandtschaftlichen Beziehungen.

**1187** Berthold von Greifenstein, Zeuge in einer zu Tübingen ausgestellten Urkunde des Herzogs Friedrich von Schwaben.
**1191** Bei der Stiftung Bebenhausen werden unter den Zeugen Albert und sein Sohn Kuno von Greifenstein aufgeführt.
**1197** Kuno, Zeuge in einer Urkunde des Philipp von Schwaben.
**1213** Ritter Kuno verkauft Leibeigene an Konrad Maier, Bürger in Reutlingen.
**1216** Die Brüder Rumpold und Kuno von Greifenstein, Zeugen in einer Urkunde.
**1240** Das Burgensystem der Greifensteiner verliert durch die Befestigung der Stadt Reutlingen an Bedeutung. Der Albaufstieg durch das Zellertal wird zweitrangig.
**1241** Rumpold, Zeuge in einer Urkunde des Klosters Wald.
**1270** Rumpold und Kuno im Gefolge des Heinrich von Neuffen.
**1280** Rumpold verkauft dem Kloster Pfullingen für 55 fl. einen Wald bei Ohnastetten.
**1292** Kuno, Neffe des Rumpold, verkauft mit Zustimmung von Frau und Kindern seinen Zehnten und Güter in Fridingen an das Kloster Heiligkreuztal.
**1294** Rumpold, vermutlich der Sohn des 1280 genannten Rumpold, ist Bürgermeister in Reutlingen.
**1308** Rumpold und sein Sohn Berthold überlassen der Tochter bzw. der Schwester Adelheid, Nonne in Offenhausen, einen Weingarten zu Metzingen und Güter zur Nutznießung auf Lebenszeit.
**1311** Im Reichskrieg gegen Graf Eberhard I. von Württemberg zerstören die Reutlinger die Greifensteiner Burgen. Sie werden nicht wieder aufgebaut.
**1355** Schwigger von Greifenstein verkauft seinen Burgstall mit Gütern an den Grafen Eberhard von Württemberg.
**Zwischen 1367 und 1369** Tod des Schwigger, letzter der Greifensteiner.
**1493** Graf Eberhard der Ältere von Württemberg verleiht den Titel des Freiherrn von Greifenstein seinem Sohn Ludwig.
**1893** Freilegung der Mauerreste von Obergreifenstein durch den Schwäbischen Albverein.

# Ober- und Untergreifenstein

*Die Herren von Greifenstein*

**Albert (Albertus)** — Möglicher Sohn oder Bruder eines Berthold.
1191 — Kinder: Berthold (I.), Kuno, Rumpold (I.)?

**Rumpold (I.)** — Sohn des Albert (?)
1216 — Kinder: Rumpold (II.), Kuno, Berthold

**Rumpold (II.)** — Sohn des Rumpold (I.)
1270, 1283 — Kinder: Rumpold (III.), Albrecht, Heinrich, Peter Rudolf – Abt von Blaubeuren, Schwigger – Kustos in St. Gallen

**Rumpold (III.)** — Sohn des Rumpold (II.)
1299, † 1335 — Kinder: Berthold, Adelheid – Nonne in Offenhausen, Enn, Schwigger

**Schwigger** — Sohn des Berthold, letzter der Greifensteiner.
1335, † 1367/1369

1 Kernburg
2 Hauptgraben
3 Wallrest
4 Grabenauswurf
5 Vorgrabenrest
6 Kernmauerreste
7 Holzbrücke
8 Steiler Fels
9 Gebäude
10 Aussichtspunkt
11 Schutzhütte
12 Richtung Untergreifenstein
13 Fußweg von Untergreifenstein und Stahleck
14 Von Holzelfingen
15 Vorbereich
16 Burghof
17 Tor

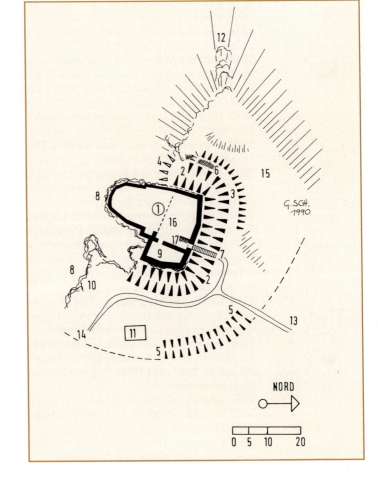

# Ober- und Untergreifenstein

*Die Ruine der Burg*

Anlage Obergreifenstein
: Obergreifenstein steht an der felsigen Talecke des Stahlecker Bachs (Zellertal) und eines Richtung Holzelfingen reichenden Seitentales.

Vorbereich
: Die Anlage besaß einen bogenförmig angelegten Vorgraben (5), der in Resten bei der Schutzhütte (11) noch zu sehen ist. Er umschloß im Abstand von etwa 18 m die Kernburg und einen nicht mehr genau festzustellenden Vorbereich (15).

*Mauerreste des Tores mit angrenzendem Gebäude der ehemaligen Burg Obergreifenstein*

# Ober- und Untergreifenstein

**Kernburg**

Die Kernburg (1) ist durch einen hufeisenförmigen Spitzgraben (2) umgeben. Eine Brücke (7) führt von der Nordseite durch das 1,35 m schmale Tor (17) in den Burghof (16). Links finden sich Grundmauern eines wehrhaften Gebäudes (9) auf fünfeckigem Grundriß. Es war in die Umfassungsmauer eingebunden und schützte die verteidigungsschwächste Stelle zur Feldseite. Mauerstärke zum Hof: 1,1 m, zur Feldseite: 1,8 m. An der südöstlichen Außenecke zeigen sich größere Quader mit Abmessungen z. B. (L x B x H) 53 x 30 x 27, 48 x 40 x 26, 46 x 37 x 24 cm.

Innerhalb der Umfassungsmauer gibt es wenig Hinweise zur Bebauung. Die Bruchsteinmauern wurden teilweise künstlich und teilweise nicht in originaler Stärke erhöht.

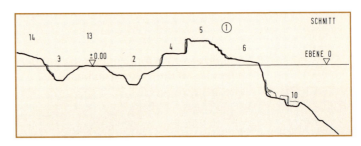

**Anlage Untergreifenstein**

Der Untere Greifenstein ist die ältere der beiden Anlagen. Obwohl nicht größer als Obergreifenstein, stand hier auf dem sogenannten „Mehlsack" die namengebende Burg.

Die Anlage differenziert sich auf einer Länge von ca. 80 m in zwei durch Gräben getrennte Bereiche. Hinter dem Halsgraben (3) lag die Vorburg (13), deren Grundfläche sich nach Norden durch Erweiterung (12) des zweiten Grabens (2) vergrößerte.

**Vorburg**

**Kernburg**

Unmittelbar im Anschluß folgt der Burgfelsen der Kernburg (1) mit verschiedenen Ebenen. Am Fuße des südwestlichen Felsens findet sich ein 2 m hohes Kernmauerstück (8) und auf der Nordseite wenig Kleinquadermauerwerk (7). Abmessungen z. B. (L x H) 47 x 17, 22 x 17, 20 x 14, 29 x 14 cm. Am südlichen Überhang (9) weisen Mauerschutt und Mörtelreste am Fels auf eine Vermauerung. Verfolgt man den Verlauf der Außenmauern am Felskamm, so ergibt sich ein langgestrecktes Rechteck von ca. 7 x 30 m. Ob der gesamte Kamm überbaut oder auf den verebneten Flächen (4, 6) ein Hof mit einbezogen war, bleibt unklar.

Hinter abgestürzten Felsen (11) befindet sich am westlichen Spornende eine Mulde (10) mit trapezförmigem Grundriß.

**Burgstein**

Südwestlich von Greifenstein liegt am Rande des Echaztales über Oberhausen der Aussichtsfelsen Burgstein. In der Literatur wird er meist als Standort einer Grafensteiner Burg erwähnt. Ein Nachweis konnte bisher nicht erbracht werden. Vermutlich hat dort nie eine Burg gestanden.

# Ober- und Untergreifenstein

1 Hauptburg
2 Abschnittsgraben
3 Halsgraben
4 Vordere Ebene
5 Obere Ebene
6 Hintere Ebene
7 Mauerrest Kleinquader
8 Kernmauerwerk
9 Ehemals vermauerter Überhang
10 Mulde
11 Abgestürzter Felsen
12 Erweiterter Graben
13 Vorbefestigung
14 Ansteigender Höhensporn
15 Vom Zellertal
16 Ehemaliger Burgweg
17 Von Obergreifenstein

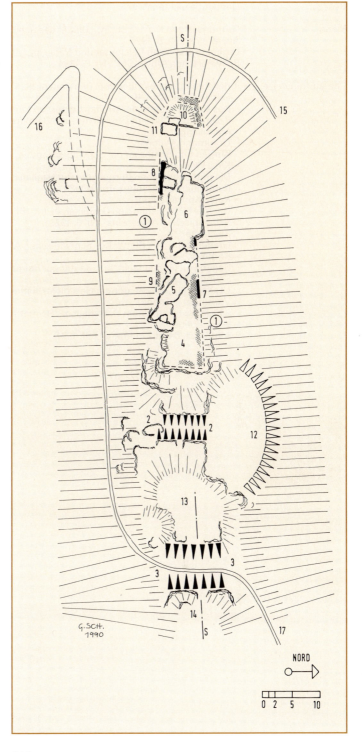

# Ober- und Untergreifenstein

| | |
|---|---|
| Besitzer | Gemeinde Lichtenstein |
| Pläne | Grundrisse von K. A. Koch, in: „Blätter des Schwäbischen Albvereins", Nr. 6, 1925<br>Lageplan 1:500 von Reicherter und Näher, in: „Blätter des Schwäbischen Albvereins", Nr. 6, 1894 |
| Literaturhinweise | – Beschreibung des Oberamts Reutlingen, 1824, 1893<br>– Felder, Hans, Pfr. i. R.<br>Das Burgensystem der Greifensteiner, Text zum Vortrag vom 8. Dezember 1989 im Geschichts- und Heimatverein Lichtenstein, Manuskript<br>– Gradmann, Wilhelm<br>Burgen und Schlösser der Schwäbischen Alb, 1980<br>– Kies, Wolfram<br>Die mittelalterlichen Burgen und Burgstellen des Landkreises Reutlingen, Zulassungsarbeit, 1989<br>– Koch, Konrad Albert<br>Der alte Lichtenstein und Greifenstein, in: „Blätter des Schwäbischen Albvereins", Nr. 6, 1925<br>– Reicherter, G.<br>Greifenstein, in: „Blätter des Schwäbischen Albvereins", Nr. 6, 1894<br>– Rommel, Karl<br>Sagen von Greifenstein, in: „Reutlinger Heimatbuch", 1913<br>– Schön, Theodor<br>Greifenstein, in: „Reutlinger Geschichtsblätter", Jahrgang 1891<br>– Vöhringer, Elfriede<br>900 Jahre Lichtenstein Unterhausen, Heimatbuch, 1989<br>– Wais, Julius<br>Albführer, Band 2, mittlerer Teil, 1971 |

# Stahleck

# Stahleck

Lage  Südlich von Reutlingen mündet bei Unterhausen von Osten der Stahlecker Bach in die Echaz. Am Ende des Zellertales liegt auf einem vorspringenden Felsen die Burgstelle Stahleck.
Von der B 312 Reutlingen in Richtung Riedlingen führt in der Ortsmitte von Unterhausen eine schmale Straße durch das Zellertal aufwärts zum Stahlecker Hof auf die Hochfläche. Eine weitere Zufahrtsmöglichkeit besteht von der Straße Holzelfingen in Richtung Ohnastetten. Etwa auf halbem Wege zweigt nach links eine Straße, beschildert, zum Stahlecker Hof ab. Von dort führt ein bezeichneter Albvereinsweg (AV Dreiblock) in westlicher Richtung zur Burgstelle.
Stahlecker Hof – 0,7 km Stahleck.

*Wandervorschlag:*
Ausgangspunkt dieser Rundwanderung ist der Parkplatz beim Stahlecker Hof. Zur Burgstelle Stahleck wie oben beschrieben. Weiter in Richtung Holzelfingen, dann rechts

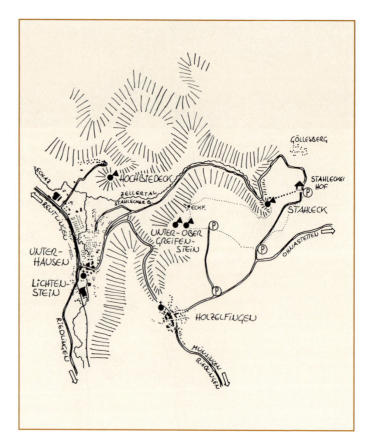

# Stahleck

ab (AV Dreieck) über den Aussichtspunkt „Eckfelsen" zur Ruine Obergreifenstein (siehe Ober- und Untergreifenstein). Dem Weg am Trauf entlang bis zur ersten Abzweigung folgen. Nach links zum Wanderparkplatz (siehe Greifenstein) und über die freie Hochfläche zuerst in westlicher, ab der Waldlichtung (Straße) in nördlicher Richtung zurück zum Ausgangspunkt.
Stahlecker Hof – 0,7 km Stahleck – 2,1 km Obergreifenstein – 2,7 km Stahlecker Hof.

| | |
|---|---|
| Gemeinde | Lichtenstein, Landkreis Reutlingen |
| Meereshöhe | Burg 711 m, Tal 580 m, Stahlecker Hof 521 m |
| Besichtigung | Frei zugänglich |
| Einkehrmöglichkeit und Unterkunft | Gasthaus „Stahlecker Hof" |

1 Kernburg
2 Graben
3 Wall
4 Ausbuchtung
5 Reste Kernmauer
6 Aussichtspunkt
7 Vom Stahlecker Hof
8 Von Greifenstein
9 Zellertal
10 Angrenzende Hochfläche

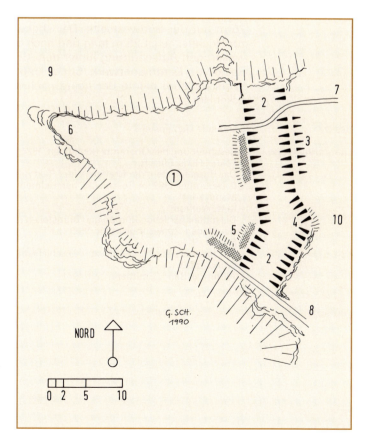

# Stahleck

**Geschichte**

Stahleck gehört vermutlich nicht, wie bisher angenommen, zu den Greifensteiner Burgen. Während diese 1311 im Reichskrieg von den Reutlingern eingenommen und in Brand gesteckt werden, bleibt Stahleck unversehrt. Zur Familie der Greifensteiner besteht vermutlich weder eine verwandtschaftliche Beziehung noch ein Dienstverhältnis. Aufgrund der Keramikfunde und Scherben von Ofenkacheln (Christoph Bizer) ist der Fortbestand von Stahleck über die Zerstörung der Greifensteiner Burgen hinaus nachgewiesen.

**1254** Konrad von Stahleck, Zeuge in einer Urkunde des Grafen Ulrich von Württemberg und des Heinrich von Fürstenberg in Urach.

**1322** Dietrich von Stahleck mit Ulrich dem Zimmermann von Reutlingen, Zeuge in einer Urkunde des Berthold von Altorff.

**Anlage**

Stahleck war eine kleine Anlage auf steiler, felsiger Talecke. Sie lag zur Sicherung des alten Albaufstiegs durch das Zellertal strategisch günstig.

Das verebnete Gelände der Kernburg (1) bildet etwa ein spitzes Dreieck mit 23 m Seitenlänge auf der Nordseite und 26 m auf der Südwestseite. Der abgewinkelte Graben (2) zur Hochfläche ist 25 m lang und noch bis 2,5 m tief. In der wallartigen Aufschüttung hinter dem Graben stecken noch Reste von Kernmauerwerk (5) der Umfassungsmauer. Als Wirtschaftshof diente der heute noch bestehende „Stahlecker Hof".

**Besitzer**

Gemeinde Lichtenstein

**Literaturhinweise**

– Beschreibung des Oberamts Reutlingen, 1824, 1893
– Felder, Hans, Pfr. i. R.
  Das Burgensystem der Greifensteiner, Text zum Vortrag vom 8. Dezember 1989 im Geschichts- und Heimatverein Lichtenstein, Manuskript
– Kies, Wolfram
  Die mittelalterlichen Burgen und Burgstellen des Landkreises Reutlingen, Zulassungsarbeit, 1989
– Schön, Theodor
  Die von Stahleck, in: „Reutlinger Geschichtsblätter", Jahrgang 1901
– Wais, Julius
  Albführer, Band 2, mittlerer Teil, 1971

# Lichtenstein

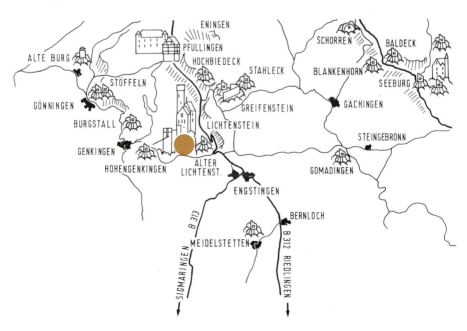

## Lichtenstein

Lage

Lichtenstein ist Wahrzeichen der Schwäbischen Alb und romantischer Traum zugleich. Seine Lage über tiefen Abgründen auf steiler Felsnadel, seine Mauern mit Zinnen und Türmen machen das Schloß zum meist besuchtesten Bauwerk der Schwäbischen Alb.
Es liegt südlich von Reutlingen über der Ortschaft Honau am Ursprung des Echaztales. Die B 312 führt von Reutlingen über die Honauer Steige in Richtung Riedlingen. Kurz nach Erreichen der Hochfläche quert die Straße Münsingen–Genkingen die B 312. Man folgt dem Hinweisschild in Richtung Genkingen, dann rechts direkt zum Parkplatz beim Schloß.
Parkplatz – 0,2 km Lichtenstein.

*Wandervorschlag:*
Ausgangspunkt ist der Parkplatz bei der Nebelhöhle. Man folgt dem bezeichneten Weg (HW 1) Richtung Lichtenstein bis zum Gasthaus beim Skilift. Links abbiegen (AV Dreieck) und am Goldloch vorbei zum Aussichtspunkt „Gießstein". Über den Breitenstein und Brunnenfels am Trauf entlang zum Schloß Lichtenstein aufsteigen. Schließlich auf dem ausgeschilderten Weg direkt zurück zur Nebelhöhle.
Nebelhöhle – 2,6 km Gießstein – 2,2 km Lichtenstein – 3,2 km Nebelhöhle.
Weiterer Wandervorschlag siehe Alter Lichtenstein.

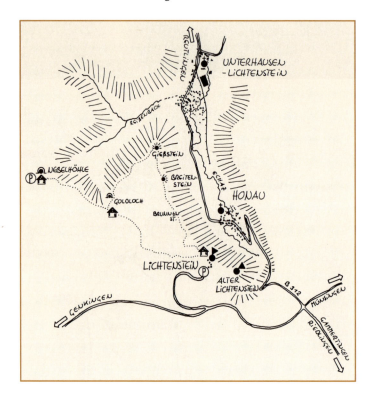

# Lichtenstein

| | |
|---|---|
| Gemeinde | Lichtenstein, Landkreis Reutlingen |
| Meereshöhe | Schloß 820 m, Echaztal 530 m |
| Besichtigung | Schloß geöffnet: April bis Oktober täglich von 9 bis 12 Uhr und 13 bis 17.30 Uhr. November, Februar, März: Samstag und Sonntag von 9 bis 12 Uhr und 13 bis 17 Uhr. Dezember und Januar geschlossen<br>Führungen auch in englischer und französischer Sprache<br>Schloßverwaltung: Telefon 07129/4102 |
| Einkehr-möglichkeit | Schloßgasthof „Lichtenstein" |
| Weitere Sehens-würdigkeiten | Hauff-Museum und Olgahöhle in Honau, Nebelhöhle |
| Lichtenstein<br>Ballade von<br>Gustav Schwab | Aus einem tiefen, grünen Tal<br>Steigt auf ein Fels, als wie ein Strahl,<br>Drauf schaut das Schlößlein Lichtenstein<br>Vergnüglich in die Welt hinein. |

In dieser abgeschiednen Au,
Da baut' es eine Ritterfrau;
Sie war der Welt und Menschen satt,
Auf den Bergen sucht sie eine Statt.

Den Fels umklammert des Schlosses Grund,
Zu jeder Seite gähnt ein Schlund,
Die Treppen müssen, die Wände von Stein,
Die Böden ausgegossen sein.

So kann es trotzen Wetter und Sturm;
Die Frau wohnt sicher auf ihrem Turm,
Sie schauet tief ins Tal hinab,
Auf die Dörfer und Felder, wie ins Grab.

„Die blaue Luft, der Sonnenschein,
Spricht sie, der Wälder Klang ist mein.
Eine Feindin bin ich aller Welt,
Zu Gottes Freundin doch bestellt."

Mit diesem Spruch sie lebt's und starb,
Davon das Schloß sich Ruhm erwarb,
Drauf wohnte manch ein Menschenfeind,
Und ward in der Höhe Gottes Freund!

Und als vergangen hundert Jahr
Ein Menschenfeind auch droben war;
Lang hatt' er an keinen Menschen gedacht:
Da pocht' es einsmals an zu Nacht.

„Es ist ein einzger, vertriebner Mann,
Der Welt Feind wohl er sich nennen kann.
Herr Ulrich ist's von Württemberg,
Zu Gaste will er auf diesen Berg!"

# Lichtenstein

Der Andre hat ihm aufgemacht,
Er nimmt des Fürsten wohl in Acht;
er zeiget ihm das finstre Tal,
Das weit sich dehnt im Mondenstrahl.

Der Herzog schaut hinunter lang,
Und spricht mit einem Seufzer bang:
„Wie fern, ach, von mir abgewandt,
Wie tief, wie tief liegst zu, mein Land!"

„Auf meiner Burg, Herr Herzog, ja!
Ist Erde fern, doch Himmel nah.
Wer schaut hinauf und wohnt nicht gern
Im Himmelreich von Mond und Stern?"

Da hebt der Herzog seinen Blick,
Und sieht nicht wieder aufs Land zurück;
Von Nacht zu Nacht wird er nicht satt,
Bis er es recht verstanden hat.

Und als nach manchem schweren Jahr
Er wieder Herr vom Lande war,
Da hat er alles wohl bestellt,
Und hieß ein Freund von Gott und Welt.

Wie hat er erworben solche Gunst?
Wo hat er erlernet solche Kunst?
In des Himmels Buch, auf Lichtenstein
Da hat er's gelesen im Sternenschein.

Das Schloß zerfiel, es ward daraus
Ein leichtgezimmert Försterhaus;
Doch schonet sein der Winde Stoß,
Meint, es sei noch das alte Schloß.

Und einsam ist es jetzt nicht mehr,
Es kommt der Gäste fröhlich Heer;
Sie kommen aus einer Höhl' ans Licht,
Doch Menschenfeinde sind es nicht.

Manch holdes Mädchenangesicht
Läßt leuchten seiner Augen Licht,
Da führt mit Recht in solchem Schein
Das Schloß den Namen Lichtenstein.

Die Männer stolz, die Mägdlein frisch,
Sie sitzen All' um einen Tisch,
Die Erde lächelt herauf so hold,
Es strahlt am Himmel der Sonne Gold.

Sie spenden von des Weines Tau
Dem Herzog und der Edelfrau,
Und bitten sie, dies Schlößlein gut
Zu nehmen in ihre fromme Hut.

Und ziehen sie ab, mit einer Brust
Voll Gotteslieb' und Menschenlust,
Dann steht im späten Sternenschein
Einsam und selig der Lichtenstein.

# Lichtenstein

*Lichtenstein von Louis Mayer um 1836*

# Lichtenstein

**Schloßbeschreibung, um 1596**
Von Martin Crusius

„Einen Stockschuß weit von Holzelfingen gegen Mittag siehet man das Schloß Lichtenstein, welches nicht groß ist und auf einem Felsen liegt, so daß die unteren Zimmer in den Felsen gehauen sind. Dieses Schloß ist von den andern Felsen abgesondert, auf welches eine lange Brücke geht, unter der ein sehr tiefer Graben ist und auf beiden Seiten sind Felsen, die lange Leitern zum Hinaufsteigen nötig haben. Auf dem äußersten Teil des Felsens stehet das Schloß, vor sich, über der Brücke hat es Wälder, auf der andern Seite lustige Gärten, Wiesen und Äcker. Diesem Schloß müssen die Dörfer frohnen, zum Exempel, einer muß das Holz hauen, der andere muß es dahin führen, der dritte muß den Mist wegführen, der vierte Gras abmähen, der fünfte daselbe dürr machen und einführen. Gleiches Recht hat auch das Schloß Achalm bei fünf Dörfern. Lichtenstein hat auch einen tiefen Trog (Zisterne) in den Felsen eingehauen, darein das Wasser von den Dächern geleitet wird. Außerhalb einen tiefen Brunnen bei der großen Scheuer, darin das Vieh ist und einen Weiher von dem Wasser, welches von den Dächern läuft. Unten an der Staig ist ein vortrefflicher Brunnen, welcher aus dem Felsen hervorquillt. Am untern Teil des Schlosses ist ein Festungswerk auf alte Art gebauet. Etwas höher ein herrlicher Pferdestall von viel Ställen und kleinere Kammern, anstatt des Kellers, alles in den Felsen gehauen. Wenn man die Stiege hinaufgeht, findet man eine weite und helle Stube mit gegossenem Boden, dergleichen Böden man auch in den andern Zimmern und Lauben siehet. Vor den Stuben sind Doppelhaken an der Wand. Im oberen Stockwerk ist eine überaus schöne Stuben oder Saal, ringsherum mit Fenstern, aus welchen man den Asperg sehen kann. Darin hat der vertriebene Fürst (Ulrich von Württemberg) nicht selten gewohnt, der des Nachts vor das Schloß kam und sagte: ‚Der Mann ist da'; so wurde er eingelassen. Im Schloß geht man durch eine Schnecke hinab von oben bis zu unterst. Das Schloß hat im vorderen Teil, gegen Aufgang, ein erschreckliches Absehen wegen der Gähe, daß wenig sind, die hinabsehen können und sich nicht fürchten."

**„Lichtenstein", 1826**
Von Wilhelm Hauff (Auszug)

„Wie ein kolossaler Münsterturm steigt aus einem tiefen Albtal ein schöner Felsen, frei und kühn, empor. Weitab liegt alles feste Land, als hätte ihn ein Blitz von der Erde weggespalten, ein Erdbeben ihn losgetrennt, oder eine Wasserflut vor uralten Zeiten das weichere Erdreich ringsum von seinen festen Steinmassen abgespült. Selbst an der Seite von Südwest, wo er dem übrigen Gebirge sich nähert, klafft eine tiefe Spalte, hinlänglich weit, um auch den kühnsten Sprung einer Gemse unmöglich zu machen, doch nicht so breit, daß nicht die erfinderische Kunst des Menschen durch eine Brücke die getrennten Teile vereinigen konnte.

# Lichtenstein

"Wie das Nest eines Vogels auf die höchsten Wipfel einer Eiche oder auf die kühnsten Zinnen eines Turms gebaut, hing das Schlößchen auf dem Felsen. Es konnte oben keinen sehr großen Raum haben, denn außer einem Turm sah man nur eine befestigte Wohnung, aber die vielen Schießscharten im unteren Teil des Gebäudes, und mehrere weite Öffnungen, aus denen die Mündungen von schwerem Geschütz hervorragten, zeigten, daß es wohlverwahrt und trotz seines kleinen Raumes eine nicht zu verachtende Feste sei; und wenn ihm die vielen hellen Fenster des oberen Stockes ein freies, luftiges Ansehen verliehen, so zeigten doch die ungeheuren Grundmauern und Strebepfeiler, die mit dem Felsen verwachsen schienen und durch Zeit und Ungewitter beinahe dieselbe braungraue Farbe wie die Steinmasse, worauf sie ruhten, angenommen hatten, daß es auf festem Grunde wurzle und weder vor der Gewalt der Elemente noch dem Sturm der Menschen erzittern werde. Eine schöne Aussicht bot sich schon hier dem überraschten Auge dar, und eine noch herrlichere, freiere, ließ die hohe Zinne des Wartturms und die lange Fensterreihe des Hauses ahnen.
Lichtensteins alte Feste ist längst zerfallen, und auf den Grundmauern der Burg erhebt sich ein freundliches Jägerhaus, fast so luftig und leicht wie jene spanischen Schlösser, die man in unseren Tagen auf die Grundpfeiler des Altertums erbaut. Noch immer breiten sich Württembergs Gefilde so reich und blühend wie damals vor dem entzückten Auge aus, als Marie an des Geliebten Seite hinabsah und der unglücklichste seiner Herzöge den letzten Scheideblick von Lichtensteins Fenstern auf sein Land warf. Noch prangen jene unterirdischen Gemächer, die den Geächteten aufnahmen, in ihrer alten Pracht und Herrlichkeit, und die murmelnden Wasser, die sich in eine geheimnisvolle Tiefe stürzen, scheinen längst verklungene Sagen noch einmal wiedererzählen zu wollen."

Geschichte   Die Gründung der Burg mit dem klangvollen Namen Lichtenstein geht weiter zurück als bisher angenommen. Unklar war, welche der Lichtensteiner Burgen der Schwäbischen Alb als namengebender Stammsitz anzusehen ist. Aufgrund der Auswertung von Lesekeramik durch Christoph Bizer konnten neue Erkenntnisse gewonnen werden. Demnach entsteht auf dem Felsen des heutigen romantischen Schlosses in der 1. Hälfte des 12. Jahrhunderts die erste Burg Lichtenstein. Der Bauherr ist Ministeriale der Grafen von Achalm-Gammertingen, der mit den Herren von Hölnstein (Holstein) verwandt ist. Erst ein halbes Jahrhundert später entstehen der sogenannte „Alte Lichtenstein" sowie die Doppelburg Vorder- und Hinter-Lichtenstein bei Neufra. Lichtenstein bei Neidlingen entsteht noch später.

# Lichtenstein

Das heutige Schloß ist als geschichtliche Kuriosität zu betrachten. Wilhelm Hauffs Roman „Lichtenstein" handelt von der Fehde zwischen dem Schwäbischen Bund und Herzog Ulrich von Württemberg. Durch Hauffs Darstellung inspiriert, läßt sich Graf Wilhelm von Württemberg das romantische Schloß auf alten Burgresten erbauen.
Folgender geschichtlicher Abriß stützt sich auf vorhandene Literatur. Es ist nicht immer eindeutig, wessen Familienangehöriger den verschiedenen Lichtensteiner Burgen zuzuordnen ist (siehe Vorder- und Hinter-Lichtenstein, Burgenführer Band 5).

**1100–1150** Entstehung der ersten Burg Lichtenstein.
**1182** Gebhard von Lichtenstein schenkt Güter in Altingen bei Herrenberg dem Kloster Ottobeuren. Der Lichtensteiner ist Ministeriale des Markgrafen Heinrich von Ronsberg, Gemahl der Adelhild von Achalm-Gammertingen.
**Um 1200** Baumaßnahmen in Buckelquaderbauweise.
**1236** Gero von Lichtenstein, Zeuge in einer Urkunde des Grafen Berthold von Urach.
**1243** Abt Peter von Bebenhausen erwirbt von Gebhard von Lichtenstein ein Gut in Geisnang. Erwähnung der Brüder Schwänger (Swaneger) und Berthold.
**1246** Berthold von Lichtenstein, Pfarrer in Grüningen bei Riedlingen.
**1251** Heinrich von Lichtenstein mit Söhnen, Zeuge in einer Urkunde des Klosters Buchau.
**1254** Ludwig, Gebhard und Schwänger von Lichtenstein, Zeugen in einer Urkunde des Ulrich von Württemberg und Heinrich von Fürstenberg.
**1300** Schwänger von Lichtenstein, Bürge beim Verkauf von Stöffeln und Gönningen an Württemberg.
**1311** Vermutlich erste Zerstörung der Burg im Reichskrieg gegen Graf Eberhard I. von Württemberg durch die Reutlinger.
**1319** Schwänger ist einer der sieben Ritter, die mit Graf Friedrich von Zollern ein Mannengericht in Mühlheim an der Donau abhalten.
**1327** Schwänger als Richter bei der Einigung zwischen Ulrich von Württemberg und Rudolf von Hohenberg.
**1332** Schwänger in Überlingen als „Pfleger" der Juden.
**1352** Dietrich von Lichtenstein, Schiedsrichter im Streit zwischen dem Grafen von Zollern und dem Kloster Kirchberg.
**1377–1388** Erneute Zerstörung durch die Reichsstadt Reutlingen, Rafe von Lichtenstein fällt in der Schlacht bei Reutlingen.
**1389–1394** Übergang von Lichtenstein durch den Vergleich mit den Städten an Graf Eberhard von Württemberg. Wiederaufbau der zerstörten Burg. Vermutlich verliert Schwänger sein Lehen, weil er die Burg den Reutlingern übergeben hat.

# Lichtenstein

*Gesamtanlage mit Vorbereich, Bastionen, Wohn- und Verwaltungsbauten*

**1394–1407** Otto von Baldeck als württembergischer Burgvogt auf Lichtenstein.
**1409** Hans Speth, Burgvogt.
**1454** Graf Ludwig von Württemberg gibt Lichtenstein dem Wolf von Neuhausen als Lehen.
**1493** Rücknahme des Lehens, Benz von Husen wird Burgvogt.
**1504** Rafan von Talheim, Burgvogt.
**1567** Lichtenstein verliert seine Bedeutung als Schloß. Herzog Christoph ersetzt die Stelle des adligen Burgvogts durch einen Forstknecht.
**1614** Lichtenstein wird dem Uracher Forst zugeordnet und bleibt Wohnung des Forstknechts.
**1687** Anton von Lichtenstein, kaiserlicher Fähnrich, stirbt als letzter der Lichtensteiner Familie im Feldzug gegen die Türken.
**1802** König Friedrich von Württemberg läßt den oberen Teil der baufälligen Burg abbrechen und durch einen Fachwerkbau ersetzen. Lichtenstein wird fürstliches Jagdhaus und Sitz eines Revierförsters.
**1803** Friedrich hält sich anläßlich der ersten festlichen Beleuchtung der Nebelhöhle auf Lichtenstein auf.
**1826** Wilhelm Hauffs Roman „Lichtenstein" wird veröffentlicht.
**1837** Herzog Wilhelm von Urach, Graf von Württemberg, erwirbt von seinem Vetter, dem König Wilhelm von Württemberg, den Besitz Lichtenstein.
**1840–1842** Neubau des romantischen Schlosses Lichtenstein nach Plänen des Nürnberger Architekten Ernst Heideloff. Die Bauleitung oblag dem Reutlinger Bauinspektor Rupp.

# Lichtenstein

*Torbereich mit Teilen der mittelalterlichen Burg*

**1857** Vollendung der Außenwerke durch Baumeister Strohbach.
**1869** Herzog Wilhelm stirbt auf Lichtenstein, das Schloß wird Wohnsitz seines Sohnes, Herzog Wilhelm von Urach.
**1901** Neubau des sogenannten „Fürstenbaus" links vom Torbau und Erweiterung des außerhalb stehenden Forsthauses.
**1982–1990** Sicherung von Schloß und Nebengebäude, Restaurierung der Wandmalereien durch den Eigentümer Herzog Karl Anselm von Urach, Graf von Württemberg, unter Leitung des Architekten Rudolf Brändle.
**1990** Karl Anselm verliert durch die Heirat mit der Bürgerlichen Saskia Wüsthoff Herzogsrang und Erbberechtigung.

*Die Nachkommen Graf Wilhelms*
*Herzöge und Fürsten von Urach*
*Bewohner des Schlosses Lichtenstein*

Wilhelm
1810–1869

Herzog von Urach, Graf von Württemberg, Sohn des Herzogs Wilhelm, Bauherr des Schlosses Lichtenstein.
Gemahlinnen:
1. Prinzessin Theodolinde von Leuchtenberg
2. Florestine Prinzessin von Monaco
Kinder: Auguste Eugenie, Marie Josephine, Eugenie Amalie, Mathilde Auguste, Wilhelm Karl, Karl Joseph

# Lichtenstein

*Mathildenturm und Fürstenbau begrenzen den Vorbereich vor dem alles überragenden Schloßturm*

| | |
|---|---|
| Wilhelm Karl<br>1864–1928 | Herzog von Urach, Graf von Württemberg, Sohn des Wilhelm, General der Infanterie, Thronanwärter für Litauen.<br>Gemahlinnen:<br>1. Amalie Herzogin von Bayern<br>2. Wiltrud Prinzessin von Bayern<br>Kinder: Fürstin Elisabeth, Karola Hilda, Wilhelm Albert, Karl Gero, Margarete, Albrecht, Eberhard, Mechthilde |
| Albrecht<br>1903–1969 | Sohn des Wilhelm Karl<br>Gemahlinnen:<br>1. Rosemary Blackadder<br>2. Ute Waldschmidt<br>Kinder: Marie Gabrielle, Manuela, Peter Johannes († 1977)<br>– letzter der Linie des Albrecht |
| Eberhard<br>1907–1969 | Herzog von Urach, Graf von Württemberg, Sohn des Wilhelm Karl, Major.<br>Gemahlin: Iniga Prinzessin von Thurn und Taxis<br>Kinder: Marie Amelie, Elisabeth, Karl Anselm, Wilhelm, Inigo |
| Karl Anselm<br>1955 | Herzog von Urach, Graf von Württemberg, Sohn des Eberhard.<br>Gemahlin: Saskia Wüsthoff |

# Lichtenstein

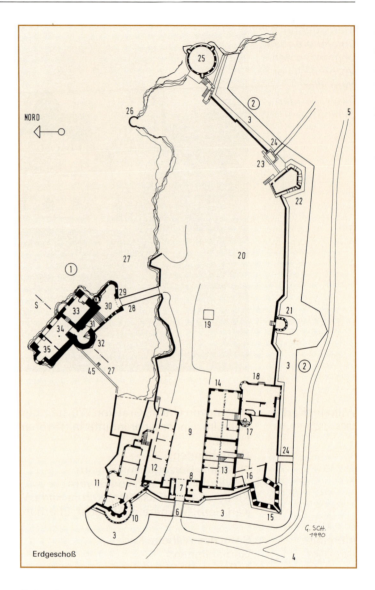

Erdgeschoß

| Anlage | Schloß Lichtenstein ist das Ergebnis einer romantischen Idee. Es entstand nach der Gesamtplanung des Architekten Ernst Heideloff von 1840 bis 1842. Die Sockelbereiche der mittelalterlichen Burg auf dem Felsen wurden in die Neuplanung mit einbezogen.
Verschiedene Entwicklungsphasen können vor dem Neubau unterschieden werden. |
|---|---|
| 1. Anlage | Zwischen 1100 und 1150 entstand die namengebende Burg der Lichtensteiner. Reste von Kleinquader um den Burgfelsen und im Graben stammen möglicherweise von dieser Anlage. |

# Lichtenstein

1 Hauptschloß auf dem Felsen
2 Äußere Festungswerke
3 Äußerer Graben
4 Vom Parkplatz
5 Von Altlichtenstein
6 Eingangsbrücke
7 Torbau
8 Kasse
9 Äußerer Schloßhof
10 Mathildenturm
11 Gerdtrakt
12 Fürstenbau
13 Verwaltung
14 Ritterbau
15 Eugenien-Bastion
16 Scheuer
17 Treppenturm
18 Fürstenbau
19 Gartenhaus
20 Grünanlage
21 Karls-Bastion
22 Marien-Bastion
23 Tor
24 Brücke
25 Augusten-Bastion
26 Aussichtskanzel
27 Innerer Graben
28 Zugbrücke
29 Haupttor
30 Vorhof
31 Eingang Schloß
32 Rundturm
33 Trinkstube
34 Waffenhalle
35 Kapelle
36 Kellerräume
37 Königszimmer
38 Wappenzimmer
39 Erkerzimmer
40 Rittersaal
41 Erker
42 Musikzimmer
43 Zimmer
44 Dachzimmer
45 Poterne

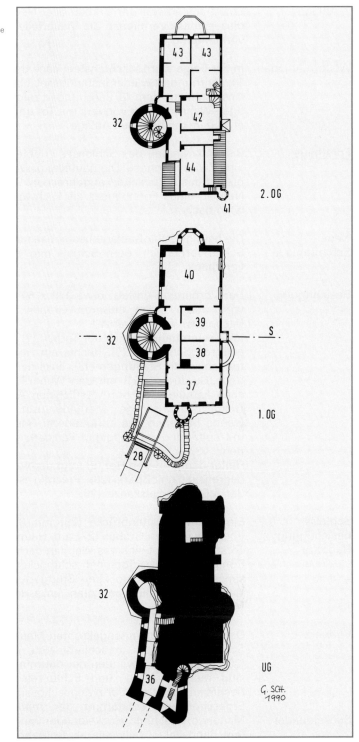

# Lichtenstein

| | |
|---|---|
| 2. Anlage | Entscheidend war der Umbau oder Neubau um 1200. Aus dieser Phase verblieben die Mauerteile mit Buckelquaderverblendung. |
| Weitere Anlagen | In der Folge wurde Lichtenstein nach den Zerstörungen im 14. Jahrhundert wieder instandgesetzt bzw. aufgebaut. Alte Ansichten aus dem 18. Jahrhundert zeigen einen donjonartigen Wehrbau. Das Vorwerk mit Tor und Brücke entspricht etwa dem der heutigen Anlage. |
| Forsthaus | Bis zum Neubau des Schlosses erlebte Lichtenstein noch eine Zwischenphase. Die baufällig gewordene Burg wurde bis auf das Erdgeschoß abgebrochen. Darauf entstand der Neubau eines Forsthauses als Fachwerkbau mit Krüppelwalmdach. |
| Neue Schloßanlage | Die heutige Schloßanlage besteht aus dem umfangreichen Schloßvorbereich, dem Schloß und dem ausgelagerten Forsthaus. |
| Besichtigung | Der Vorbereich umfaßt etwa 140 x 60 m Grundfläche. Er wird durch einen äußeren Graben (3) mit mehreren Bastionswerken begrenzt.<br>Im Westen befindet sich der Torbau (7) mit dem folgenden äußeren Schloßhof (9). Rechts am Hof steht der Verwaltungsbau mit Stallungen (13), links der „Fürstenbau" (12) und „Gerdtrakt" (11) mit den Wohnräumen der herzoglichen Familie. Den nordwestlichsten Abschluß bildet der runde bastionsartige, Mathildenturm (10). Die Außenwände bestehen aus Tuffquadern. Gesimse und Nischen mit spitz- und rundbogigen Fenstern gliedern die Fassaden.<br>Hinter dem äußeren Hof (9) folgt der von Mauern und Fels begrenzte Schloßpark (20). Prächtig ist der Ausblick von der äußersten Felskanzel (26). |
| Schloßbesichtigung Haupttor | Eine Schwungrutenbrücke (28) mit Brückenpfeiler führt über den inneren Graben (27) zum Haupttor (29). Über dem Torsturz befindet sich das Wappen der württembergischen Königsfamilie. Die Torseiten schmücken steinerne Renaissancebüsten aus dem alten Stuttgarter Lusthaus. Rechts Vladislav V., König von Polen, links Herzog Heinrich von Münsterberg. |
| Vorwerk | Das Vorwerk mit zinnengekrönten Mauern, Rondellen und Scharwachttürmen umschließt den inneren Schloßhof (30). In den Außenwänden der darunterliegenden Gelasse sind mehrere Maul- und Schlüsselscharten eingebaut. Rechts am Hof steht der zweigeschossige Südbau (33). Die Ergeschoßzone entstammt der mittelalterlichen Burg. |
| Buckelquader | Mauerwerkstechnik: Buckelquader mit wenig ausgeprägtem Randschlag, teilweise als Bossenquader ausgebildet, |

# Lichtenstein

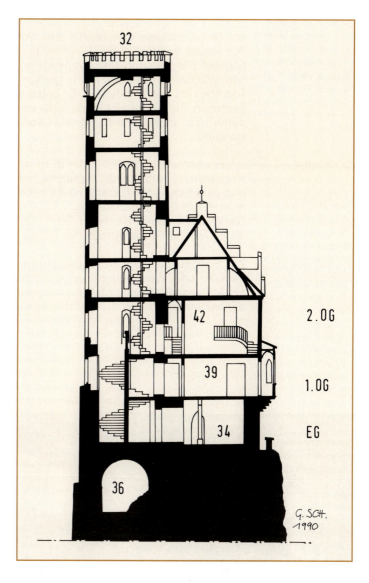

Abmessung z. B. (L x H) 59 x 40, 80 x 48, 83 x 47 cm, Eckquader 93 x 36 x 14 cm, Buckel grob bearbeitet bis 22 cm vorstehend. An der Gebäudeecke ein Sakramentshäuschen des 16. Jahrhunderts aus der Klosterkirche von Offenhausen.

Steinerne Stufen führen zum eigentlichen Schloßportal im hohen Rundturm (32). Dahinter liegt der dreigeschossige Nordbau.

**Erdgeschoß Waffenhalle**
Die Innenbesichtigung beginnt im Erdeschoß mit der Waffenhalle (34), ein auf dem Felsen aufsitzender Raum mit bemalter Holzdecke. Die Wände zieren zahlreiche Waffen und Harnische.

# Lichtenstein

**Schloßkapelle** — Es folgt die neugotische Schloßkapelle (35). Sie liegt auf der Nordwestseite und besitzt eine vorspringende Apsis. Das Innere besticht durch Glasmalereien in großen, rundbogigen Nischen und Kreuzrippengewölbe mit Schlußsteinen. Von der Ausstattung ist ein großer Altarflügel mit dem Tod Mariens hervorzuheben. Er entstammt der St.-Moritz-Kirche in Rottenburg-Ehingen und ist um 1440 bis 1450 durch den sogenannten „Meister von Lichtenstein" entstanden.

**Trinkstube** — In der ehemaligen Stallung der Burg ist die Trinkstube (33) eingerichtet. Holzdecke, Wandtäfer, darüber Jagdszenen und eine Kanzel für flotte Sprüche geben dem Raum seine heitere, fröhliche Atmosphäre.
Die Wendeltreppe im runden Turm (32) führt zum Obergeschoß mit den Prunkräumen des Schlosses.

**1. Obergeschoß Königszimmer** — Zur Südostseite liegt das Königszimmer (37) mit reicher Decken- und Wandbemalung. Architekt Heideloff hat ihn als Ahnensaal ausgestattet. Rankenwerk umgeben die Bilder bekannter Württemberger Herzöge und Grafen.

*Holzgetäferte Trinkstube mit Kanzel im Erdgeschoß*

# Lichtenstein

*Im Rittersaal des Schlosses spiegelt sich die Romantik des 19. Jahrhunderts*

Wappenzimmer  Es folgt das Wappenzimmer (38) mit Siegelbildern der Grafen von Württemberg. Üppige Bemalung und Bilder des 15. Jahrhunderts schmücken den Raum und auch das

Erkerzimmer  folgende Erkerzimmer (39). Hervorzuheben sind die „Krönung Mariens" vom Meister von Lichtenstein, die „Anbetung der Heiligen Drei Könige" von Jörg Ratgeb und der „Tod des heiligen Benediktus".

Rittersaal  Prunkvollster Raum des Schlosses ist der Rittersaal (40). In ihm spiegelt sich die ganze Ritterromantik des 19. Jahrhunderts. Wandgemälde erinnern an die Gestalten des Lichtensteiner Romans, der Grafen von Württemberg und anderer schwäbischer Ritter.

# Lichtenstein

| | |
|---|---|
| Besitzer | Graf von Württemberg |
| Pläne | Grundrisse, Schnitte und Ansichten M 1:50, Universität Stuttgart |
| Alte Ansichten | Schloß mit Notdach, 1801, Autenrieth |
| | Försterhaus mit Echaztal, Ernst Fries, Heidelberg, Kurpfälz. Museum |
| | Lichtenstein, um 1800, Lithographie |
| | Försterhaus von Südosten, Tuschezeichnung, um 1830 |
| | Von der Südostseite, 1835, Aquarell von Ed. Kallee |
| | Schloß gegen Achalm, Ölbild, F. Determann, 1912 |
| | Försterhaus, Aquarell, in Skizzenbuch, Landesbibliothek |
| | Försterhaus von Peter Jakob Büttgen, 1826 |
| | Aquatinta von Carl Doerr, um 1820, Staatsgalerie Stuttgart |
| | Schloß von Norden, von Christian von Hayn, 1848, Aquarell |
| | Schloß mit Echaztal, R. von Reischach, um 1850, Tübingen, Antiquariat Heckenhauer |
| | Schloß, Skizzenbuchblatt von Theodor Kerhas, 1811–1872, Karlsruhe, Kunsthalle |
| | Schloß, um 1850, Heidelberg, Kurpfälz. Museum |
| | Von der gegenüberliegenden Talseite, Eberh. Emminger, Biberach, Städt. Sammlungen |
| | Schloß mit Echaztal von Louis Rachel, Tonlithographie |
| | Schloß mit Umgebung von Frierich Nick, 1872, Aquarell, Ulm, Antiquariat Aug. Späth |
| Literaturhinweise | – Bach, Max |
| | Bilder vom alten Lichtenstein, in: „Blätter des Schwäbischen Albvereins", Nr. 6, 1903 |
| | – Beschreibung des Oberamts Reutlingen, 1893 |
| | – Bizer, Christoph und Götz, Rolf |
| | Vergessene Burgen der Schwäbischen Alb, 1989 |
| | – Die Deutschen Burgen + Schlösser, 1987, Wikinger-Verlag |
| | – Dörr, Gerd |
| | Schwäbische Alb, Burgen, Schlösser, Ruinen, HB-Bildatlas, 1988 |
| | – Goeßler, Peter |
| | Graf Wilhelm von Württemberg, der Erbauer Lichtensteins, in: „Blätter des Schwäbischen Albvereins", Nr. 12, 1935 |
| | – Gonschor, Lothar |
| | Kulturdenkmale und Museen im Kreis Reutlingen, 1989 |
| | – Gradmann, Wilhelm |
| | Burgen und Schlösser der Schwäbischen Alb, 1980 |
| | – Hauptmann, Arthur |
| | Burgen einst und jetzt, 1987 |
| | – Kies, Wolfram |
| | Die mittelalterlichen Burgen und Burgstellen des Landkreises Reutlingen, nichtveröffentlichte Zulassungsarbeit, 1969 |
| | – Minzenmay, Dr. rer. techn. Albert |
| | Schloß Lichtenstein, Schloßführer |
| | – Pfäfflin, Friedrich |
| | Das Schloß nach einem Roman: Lichtenstein, in: „Merian Schwäbische Alb", Mai 1982 |
| | – Pfefferkorn, Wilfried |
| | Burgen unseres Landes, Schwäbische Alb, 1972 |
| | – Schwab, Gustav |
| | Die Neckarseite der Schwäbischen Alb, 1823, 1960 |
| | – Uhl, Stefan |
| | Buckelquader an Burgen der Schwäbischen Alb, Studienarbeit 1990 |
| | – Uhland, Robert |
| | 900 Jahre Haus Württemberg, 1985 |
| | – Vom Lichtenstein, in: „Blätter des Schwäbischen Albvereins", Nr. 6, 1901 |
| | – Wais, Julius |
| | Albführer, Band 2, mittlerer Teil, 1971 |

# Alter Lichtenstein

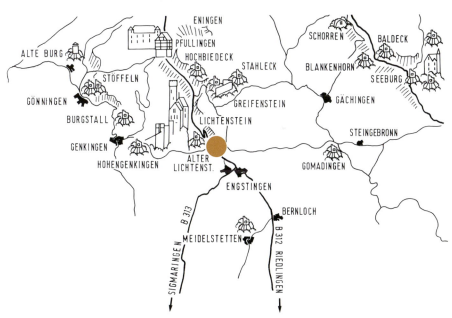

## Alter Lichtenstein

| | |
|---|---|
| Lage | Südlich von Reutlingen, bei der Ortschaft Honau, entspringt die Echaz. Ringsum säumen steile Felsen den Talschluß. Auf der westlichen Seite ragt das bekannte Schloß Lichtenstein (siehe Lichtenstein). Wenig taleinwärts befand sich am äußersten Ende eines Felsens die Burg des sogenannten Alten Lichtenstein.<br>Von der B 312 Reutlingen in Richtung Riedlingen zweigt unmittelbar nach Erreichen der Hochfläche die Straße in Richtung Sonnenbühl-Genkingen ab. Ein Hinweisschild führt zum Parkplatz beim Schloß Lichtenstein.<br>Unmittelbar vor den Schloßmauern beginnt nach rechts ein Wanderweg (AV Dreieck), der zum Trauf und weiter direkt zur Ruine führt.<br>Parkplatz – 0,7 km Alter Lichtenstein. |
| Gemeinde | Lichtenstein, Landkreis Reutlingen |
| Meereshöhe | Burg ca. 790 m, Schloß Lichtenstein 820 m, Echaztal 530 m |
| Besichtigung | Frei zugänglich |
| Einkehrmöglichkeit | Schloßgasthof „Lichtenstein" |
| Weitere Sehenswürdigkeiten | Hauffmuseum und Olgahöhle in Honau |

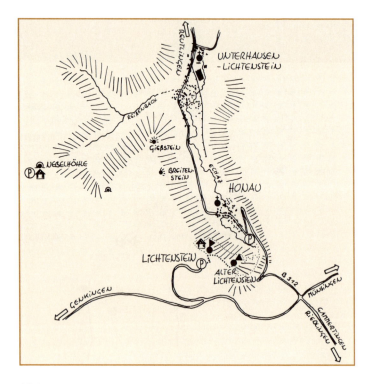

## Alter Lichtenstein

**Geschichte**

Der „Alte Lichtenstein" ist nicht wie die Bezeichnung es vermuten läßt, die ältere der Lichtensteiner Burgen. Nach neuesten Erkenntnissen (Datierung Lesekeramik von Christoph Bizer) ist sie vermutlich als zweite Anlage der etwa 50 Jahre früher entstandenen Burg auf dem Felsen des romantischen Schlosses anzusehen. Bis zur Zerstörung im 14. Jahrhundert sind beide Burgen nebeneinander existent. Mehr über die Geschichte der Bauherrenfamilie siehe Schloß Lichtenstein.

**Um 1150–1200** Entstehung der zweiten Lichtensteiner Burg „Alter Lichtenstein" vermutlich unter Gebhard von Lichtenstein.
**1311** Zerstörung der Burg im Reichskrieg gegen Graf Eberhard I. von Württemberg durch die Reutlinger.
**1315** Wiederaufbau nach dem Friedensschluß.
**1377–1388** Erneute Zerstörung durch die Reutlinger im Städtekrieg.
**1389** Die Burg kommt als „verfallen Gut" an Württemberg.

**Anlage**

Die Burgruine liegt auf einem Felsen, der zum Echaztal hin abfallenden Traufkante. Zwei bogenförmige Gräben (11 + 13) trennen den Felskamm nach Nordwesten und münden in den Steilhang. Zwischen innerem Graben (11) und Umfassungsmauer (9) liegt auf der Nordseite ein dreiecksförmiger Zwinger. Die Umfassungsmauer (Reste) umschloß eine Fläche von ca. 30 x 55 m. Diese Fläche gliedert sich in die südliche Vorburg mit geräumigem Burghof (7) und die Kernburg (1). Diese erscheint heute als riesiger Trümmerhaufen. Bei genauer Betrachtung läßt sich folgendes feststellen: im Abstand von 6,8 bzw. 7,5 m von der Umfassungsmauer liegen Reste einer 15,4 m langen und 4,3 m starken Schildmauer (3). Diese hatte, burgseitig angebaut, einen bergfriedartigen Turm (2) mit viertelkreisförmigem (R = 3,2 m) Abschluß. Ähnliche Bauformen finden sich an der Ruine Alt-Ehrenfels bei Zwiefalten (siehe Burgenführer Band 2). Geringe Reste der Mauerverblendung von Turm und Schildmauer sind erhalten.
Turmrest: H = 90 cm, Quader z. B. (L x H) 56 x 32, 34 x 35, 28 x 40 cm.
Schildmauer: Kernrest bis 5,5 m, Verblendung bis 1,8 m hoch, flachbossierte Quader z. B. (L x H) 74 x 45, 50 x 45, 73 x 59 cm, am Sockel 130 x 75, 140 x 80 cm.
Der Zugang zur Kernburg erfolgte vermutlich von der südlichen Hoffläche (7) über einen inneren Graben (6) in den engen Hof mit Zisterne (5). Zur äußeren Felsterrasse (19) führen in den Fels gehauene Stufen. Welche Bereiche überbaut waren, läßt sich nicht mehr feststellen.

**Schildmauer**

## Alter Lichtenstein

1 Kernburg
2 Bergfriedartiger Anbau
3 Schildmauer
4 Zwinger
5 Lage der Zisterne
6 Abschnittsgraben
7 Burghof
8 Vertiefung
9 Umfassungsmauer
10 Zugang
11 Hauptgraben
12 Wall
13 Vorgraben
14 Von Schloß Lichtenstein
15 Ansteigende Hochfläche
16 Talseite
17 Von Honau
18 Felspforte
19 Äußere Felsterrasse
20 Eckquader möglicher Zwingermauer
21 Lage eines Tores
22 Mauer im Burghof
23 Äußerer Zwinger

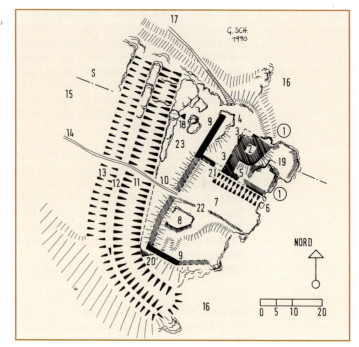

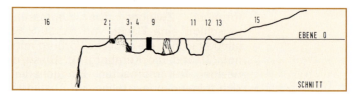

| Besitzer | Herzog Karl Anselm von Urach, Graf von Württemberg |
|---|---|
| Pläne | Grundriß von K. A. Koch, in: „Blätter des Schwäbischen Albvereins", Nr. 6, 1925 |
| | Grundriß und Schnitte von K. A. Koch, in: „Blätter des Schwäbischen Albvereins", Nr. 6, 1905 |
| Literaturhinweise | – Bizer, Christoph und Götz, Rolf<br>Vergessene Burgen der Schwäbischen Alb, 1989<br>– Kies, Wolfram<br>Die mittelalterlichen Burgen und Burgstellen des Landkreises Reutlingen, nichtveröffentlichte Zulassungsarbeit, 1989<br>– Koch, Konrad Albert<br>Der Alte Lichtenstein, in: „Blätter des Schwäbischen Albvereins", Nr. 6, 1925<br>– Nägele, Prof.<br>Der Alte Lichtenstein, in: „Blätter des Schwäbischen Albvereins", Nr. 6, 1905<br>– Schön, Theodor<br>Blätter des Schwäbischen Albvereins, 1895 |

# Meidelstetten

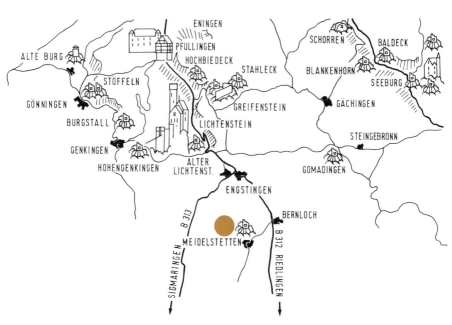

# Meidelstetten

Lage

Im Bereich der Reutlinger Alb liegt in Richtung Riedlingen auf der Albhochfläche die Gemeinde Hohenstein. Neben der namengebenden Burg und der Ödenburg bei Oberstetten (siehe Band 2) gab es noch eine Burg bei Meidelstetten. Ihre Reste liegen auf einem Felsen des nördlich gelegenen Höhenrückens „Reifenbrünnele".

Von der B 312 Reutlingen in Richtung Riedlingen führt beim Hohensteiner Ortsteil Bernloch eine Straße in westlicher Richtung nach Meidelstetten. In der Ortsmitte in Richtung Haid abzweigen. Am Ende des Baugebietes die Straße verlassen und rechts den Wald entlang aufwärts bis zum Parkplatz (Naturlehrpfad).

Der befestigten Straße ca. 40 m bis zur Einmündung eines verwachsenen Waldweges folgen. Nach etwa 150 m liegt 60 m vom Weg in nördlicher Richtung der Burgfelsen. Der Besuch der Anlage kann mit einer kleinen Rundwanderung entlang des ausgeschilderten Naturlehrpfades verbunden werden.

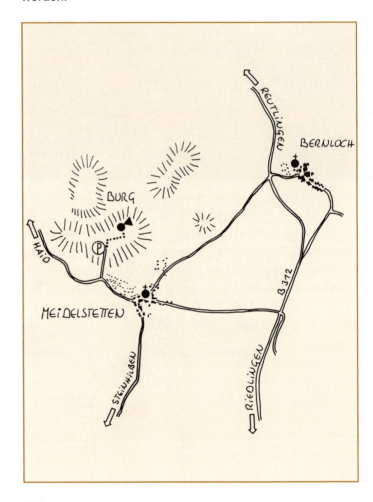

# Meidelstetten

| | |
|---|---|
| Gemeinde | Hohenstein, Landkreis Reutlingen |
| Meereshöhe | Burg 830 m, Meidelstetten ca. 755 m, Trockental ca. 780 m |
| Besichtigung | Frei zugänglich |
| Geschichte | Die Burg auf dem Reifenbrünnelesfelsen fand bisher wenig Beachtung. Erst durch die Veröffentlichungen von Christoph Bizer und Rolf Götz, als Folge gründlicher Untersuchungen und Nachforschungen, ist die längst vergessene Burg wieder bekannt geworden. Zahlreiche Scherben von Geschirr- und Ofenkeramik lassen die Entstehungszeit und den Abgang nachweisen. Als Besitzer kommt möglicherweise ein Ritter Rodeger und sein Sohn Heinrich von Meidelstetten in Frage. Sie sind Ministerialen der Grafen von Achalm und deren Nachfolger der Herren von Neuffen.<br><br>**Um 1100–1150** Entstehung der Burg. Mehrfache Erwähnung des Rodeger von Meidelstetten und seines Sohnes Heinrich in der Gütergeschichte des Klosters Weißenau bei Ravensburg (vor 1220 niedergeschrieben). Sie bestreiten die Rechtmäßigkeit von Güterübertragungen an den Großgutbetrieb des Klosters Weißenau in Bernloch und setzen ihren Anspruch schließlich durch. Der Weißenauer Chronist vermerkt zur Hartnäckigkeit der Meidelstetter, Rodeger handle auf Betreiben des Teufels persönlich.<br>**Ende 12. Jahrhundert** Vermutlich Aufgabe als ständiger Wohnsitz, möglicherweise infolge der Zerstörung durch Brand. |
| Anlage | Der Burgfelsen ragt 5 m über das angrenzende Gelände des Höhenrückens „Reifenbrünnele". An der engsten Stelle des Übergangs liegt ein bogenförmiger Hauptgraben (7), davor in ungleichem Abstand ein Vorgraben (8). Sie münden beidseitig in die flach auslaufende Bergflanke.<br>Der Burgfelsen (1) wirkt zerklüftet und vielfach gegliedert. Nach Westen und Nordwesten (11) fällt er 10 bis 14 m steil zu einem Trockental ab. Zur Nord- und Ostseite bilden sich terrassierte Ebenen mit Mulden (3 + 4) von Gebäuden. Geringe Reste von Kernmauerwerk (2) mit Mörtel weisen auf massive Bauteile, angeziegelter Lehm auf Fachwerkaufbauten. Einziger deutlicher Rest ist eine ca. 2 m hohe und 4 m lange Futtermauer (5) mit Kleinquaderverblendung. Sie legt sich eingerundet über eine Felskluft. Quadergröße z. B. (L x H) 38 x 16, 37 x 27, 16 x 18, 24 x 17 cm. |

# Meidelstetten

1 Kernburg
2 Geringe Reste Kernmauerwerk
3 Mulde, möglicher Keller
4 Mulde am Fels
5 Reste Futtermauer
6 Höhenpunkt 829,52 m
7 Hauptgraben
8 Vorgraben
9 Mulde im Vorgelände
10 Höhenrücken „Reifenbrünnele"
11 Talseite

Grundriß nach Planunterlagen von H. Mohl, W. Pfefferkorn, Chr. Bizer

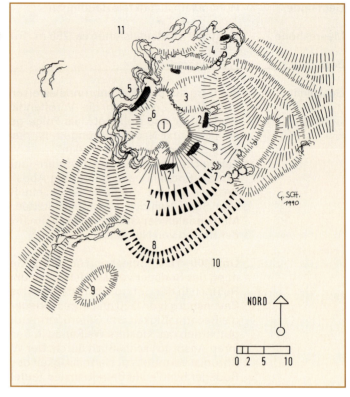

| | |
|---|---|
| Besitzer | Gemeinde Hohenstein |
| Plan | Lageplan M 1:300, Prof. Dr. Hans Mohl, Wilfried Pfefferkorn, Christoph Bizer, in: „Burgruine Hohenstein", 1987 |
| Literaturhinweise | – Bizer Christoph<br>Die Meidelstetter Burg, in: „Burgruine Hohenstein, Die Burgen der Gemeinde Hohenstein", 1987<br>– Bizer, Christoph und Götz, Rolf<br>Vergessene Burgen der Schwäbischen Alb, 1989 |

# Hohengenkingen

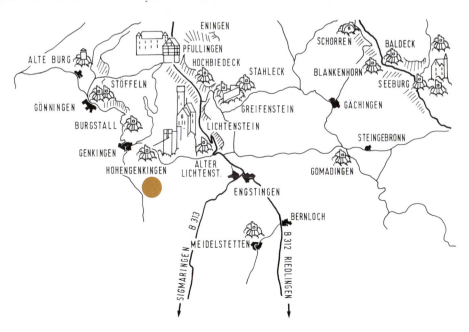

# Hohengenkingen

Lage  Zwischen Reutlingen und Gammertingen liegt auf der Albhochfläche die aus mehreren Ortsteilen bestehende Gemeinde Sonnenbühl. Nördlichste Ortschaft ist Genkingen. Auf dem Burgberg an der Straße nach Lichtenstein erhob sich die Höhenburg des Genkinger Ortsadels.
Von der B 312 Reutlingen in Richtung Riedlingen oberhalb der Honauer Steige in Richtung Sonnenbühl-Genkingen abzweigen. Etwa 1 km vor der Abzweigung zur Nebelhöhle befindet sich rechts der Straße ein Parkplatz. Von diesem ein kurzes Stück an der Straße entlang in Richtung Genkingen. Bei der Einmündung eines Feldweges, bezeichnet (AV Winkel), bis zum Wald. Am Waldrand links zum Forstweg und nach wenigen Metern auf schmalem Fußsteig aufwärts zur Ruine.
Parkplatz – 1,3 km Hohengenkingen.

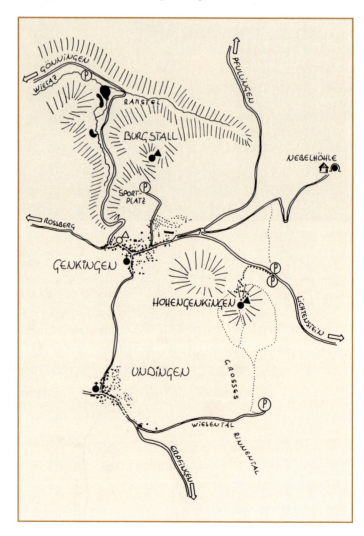

# Hohengenkingen

*Wandervorschlag:*
In Sonnenbühl-Undingen in Richtung Erpfingen. Am Ortsende von Undingen links abzweigen und 2 km durch das „Wiesental" bis zum Parkplatz. Den bezeichneten Wanderweg am Rande des „Großen Rinnentales" zur Ruine Hohengenkingen. Über die nördliche Bergseite zum Forstweg absteigen und diesem über die östliche Bergseite zurück zum Ausgangspunkt folgen.
Parkplatz – 2,0 km Hohengenkingen – 2,5 km Parkplatz.

| | |
|---|---|
| Gemeinde | Sonnenbühl, Gemarkung Undingen, Landkreis Reutlingen |
| Meereshöhe | Burg 861 m, Tal 760 m |
| Besichtigung | Frei zugänglich |
| Die Sage von Hohengenkingen | Nach dem Tod des letzten Hohengenkingers lebte seine Tochter auf der Burg. Es waren schwierige Zeiten und die leitende Hand des Vaters fehlte. So kam der Tag, an dem sie Stück für Stück ihres Grundbesitzes veräußern mußte. Sogar Knecht und Magd wurden fortgeschickt. In ihrer Not wandte sie sich mit einem Vorschlag an den Schultheißen von Genkingen.<br>Die Gemeinde solle ihr täglich einen kleinen Laib Brot und einen Krug Wasser zur Burg liefern. So werde sie nach ihrem Tod Burg und umliegenden Besitz an die Gemeinde vererben. Der Gemeinderat lehnte den Vorschlag ab, worauf sich das Genkinger Burgfräulein an die Undinger Nachbargemeinde wandte. Diese, weitsichtig genug, nahmen den Vorschlag an. So gelangte Undingen in den Besitz von Burg und Wald Hohengenkingen, worüber die Genkinger sich noch heute ärgern. |
| Geschichte | Hohengenkingen ist eine der drei Genkinger Burgen. Über ihre Entstehung ist nichts bekannt. Vermutlich wird sie im 12. Jahrhundert als repräsentative Höhenburg und als Stammsitz des in Genkingen seßhaften Ortsadels gegründet. Zur Geschichte der anderen Genkinger Burgen siehe „Burgstall Genkingen". |

**1112** Rather von Genkingen, Ministeriale des Grafen Kuno von Achalm, überläßt mit seiner Frau und seinen Söhnen Konrad und Eberhard dem Kloster Zwiefalten einen Hof bei Willmandingen und drei Höfe in Kohlberg.
**1190** Die Herren von Genkingen in Diensten der Markgrafen von Ronsberg, Erben der Grafen von Gammertingen-Achalm.
**1212** In Diensten der Grafen von Berg.
**1254** Berthold von Genkingen, Zeuge in einer Urkunde des Grafen Ulrich von Württemberg.
**1269** Heinrich von Genkingen, Zeuge in einer Urkunde des Klosters Pfullingen.

# Hohengenkingen

**1309** Heinrich der Wildmann schenkt dem Kloster Zwiefalten zwei Wiesen in Genkingen.
**1322** Heinrich und sein Bruder Werner verkaufen einen Teil des Ruschenberges an das Kloster Pfullingen.
**1342** Walter von Genkingen, Zeuge in einer Urkunde des Grafen Heinrich von Wartstein.
**1383** Johann und Werner von Genkingen als Besitzer der Burg erwähnt.
**1394** Die Herren von Genkingen, Ministeriale der Herzöge von Österreich, Rechtsnachfolger der Grafen von Wartstein.
**1414** Werner, Wilhelm, Anselm und Diepold von Genkingen erwerben Vogtrechte von Anselm von Holstein.
**1427** Wilhelm und sein Bruder Anselm verkaufen den sechsten Teil der Vogtei zu Oberöschelbronn.
**1443** Anna von Dettingen, Erbin des Diepold von Genkingen, Witwe des Truchsessen von Waldeck und des Volz von Weitingen, übergibt die Burg (vermutlich Hohen-

*Reste der westlichen Zwingermauer*

# Hohengenkingen

genkingen) mit Besitzanteilen in Genkingen ihren Kindern aus erster Ehe, Wolf Truchseß von Waldeck und Anna, Gemahlin des Benz von Bochingen.
**1447** Wolf und Anna verkaufen ihr Erbe an das Kloster Pfullingen.

Anlage  Hohengenkingen lag als ehemalige Gipfelburg an höchster Stelle eines längsgerichteten Berges. Auf der Nordseite zerschneidet ein 25 m langer Quergraben (11) den Bergrücken. Zur Südwestseite umzieht ein Wall (7) mit Graben (6) die Bergflanke. Die Zugangsseite ist nicht deutlich interpretierbar. Der Burgenforscher Koch nahm zwei Tore an. Das erste führte in den östlichen (5) und das zweite in den westlichen Zwinger (4). Tatsächlich war jedoch nur ein Tor (2) existent. Vom Vorwerk beim Tor zeigen sich 80 cm hohe Mauerreste mit Eckquader. Die westliche Zwingermauer ist noch auf etwa 14 m Länge (H bis 2 m) als Futtermauer erkennbar.

1 Donjon
2 Mögliche Lage des Tores
3 Vorburg
4 Westlicher Zwinger
5 Östlicher Zwinger
6 Graben
7 Wall
8 Lage eines Gebäudes
9 Hangschutt
10 Abgegangene Unterburg
11 Äußerer Graben
12 Möglicher Aufgang
13 Abgespitzter Fels, Lage eines Gebäudes

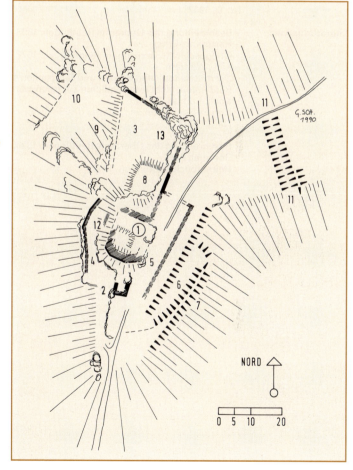

# Hohengenkingen

| | |
|---|---|
| Donjon<br><br>Kleinquader | Beide Zwinger umschließen das ehemalige Hauptbauwerk, den Donjon (1). Er besaß einen rechteckigen Grundriß (ca. 14 x 12 m) mit abgeschrägten Ecken zur Feldseite. Hier ist noch bis zu einem Meter hohes Kleinquadermauerwerk erhalten. Abmessung Kleinquader z. B. (L x H) 23 x 14, 32 x 21, 40 x 27, 35 x 16 cm. Das Innere des 2,5 m hoch aufragenden Schutthügels ist durch Schürfgruben verfälscht. |
| Vorburg | Im Rücken des Donjon lag die von einer Felsrippe geschützte Vorburg (3). Die Umfassungsmauer (Bruchsteinmauerwerk) folgte dieser schmalen Felsrippe von der Ost- auf die Nordseite.<br>Einige Meter unterhalb befindet sich eine durch Hangschutt verfüllte Terrasse (9, 10). Eine untere Burg oder ein umwehrter Hof ist denkbar. |
| Besitzer | Gemeinde Undingen |
| Plan | Grundriß von K. A. Koch, in: „Blätter des Schwäbischen Albvereins", Nr. 12, 1907 |
| Literaturhinweise | – Beschreibung des Oberamts Reutlingen, 1893<br>– Herrmann, Ernst<br>  Ortsgeschichte Genkingen, Heimatbuch, 1978<br>– Kies, Wolfram<br>  Die mittelalterlichen Burgen und Burgstellen des Landkreises Reutlingen, nichtveröffentlichte Zulassungsarbeit, 1969<br>– Koch, Konrad Albert<br>  Hohen-Genkingen, in: „Blätter des Schwäbischen Albvereins", Nr. 12, 1907<br>– Memminger<br>  Beschreibung des Oberamts Reutlingen, 1824<br>– Rommel, Karl<br>  Heimatbuch Reutlingen, 1913 |

# Genkingen Burgstall und Steinhaus

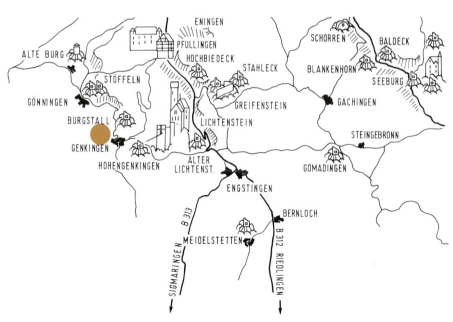

# Genkingen Burgstall und Steinhaus

| | |
|---|---|
| Lage | Südwestlich von Reutlingen erstreckt sich bei Gönningen das Wiesaztal. Hinter dem Buoberg teilt sich das Tal in einen südlichen und östlichen Zweig. Dazwischen liegt auf einem Ausläufer der hügeligen Talhänge der Genkinger „Burgstall". Von Reutlingen über Gönningen, Pfullingen oder von der B 312 Reutlingen in Richtung Riedlingen beim Schloß Lichtenstein zum Sonnenbühler Ortsteil Genkingen. Innerhalb der Ortschaft in nördliche Richtung zum Parkplatz bei den Sportstätten (Vereinshaus). Rechts (östlich) führt ein Weg zum Waldteil „Oberer Burgstall". Nach wenigen Metern im Wald links dem Weg zur Burgstelle folgen.<br>Parkplatz – 0,8 km Burgstall. |
| Gemeinde | Sonnenbühl, Ortsteil Genkingen, Landkreis Reutlingen |
| Meereshöhe | Burg 780 m, Tal ca. 600 m |
| Besichtigung | Frei zugänglich |
| Weitere Sehenswürdigkeit | Nebelhöhle |

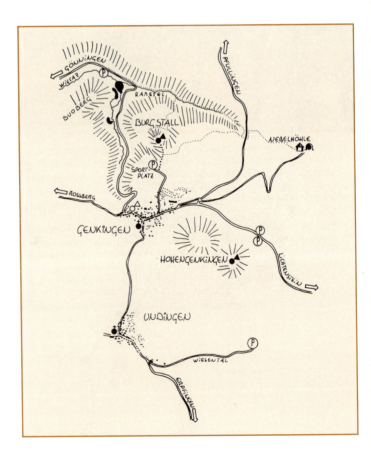

## Genkingen Burgstall und Steinhaus

**Geschichte**

Der Genkinger Ortsadel wird 1112 mit Rather von Genkingen als Ministeriale der Grafen von Achalm erstmals erwähnt. Von den drei Genkinger Burgen ist die Ortsburg, genannt „Steinhaus", die erste. Vermutlich entsteht danach Hohengenkingen als repräsentative und standesgemäße Höhenburg. Über die Geschichte vom „Burgstall Genkingen" ist nichts bekannt. Sie ist als dritte Burg eines Genkinger Familienangehörigen in der weiteren Burgenbauphase aufgrund der typischen Spornlage, denkbar.
Weiteres zur Geschichte der Herren von Genkingen siehe Hohengenkingen.

1 Kernburg
2 Bergfried
3 Halsgraben
4 Sporn-Hochfläche
5 Graben
6 Wall
7 Walldurchbruch, verebnete Fläche
8 Von Gönningen
9 Grabenauswurf
10 Von Genkingen
11 Steilhang

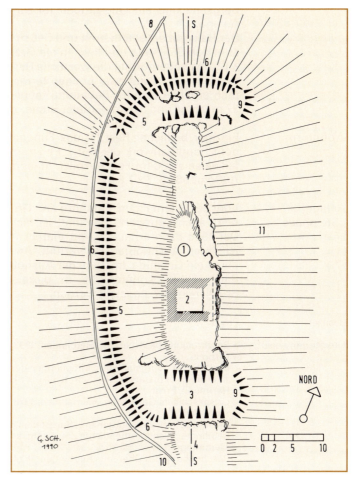

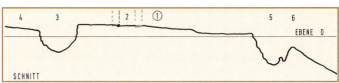

## Genkingen Burgstall und Steinhaus

**1370** Anselm und sein Bruder Konrad von Genkingen verkaufen Gülten aus einer Mühle bei Genkingen und aus dem „Steinhaus" zu Genkingen.
**1371** Anselm von Genkingen verkauft seine Güter mit dem „Burgstall" an seinen gleichnamigen Vetter.
**1428** Die Witwe Heinrichs von Hertenstein verkauft ihren halben Teil von Burg und Burgstall an das Kloster Pfullingen.

| | |
|---|---|
| Anlage „Burgstall" | Die ehemalige Burg diente vermutlich zur Sicherung des Genkinger Herrschaftsbereiches nach Norden. Auf dem schmalen, felsigen Sporn begrenzt der Halsgraben (3) zur Bergseite und ein Quergraben (5) zur Talseite die kleine Anlage.<br>Der Halsgraben ist 8 m breit und 5–6 m tief. Rechts mündet er in den Steilhang und links in ein Graben-Wall-System (5 + 6), das bogenförmig die westliche Bergflanke umfaßt. Die Spornkuppe ist auf zwei Ebenen terrassiert. Beide zusammen ergeben eine für Bebauung mögliche Fläche von nur 37 m Länge und 8 m maximaler Breite. |
| Wohnturm | Einziger baulicher Rest ist das Fundament eines Turmes, dem Hauptbauwerk der Burg. Es ist im untersten Bereich teilweise aus dem Fels gespitzt. Innenmaß ca. 3,8 x 4,4 m, Außenmaß ca. 7 x 7,8 m. |
| Anlage „Steinhaus" | Von der ehemaligen Ortsburg im Grundstück „Burggraben" auch „Bungert" genannt, ist nichts mehr zu sehen. Der 1968 noch erhaltene, ein Viereck umgebende Graben ist durch Aushubmaterial verfüllt. An seiner Stelle steht heute ein Gebäude. Im Zuge der Aushubarbeiten zu diesem Bauvorhaben konnten 1,6 m dicke Grundmauern aus Bruchsteinen festgestellt werden. |
| Besitzer | Privat |
| Literaturhinweise | – Beschreibung des Oberamts Reutlingen, 1893<br>– Gfröreis<br>  Bericht über „Burgstall", in: „Mitteilungen der Forstämter über Altertümer", Forstamt Urach, von 1880, mit Skizze<br>– Herrmann, Ernst<br>  Ortsgeschichte Genkingen, Heimatbuch, 1978<br>– Kies, Wolfram<br>  Die mittelalterlichen Burgen und Burgstellen des Landkreises Reutlingen, nichtveröffentlichte Zulassungsarbeit, 1969<br>– Memminger<br>  Beschreibung des Oberamts Reutlingen, 1824 |

# Stöffeln (Stöffelberg)

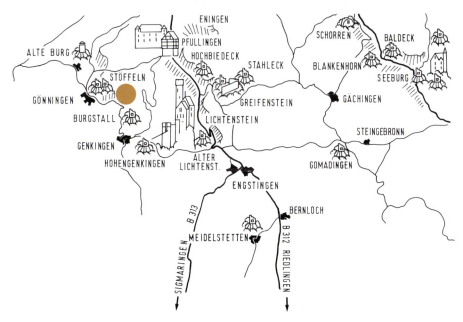

## Stöffeln (Stöffelberg)

Lage  Ein markanter Berg am nördlichen Albtrauf ist der südwestlich von Reutlingen gelegene Stöffelberg. An seinem westlichsten Ende lag über Gönningen die einst umfangreiche Burg Stöffeln.
Gönningen liegt an der Straße von Reutlingen nach Mössingen. In der Ortsmitte beim Rathaus führt die Lichtensteiner Straße in Richtung Genkingen. Beim Haus Nr. 23 links zum Rostelweg abzweigen. Der bezeichnete Wanderweg (AV Dreiblock) führt vom Ortsende zuerst über freie Wiesen, dann im Wald links aufwärts zur Burgstelle.
Rathaus – 1,5 km Stöffeln.

*Wandervorschlag:*
Von Gönningen zur Burgstelle Stöffeln wie oben beschrieben. Beim äußersten Graben in östliche Richtung bis zum von der Nordseite hochführenden Forstweg. Diesen überqueren und am Trauf entlang zum nördlichsten Aussichtspunkt des Stöffelberges (Schutzhütte). Weiter, beschildert (AV Dreiblock), über den „Stöffelfelsen" zum Aussichtspunkt „Barmkapf" und schließlich nach Gönningen absteigen.
Rathaus – 1,5 km Burgstelle Stöffeln – 0,9 km Schutzhütte – 1,5 km Barmkopf – 1,3 km Rathaus.

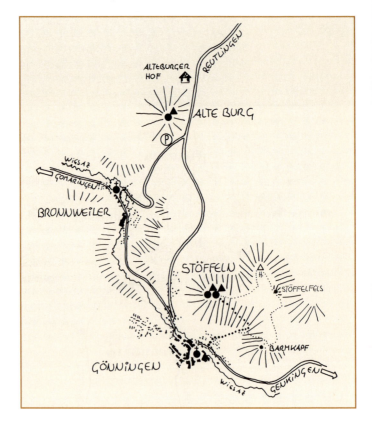

# Stöffeln (Stöffelberg)

| | |
|---|---|
| Gemeinde | Reutlingen, Ortsteil Gönningen, Landkreis Reutlingen |
| Meereshöhe | Burg 736 m, Gönningen 537 m |
| Besichtigung | Frei zugänglich |
| Verkaufsurkunde vom Mai 1300 | „Wir, Kuno, Albrecht und Konrad, die Edelleute v. Stoffeln, tun mit diesem Briefe kund, daß wir unsere Burg Stoffeln und die darunter gelegene Stadt Ginningen und alles das Gut, das in dem Kaufe benannt ist und wie es in anderen, darüber ausgestellten Briefen geschrieben steht, zu versprechen gelobt haben unserem Herrn Grafen Eberhard von Wirtenberg und seinen Erben ohne allen unseren Schaden, an allen Stätten innerhalb des Landes, da er es von uns fordert am Gericht und ohne Gericht, falls wir dessen von ihm ermahnt werden." |
| Geschichte | Der Name Stöffeln (Stofola) als Verkleinerungsform von Stauf, bezieht sich auf die ehemalige namengebende Burg auf dem „Käpfle", die „Alte Burg" (siehe Alte Burg). Die Edelfreien von Stöffeln erbauen vermutlich im 12. Jahrhundert von dort aus ihre zweite größere Burg. Weshalb sie ihre neue Stammburg früh verkauft haben, ist nicht bekannt. Bedeutung erlangt die Familie noch einmal durch Konrad von Stöffeln. Er heiratet die Schwester des letzten Anselm von Justingen und gelangt so in den Junstinger Besitz (siehe Hohenjustingen, Burgenführer Band 2). Heinrich Ouarg, der letzte der Herren von Stöffeln, stirbt 1515 als württembergischer Amtmann. |

**1080** Erstmalige Erwähnung der Herren von Stöffeln (siehe Alte Burg).
**1209** Albert von Stöffeln, Turnierteilnehmer in Worms.
**1215** Konrad von Stöffeln im Gefolge Kaiser Friedrichs II. in Ulm.
**Um 1230** Kuno von Stöffeln erhält von den Tübinger Pfalzgrafen den Hof Geisnang verliehen. Teilung der Familie in die Gönninger, Winberger und Bonladener Linien.
**1274** Eberhard von Stöffeln verleiht seine Besitzungen in Unterfielmingen an das Reich.
**1284** Albert und Eberhard, Zeugen in Urkunden.
**1300** Kuno, Albrecht und Konrad von Stöffeln verkaufen ihre Burg Stöffeln und ihre Stadt Gönningen an Graf Eberhard den Erlauchten von Württemberg. Dieser versetzt den Besitz an die Herren von Gundelfingen.
**Nach 1301** stirbt Graf Eberhard; Stöffeln in Besitz seines Sohnes, Graf Ulrich, und dessen Schwager, Graf Rudolf von Hohenberg.
**1329** Ulrich erhält den ehemaligen Anteil des Berthold von Gundelfingen und Rudolf den des Heinrich von Gundelfingen.
**1339** Württemberg Eigentümer des gesamten Besitzes.

# Stöffeln (Stöffelberg)

1 Vordere Burg
2 Siebter Graben
3 Vorburg der Vorderen Burg
4 Sechster Graben
5 Hintere Burg
6 Fünfter Graben
7 Vorburg der Hinteren Burg
8 Vierter Graben
9 Dritter Graben
10 Zweiter Graben
11 Erster Graben
12 Seitengraben
13 Wall
14 Grabenausweitung
15 Grabenauswurf
16 Zwinger, Vordere Burg
17 Verschütteter Zwinger
18 Bergfried, Vordere Burg
19 Burgtor, nach Koch
20 Weiterer Turm, nach Koch
21 Lage von Gebäuden
22 Schildmauer
23 Bergfried, Hintere Burg
24 Palas
25 Burghof
26 Zwinger, Hintere Burg
27 Info-Tafel
28 Von der Hochfläche
29 Lage eines Frontturmes

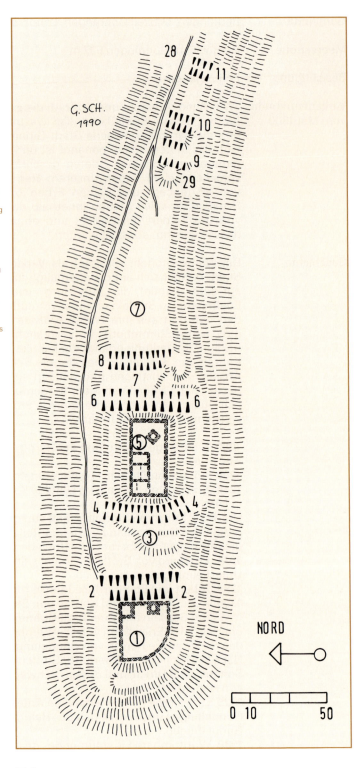

# Stöffeln (Stöffelberg)

**1345** Verpfändung der Burg Stöffeln mit Gönningen für 2700 fl. an den Truchseß Ulrich von Urach. Ulrich bewohnt die Burg und nennt sich Truchseß von Stöffeln. Verkauf einiger zum Besitz gehöriger Güter an die Stadt Reutlingen.
**1372** Konrad, Sohn des Ulrich, gibt die Pfandschaft für 1350 fl. an Württemberg zurück.
**1388** Im Städtekrieg bemächtigt sich die Reichsstadt Reutlingen Gönningens und zerstört die Burg Stöffeln.
**1389** Rückgabe der besetzten Güter an Württemberg. Die zerstörte Burg wird vermutlich dem Zerfall überlassen.
**1930** Ausgrabungsarbeiten, Freilegung von Grundmauern unter Leitung des Burgenforschers Konrad Albert Koch.

Anlage

Die ehemalige Burg Stöffeln auf dem nach Osten gerichteten, 320 m langen Bergausläufer umfaßte mehrere Abschnitte. Wahrscheinlich wurde das Grabensystem einer frühgeschichtlichen Wallanlage mitverwendet. Sieben Quergräben unterschiedlicher Größe durchschneiden den Fels.

Grundriß Vordere Burg

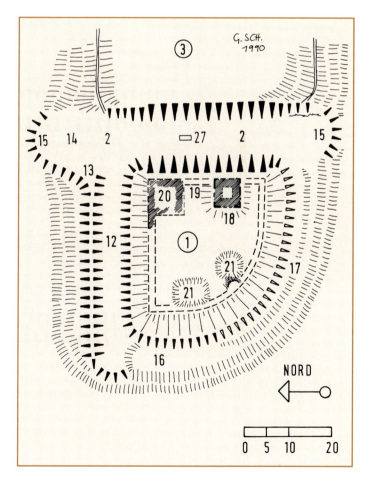

# Stöffeln (Stöffelberg)

Vier Hauptbereiche können unterschieden werden:
Die Vordere Burg (1) am äußersten Ende als Erstanlage des 12. Jahrhunderts; die ursprünglich zur ersten Burg gehörende Vorburg (3); die Hintere Burg (5) des 13. Jahrhunderts und die zur Hinteren Burg gehördende Vorburg (7). Ob beide Burgen noch gleichzeitig existent waren oder die Hintere, moderne Burg mit den Steinen der Vorderen Burg erbaut wurde, ist zur Zeit nicht bekannt.

Anlage Vordere Burg

An der Spitze des Bergsporns liegt die erstgegründete Burg (1). Ein 8 m tiefer Quergraben (2) mit weiten Grabenauswürfen (15) trennt Kernanlage (1) und Vorburg (3). Aus der Grabensohle entwickelt sich ein nördlicher Seitengraben (12) mit Wall. Beide Gräben bilden die Basis für die viertel-

Grundriß Hintere Burg

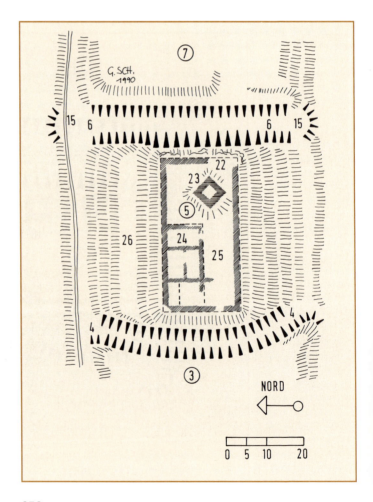

## Stöffeln (Stöffelberg)

kreisförmige Burgfläche mit 26–27 m Radius. Mulden, Schutthügel und geringe Mauerreste lassen den von Koch 1930 festgestellten Grundriß erkennen.

Bergfried

Eckturm

Zur Feldseite standen eine 2 m starke Frontmauer und zwei Türme. Etwas von der Mitte südlich zeigen Mauerreste die Lage des 6,85 x 7,30 m großen Bergfrieds (18), Mauerstärke 1,9–2,0 m. Die Nordostecke schützte ein quadratischer Eckturm (20) mit 8 m Seitenlänge. Zwischen beiden Türmen soll sich das Burgtor (19) befunden haben. An der bogenförmigen, 1,7 m starken, Umfassungsmauer lokalisieren Mulden (21) zwei Gebäude.

*Schutthügel des Bergfrieds der Hinteren Burg*

# Stöffeln (Stöffelberg)

| | |
|---|---|
| Ältere Vorburg | Nach Osten folgt die auf Geländestufen situierte und ursprünglich zur vorderen Burg gehörende Vorburg (3). |
| Anlage Hintere Burg | Die Hintere Burg (5) ist die jüngere der beiden Anlagen. Sie befindet sich an höchster Stelle und etwa in der Mitte des gesamten Burgbereiches. Schutthügel mit Kernmauerwerk lassen die Struktur der rechteckigen, 42 x 25 m großen Anlage erkennen. Zur Frontseite am bis zu 10 m tiefen Graben (6) lag eine 20 m lange und 2,7 m starke Schildmauer (22). Dahinter im 4 m hohen Schutthügel stecken die Reste eines 5,9 x 6,2 m großen, ehemals frei über Eck |
| Bergfried | gestellten Bergfrieds (23). Der Palas (24) an der Nordwestecke besaß im Erdgeschoß fünf Räume. 1930 konnte noch ein kleiner Gewölbekeller festgestellt werden. |
| Jüngere Vorburg | Vorgelagert ist die große, zur hinteren Burg gehörende Vorburg (7). Ihre Grundfläche entspricht einem langen, spitzen Dreieck. Auf der felsigen Nase, der äußersten Stelle der Vorburg am dritten Graben (9), stand ein Frontturm (29). |
| Besitzer | Land Baden-Württemberg |
| Pläne | Grundriß und Schnitte von K. A. Koch, in: „Blätter des Schwäbischen Albvereins", Nr. 4, 1931, und, in „Heimatbuch Gönningen", 1952 Grundriß Gesamtanlage, Schnitt und Grundriß hintere Burg von Näher, in: „Blätter des Schwäbischen Albvereins", Nr. 7, 1893 |
| Literaturhinweise | – Beschreibung des Oberamts Tübingen, 1867<br>– Beschreibung des Oberamts Reutlingen, 1893<br>– Jäger, Dr.<br>  Die Stöffelburg und ihre Bewohner, in: „Blätter des Schwäbischen Albvereins", Teil 1, 1893, Nr. 7; Teil 2, 1893, Nr. 12<br>– Kies, Wolfram<br>  Die mittelalterlichen Burgen und Burgstellen des Landkreises Reutlingen, nichtveröffentlichte Zulassungsarbeit, 1969<br>– Kinkelin, Dr. Wilhelm<br>  Heimatbuch Gönningen, 1952<br>– Koch, Konrad Albert<br>  Die Stöffelburg und Gönningen, in: „Blätter des Schwäbischen Albvereins", Nr. 4, 1931<br>– Kunstdenkmäler Württembergs<br>  Inventar Schwarzwaldkreis, 1897<br>– Reutlinger und Uracher Alb<br>  Wanderführer, 1980/1988 |

# Alte Burg (Alt-Stöffeln)

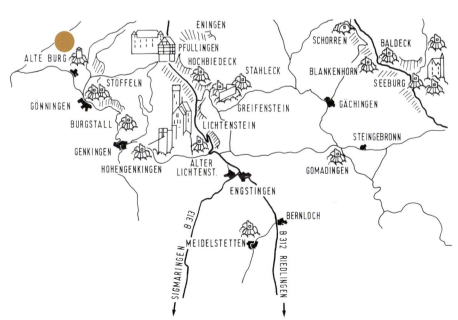

## Alte Burg (Alt-Stöffeln)

| | |
|---|---|
| Lage | Südwestlich von Reutlingen erhebt sich aus dem hügeligen Vorgelände des Albtraufs an der Straße von Reutlingen nach Gönningen der flache Bergkegel „Käpfle". Ein aus den Baumwipfeln ragender Aussichtsturm markiert die Burgstelle „Alte Burg".
Von der Straße Reutlingen in Richtung Gönningen führt eine Abzweigung nach Bronnweiler. Unmittelbar hinter der Abzweigung befindet sich rechts ein Wanderparkplatz. Man folgt dem bezeichneten Weg (AV Dreieck) zuerst über freies Gelände, dann durch den Wald aufwärts direkt zur Burgstelle.
Parkplatz – 0,6 km Alte Burg.

*Wandervorschlag:*
Vom Parkplatz zur Burgstelle wie oben beschrieben. Hinter dem Aussichtsturm zum Gutshof „Alteburger Hof" (Gaststätte) absteigen. Den bezeichneten Weg in westlicher Richtung um den Berg zur Südseite und zurück zum Ausgangspunkt.
Parkplatz – 1,2 km Alteburger Hof – 1,3 km Parkplatz. |
| Gemeinde | Reutlingen, Landkreis Reutlingen |
| Meereshöhe | Burg 593 m, Bronnweiler 476 m |

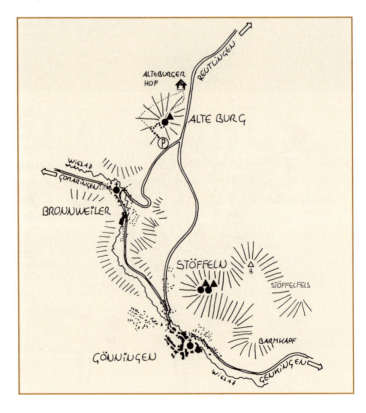

## Alte Burg (Alt-Stöffeln)

| | |
|---|---|
| Besichtigung | Burgstelle und Aussichtsturm frei zugänglich |
| Einkehrmöglichkeit | Gaststätte „Alteburger Hof" |
| Geschichte | Die Anlage auf dem „Käpfle" oder „Kugelberg" ist vermutlich die erste Burg der Herren von Stöffeln. Sie sind Nachkommen und Erben der Herren von Metzingen und Verwandte der Grafen von Achalm. Im 12. Jahrhundert erbauen die Herren von Stöffeln auf dem Berg über Gönningen ihre neue, repräsentative Höhenburg, danach wird ihre Stammburg zur „Alten Burg". Weiteres zur Familiengeschichte siehe Burg Stöffeln. |

**1055** Graf Kuno von Achalm soll den Bischof Gebhard von Regensburg auf seiner Burg „Stofola" (Alte Burg) gefangen halten.
**1080** Philipp von Stöffeln Turnierteilnehmer. Ruotmann von Stöffeln schenkt dem Kloster Hirsau vier Huben zu Hörschweiler.
**1181** Albert und Kuno von Stöffeln im Hoflager Kaiser Friedrichs I. Barbarossa in Esslingen.
**Um 1250–1300** Übergang der ersten Burg Stöffeln an die Johanniterkommende Hemmendorf.
**1315** Albrecht, Komtur der Johanniterkommende, verkauft das Gut Altenburg und das Dorf Bronnweiler für 300 Gulden an Volker Amann von Rottenburg und Werner Hurmbogen. Die Burg ist vermutlich nicht mehr bewohnt.
**1393** Werner Hurmbogen und sein Sohn Volker werden Besitzer.
**1437** Werner verkauft um 330 Gulden Bronnweiler, den Weiler Hugenberg und „sein Gut, das man nennt die alte Burg" an die Stadt Reutlingen.
**1561** Erwähnung des noch intakten Trogbrunnens.
**1858** Freilegung der Zisterne und Fundamente des Turmes. Aufbau einer künstlichen Aussichtsruine auf den Fundamenten. Die Ruine wird bald darauf mutwillig zerstört.
**1902** Aufbau eines Aussichtsgerüstes.
**1917** Abbau wegen Baufälligkeit.
**1974** Neubau eines hölzernen Aussichtsturmes.

| | |
|---|---|
| Anlage | Der Burgberg ist eine ovale, von Nordost nach Südwest gerichtete Kuppe. Seine Oberfläche ist verebnet und durch einen Abschnittsgraben (2) in einen nördlichen (3) 35 x 15 m großen und einen südlichen (1) 16 x 14 m großen Bereich getrennt. Im östlichen Grabenteil lag die Zisterne (9). Der nördliche Bereich (3) war durch eine der Bergkante entlang führende Mauer (5) umschlossen. Am nördlichsten Ende steht der 17 m hohe, hölzerne Aussichtsturm (6). Auf dem kleineren, südlichen Bereich (1) stand mittig ein quadratischer Turm (6,36 x 6,36 m Außenmaß). Die freigelegten Sockelteile dürften dem mittelalterlichen Turm und |

# Alte Burg (Alt-Stöffeln)

nicht der 1858 errichteten Aussichtsruine entsprechen. Mauerwerk: Sandsteinquader z. B. (L x H) 120 x 17, 94 x 15 cm, Eckquader 110 x 75 x 29 cm.

1 Bergfried, Wohnturm
2 Abschnittsgraben
3 Nördlicher Burgabschnitt
4 Vorderer Graben
5 Mauerschutt, Mörtelreste Umfassungsmauer
6 Moderner Aussichtsturm
7 Info-Tafel
8 Burgweg vom Parkplatz
9 Lage der Zisterne

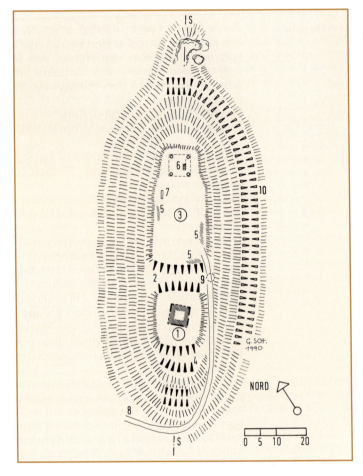

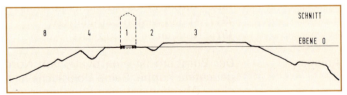

Besitzer  Stadt Reutlingen

Literaturhinweise
– Beschreibung des Oberamts Reutlingen, 1824, 1893
– Historische Stätten, Band 6
– Kies, Wolfram
  Die mittelalterlichen Burgen und Burgstellen des Landkreises Reutlingen, nichtveröffentlichte Zulassungsarbeit, 1969
– Reutlingen
  Aus der Geschichte einer Stadt, Heimatbuch, 1973

Grundriß
Bergfriede im Vergleich
und Sonderformen

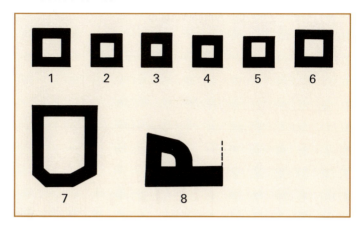

1 Achalm
2 Alte Burg
3 Vordere Burg Stöffeln
4 Hintere Burg Stöffeln
5 Reußenstein
6 Burgstall Genkingen
7 Hohengenkingen (Donjon)
8 Alter Lichtenstein
  (Turm an Schildmauer)

# Schema einer mittelalterlichen Burg

am Beispiel der Burg Staufeneck (idealisiert)

A  Hauptburg – Kernburg
B  Innere Vorburg
C  Äußere Vorburg

1  Bergfried
2  Palas
3  romanische Rundbogenfenster
4  Abtritt, Aborterker
5  Konsole, Kragstein
6  Zwinger
7  Zwingermauer
8  Helmdach
9  Schlüsselscharte
10  Maulscharte
11  Schießscharte für Hakenbüchsen
12  Flankierungsturm
13  Palisade
14  offener Wehrgang mit Zinnen
15  Wohngebäude für Dienstmannen
16  Scharwachttürmchen, Schießerker, Pfefferbüchse
17  Gußerker, Pechnase
18  inneres Tor mit Drehflügeln
19  gedeckter Wehrgang
20  Torhaus
21  Burghof der inneren Vorburg

22 Burgtor mit Mannloch, Zugbrücken mit Schwungruten
23 Poterne, Ausfallpforte
24 Brückenpfeiler
25 Abschnittsgraben
26 Maschikulis, Gußlochreihe, Pechnasenkranz
27 feste Brücke
28 Schalenturm
29 Burggarten
30 Wirtschaftsgebäude und Stallungen
31 Wohngebäude für Gesinde
32 Torwarthaus
33 Burgtor der äußeren Vorburg
34 Pultdach
35 Walmdach
36 Krüppelwalmdach
37 Schleppgaube, Dachgaube
38 Ziehbrunnen
39 Wassertrog, Tränke
40 Burghof, äußere Vorburg
41 Halsgraben
42 Strebepfeiler

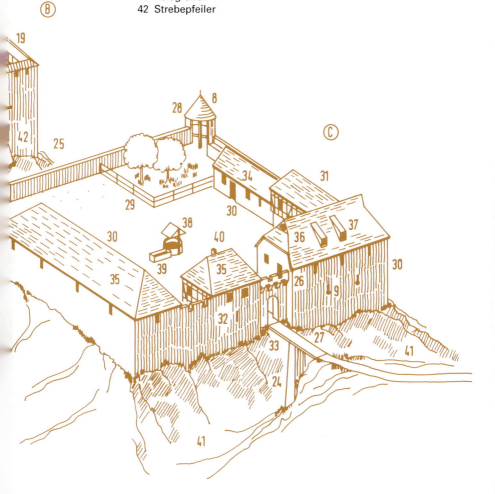

# Schema einer bastionierten Burg

am Beispiel der Burg Wildenstein

A Hauptburg – Kernburg
B Vorburg

1 Bastionsturm
2 Bastion
3 Palas
4 Burghof Hauptburg
5 Ziehbrunnen
6 Burgkapelle
7 gedeckter Wehrgang mit Pultdach

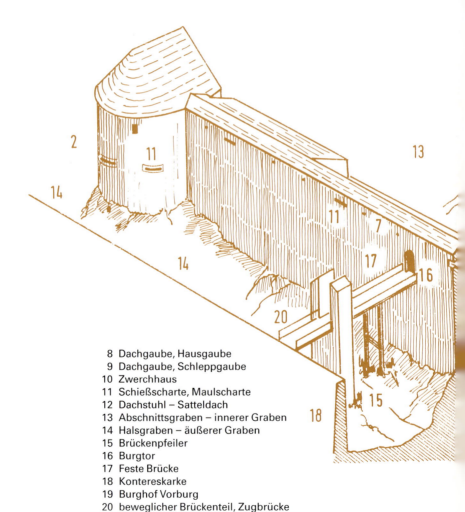

8 Dachgaube, Hausgaube
9 Dachgaube, Schleppgaube
10 Zwerchhaus
11 Schießscharte, Maulscharte
12 Dachstuhl – Satteldach
13 Abschnittsgraben – innerer Graben
14 Halsgraben – äußerer Graben
15 Brückenpfeiler
16 Burgtor
17 Feste Brücke
18 Kontereskarke
19 Burghof Vorburg
20 beweglicher Brückenteil, Zugbrücke

## Worterklärungen · Begriffsbestimmungen

| | |
|---|---|
| Abschnittsburg | – Burganlage, in mehrere, voneinander meist unabhängige Verteidigungsabschnitte gegliedert. |
| Abschnittsgraben | – Trennt die einzelnen Bereiche einer Abschnittsburg. |
| Abtritt | – Abort, auch Heimlichkeit genannt, ein nach unten offener Aborterker an Außenwänden von Gebäuden und Wehrmauern oder ein in dicken Mauern ausgesparter Raum mit schräg abgehendem Schacht. |
| Altan | – Söller, ein balkonartiker Austritt, bis zum Erdboden unterbaut, mit Brüstung. |
| Angstloch | – Deckenöffnung eines Verlieses, häufig im Bergfried. |
| Apsis | – Chorabschluß von Kapellen und Kirchen, halbrund, später auch polygonal. |
| Arkade | – Reihung von Bogen auf Säulen oder Pfeilern. |
| Ausfallpforte | – siehe Poterne |
| Barbakane | – Vorwerk zum Schutze eines Tores. |
| Basis | – Besonders ausgebildeter Fuß an Säulen, Pfeilern und Pilastern. |
| Bastion | – Bastei, Mauerwerksvorbau, seit dem 15. Jahrhundert im Festungsbau üblich, bei Burgen als Flankierungsturm zum seitlichen Bestreichen des Hauptgrabens. |
| Bergfried | – Hauptturm der Burg. Vorwiegend im deutschsprachigen Raum. Er diente mit seinem hochgelegenen Eingang als letzte Zufluchtsstätte; im Gegensatz zum Wohnturm (Donjon) selten ständig bewohnt. |
| Bering | – siehe Ringmauer |
| Bossenquader | – Buckelquader ohne Randschlag. |
| Brückenpfeiler | – Mauerpfeiler im Burggraben als Auflager für die bewegliche oder feste Brückenplatte. |
| Brustwehr | – Oberer Abschluß einer Wehrmauer oder eines Wehrturmes (Wehrplatte) mit Zinnen oder mit glatter Maueroberkante. |
| Buckelquader | – Natursteinquader, dessen Sichtseite meist einen kissenartig, seltener prismen- oder diamantartig vortretenden Buckel aufweist. Die Quaderkanten sind mit einem glatten, oft scharrierten Randschlag versehen. |
| Burgstall | – Bevorzugte Bez. für eine abgegangene Burg (Altburgstelle); seltener für eine kleine oder eine im Bau befindliche Burg. |
| Dendrochronologie | – Baumringchronologie, Jahresringanalyse, Methode zur Datierung von Bauwerken aufgrund eingebauter Hölzer. |
| Dienstmann | – siehe Ministeriale |
| Docke | – Seitenabschluß (Wange) von Kirchen- oder Chorgestühl, häufig figürlich geschnitzt. |
| Dogger | – Brauner Jura |
| Donjon | – Hauptturm der Burg, französische Bezeichnung, im Gegensatz zum Bergfried bedeutend größer. Er vereint Wehr-, Wohn-, Repräsentations- und Wirtschaftsfunktionen (z. B. Donjon von Coucy 13. Jahrhundert, 31 m Durchmesser, 54 m Höhe). In alten Texten Dunio, Dunjonem bezeichnet die Motte, die den Turm trug, englisch: Keep. |
| Dürnitz | – siehe Türnitz |
| Epitaph | – Gedächtnismal für einen Verstorbenen in Form einer Platte, meist innen oder außen an der Kirchenwand. |
| Eskarpe | – Innere Grabenwand oder Grabenböschung. |
| Feste | – siehe Veste |
| Festung | – Wehranlage ausschließlich für militärische Zwecke. |
| Flankierungsturm | – Turm, aus der Wehrmauer nach außen vortretend, zur Ermöglichung einer Flankenbestreichung durch Schußwaffen. |
| Fliehburg | – Zufluchtsort einer Orts- oder Gebietsgemeinschaft in Kriegszeiten, durch Graben, Wall und Palisaden geschützt. |
| Futtermauer | – Stützmauer zur Aufnahme eines seitlich wirkenden Erddrucks. |
| Ganerbenburg | – Burg, von mehreren Eigentümern bewohnt. |

| | |
|---|---|
| Gesims | – Waagrechter Streifen aus der Mauer vorspringend zur Gliederung eines Bauwerks oder Bauteilen, meist profiliert, auch ornamentiert. |
| Gewände | – Seitenflächen einer Fenster- oder Portalöffnung, im Gegensatz zur Leibung schräg in die Wand geschnitten. |
| Graben | – Geländevertiefung: U-förmig als Sohlgraben oder V-förmig als Spitzgraben. Wirksamstes Annäherungshindernis vor der eigentlichen Befestigungsanlage. |
| Gußerker | – Gießerker, Pechnase, auch Senkscharte. Nach unten offener Erker an der Außenseite von Mauern zum Hinabgießen von heißem Öl oder anderen Flüssigkeiten. |
| Hakenbüchse | – Handfeuerwaffe mit Haken zum Auflegen des Gewehres. |
| Halbturm | – siehe Schalenturm |
| Halsgraben | – Tiefer und breiter Graben, der die Burg auf einer Bergzunge (Spornlage) vom angrenzenden Gelände trennt. |
| Haubendach | – Welsche Haube, Vorform des Zwiebeldaches, häufig mit Aufbauten z. B. Laterne. |
| Hausrandburg | – siehe Randhausburg |
| Helmdach | – Turmdach, pyramiden- oder kegelförmig, steil. |
| Hube | – Hufe, altes Feldmaß, fränkische Hufe = 24 ha. |
| Hurde | – Hurdengalerie, hölzerner Wehrgang an Mauern und Türmen, nach außen vorkragend. |
| Kapitell | – Kopf von Säulen, Pfeilern und Pilastern. |
| Kasematten | – Überwölbte Schutzräume für Besatzung, Waffen und Vorräte. |
| Kastell | – Castell: 1. befestigtes, römisches Militärlager, 2. Burg im Mittelalter als regelmäßige Anlage mit Flankierungstürmen. |
| Keep | – siehe Donjon |
| Kemenate | – Heizbarer Raum, Bez. auch für Frauengemächer einer Burg. |
| Konsole | – Kragstein (seltener aus Holz) zum Tragen von Bauteilen (z. B. Balkon, Erker), Baugliedern (z. B. Gesims, Gewölberippen) oder Figuren. |
| Kontereskarpe | – Äußere Grabenwand oder Grabenböschung. |
| Krüppelwalmdach | – Der Giebel eines Gebäudes wird im oberen Giebelspitz durch ein Dach ersetzt. |
| Krypta | – Unterirdischer oder halbunterirdischer Raum, meist unter dem Ostchor. In romanischen Kirchen Grabstätte oder Aufbewahrungsort der Reliquien. |
| Lehen | – Nutzungsrecht an einer fremden Sache, gegründet auf einer Verleihung seitens des Eigentümers oder die Sache selbst. |
| Leibung | – Laibung, die Seitenflächen einer Fenster- oder Portalöffnung, die senkrecht in die Wand geschnitten sind. |
| Lisene | – Wandvorlage, flacher, senkrechter Mauerstreifen zur Wandgliederung ohne Basis und Kapitell. |
| Mannloch | – Kleiner Durchgang neben dem Burgtor. |
| Mantelmauer | – Sehr hohe Mauer, meist an der Angriffseite errichtet, seltener die ganze Burg umschließend. |
| Marstall | – Gebäude für Pferde, Wagen und Geschirr einer fürstlichen Hofhaltung. |
| Maschiculis | – Pechnasenkranz, Reihung von Gußlöchern in vorkragenden Mauerteilen von Wehrgängen und oberen Geschossen von Türmen. |
| Ministerial | – Dienstmann, niederer Adel. Durch den Besitz eines Lehens einem höheren Adel zu Kriegsdienst und anderen Diensten verpflichtet. |
| Motte | – Turmhügelburg, weitverbreitete, frühe Form der Burg. Wohnturm auf einem durch den Grabenaushub aufgeschütteten Erdkegel. |
| Ochsenauge | – Fenster, kreis- oder ellipsenförmig, vorwiegend im Barock. |
| Palas | – Hauptwohngebäude der Burg, oft als mehrgeschossiger Repräsentativbau mit beheizbarem Saal. |
| Palisade | – Schutzwand aus aneinandergereihten, oben zugespitzten und in den Boden gerammten Holzpfählen. |

| | |
|---|---|
| Pechnase | – siehe Gießerker |
| Pilaster | – Wandvorlage, flach, pfeilerartig mit Basis und Kapitell. |
| Poterne | – Ausfall- oder Fluchtpforte zum Zwinger oder Graben. |
| Pultdach | – Dach, einseitig abgeschrägt. |
| Randhausburg | – Burg, deren Umfassungsmauer von Gebäuden gebildet wird, die einen Hof umschließen. |
| Randschlag | – siehe Buckelquader |
| Ringmauer | – Bering, die ganze Burg umgebende wehrhafte Mauer. |
| Risalit | – Gebäudeteil zur Fassadengliederung, schwach vorspringend – Mittel-, Seiten- und Eckrisalit. |
| Satellitenburg | – Schutzburg im näheren Bereich einer Stammburg des Hochadels mit rechtlicher Zuordnung. Meist kleinere Wohnburg eines Ministerialen. |
| Schalenturm | – Halbturm, zur Burgseite offener Mauerturm. |
| Scharte (Schießscharte) | – Schmaler Mauerschlitz zur Belichtung dahinterliegender Räume, vor allem aber für den Einsatz von Schußwaffen. |
| Scharwachtturm | – Pfefferbüchse, erkerartiges Türmchen an Wehrmauern, Türmen und Gebäuden. |
| Schenkelmauer | – Verbindungsmauer, z. B. von einer Stadtmauer zu einer höhergelegenen Burg. |
| Schildmauer | – Verstärkte Mauer auf der Angriffseite bei Burgen in Spornlage. |
| Schlangen | – Mittlere Feldgeschütze. |
| Schleppgauben | – Kleiner Dachaufbau mit abgeschlepptem Dach. |
| Schwungrute | – Hebebaum einer Zugbrücke. |
| Söller | – siehe Altan |
| Spornlage | – Spornburg, bevorzugte Lage für Burgen der Schwäbischen Alb auf einem Bergsporn. |
| Steinmetzzeichen | – Kennzeichen von Steinmetzen auf den von ihnen behauenen Steinen. |
| Torre del homenaje | – Hauptturm der spanischen Burgen, entspricht dem Donjon oder Keep. |
| Turmburg | – Einfache Burg, bestehend aus einem wehrhaften Wohnturm, Ringmauer und Graben. Sonderform: Turmhügelburg. |
| Türnitz | – Dirnitz, Dürnitz, großer, beheizbarer Aufenthaltsraum im Erd- oder Untergeschoß des Hauptgebäudes der Burg. |
| Tympanon | – Bogenfeld über einem Portal. |
| Verlies | – Burggefängnis |
| Veste | – Feste, im 14. Jahrhundert Begriff für Burg, seit dem 16. Jahrhundert ist Schloß die alleinige Bezeichnung für Burg. |
| Vestibül | – Vorraum oder Eingangshalle. |
| Vorburg | – Der Hauptburg vorgelagerter, eigenständiger Burgbereich, meist mit Unterkünften für das Gesinde, Stallungen, Wirtschaftsgebäuden etc. |
| Warte | – Wartturm, Luginsland, meist einzelstehender Beobachtungsturm innerhalb der Burg oder im Vorgelände. |
| Wehrgang | – Verteidigungsgang auf einer Wehrmauer, oft überdacht. |
| Wellenbaum | – Seilwinde |
| Welsche Haube | – siehe Haubendach |
| Zinnen | – Schild- oder zahnförmiger Mauerteil auf der Brustwehr von Wehrgängen. |
| Zisterne | – Sammelbecken für Regenwasser, aus dem Fels gehauen oder gemauert. |
| Zwinger | – Raum zwischen äußeren und inneren Wehrmauern. |

## Burgentypologie und Erhaltungszustand

| | Typologie nach geographischer Lage | Erhaltungszustand | Mauerwerksmerkmale an Burgen | Bauteile des 12. und 13. Jahrhunderts deutlich |
|---|---|---|---|---|
| 1. Turmberg | Gipfelburg | Geländespuren | – | – |
| 2. Gruibingen | Spornburg | Geländespuren Kernmauerwerk | – | – |
| Mühlhausen | Tallage | Geländespuren | – | – |
| 3. Drackenstein | Spornburg Talhanglage | geringe Mauerreste Geländespuren | Tuffquader | Umfassungsmauer |
| 4. Wiesensteig | Tallage | erhalten Schloß | – | – |
| 5. Reußenstein | Talrandlage | Ruine | Quader Kleinquader Bruchstein | Bergfried Palas |
| 6. Heimenstein | Talrandlage | Geländespuren | – | – |
| 7. Neidlingen Burg im Hof | Tallage | Geländespuren | – | – |
| Wasserschloß | Tallage | Geländespuren | – | – |
| 8. Merkenberg und Windeck | Gipfelburg | Geländespuren | – | – |
| 9. Lichtenstein (Neidlingen) | Spornburg | Geländespuren | – | – |
| 10. Lichteneck | Gipfelburg Talhanglage | Geländespuren geringe Mauerreste | Quader | – |
| 11. Randeck | Talrandlage | Geländespuren | – | – |
| 12. Limburg | Gipfelburg | Geländespuren geringe Mauerreste | – | – |
| 13. Hahnenkamm | Gipfelburg | Ruine | Bruchstein Buckelquader | Umfassungsmauer |
| 14. Teck | Gipfelburg | Ruine | Quader Kleinquader Bruchstein Buckelquader | Umfassungsmauer |
| 15. Obere Diepoldsburg | Spornburg | Geländespuren geringe Mauerreste | Kleinquader | Schildmauer |
| Untere Diepoldsburg | Spornburg | Ruine | Bruchstein | Umfassungsmauer |
| 16. Sulzburg | Gipfelburg | Ruine | Bruchstein Kleinquader Quader | – |
| 17. Oberlenningen | Gipfelburg | erhalten | Bruchstein | – |
| 18. Hinterer Wielandstein | Spornburg | Ruine | Quader Bruchstein Kleinquader | Umfassungsmauer Palas |
| Mittlerer Wielandstein | Spornburg | Ruine | Kleinquader | Umfassungsmauer |
| Alt-Wielandstein | Spornburg | Geländespuren | – | – |

|  | Typologie nach geographischer Lage | Erhaltungszustand | Mauerwerksmerkmale an Burgen | Bauteile des 12. und 13. Jahrhunderts deutlich |
|---|---|---|---|---|
| Vorderer Wielandstein | Spornburg | Ruine | Kleinquader Quader Buckelquader | Schildmauer |
| 19. Hofen | Spornburg | Ruine | Bruchstein | Umfassungsmauer |
| 20. Hohengutenberg | Spornburg | Geländespuren geringe Mauerreste | Kleinquader | Umfassungsmauer |
| Wuelstein | Talrandlage | Geländespuren | – | – |
| 21. Sperberseck | Spornburg | Ruine | Kleinquader | Schildmauer |
| 22. Neuffen Großes Haus | Tallage | erhalten | Bruchstein | – |
| Melchior-Jäger-Schloß | Tallage | erhalten | – | – |
| 23. Hohenneuffen | Gipfelburg | Ruine | Bruchstein Kleinquader | Schildmauer |
| 24. Urach – Schloß | Tallage | erhalten | – | – |
| 25. Hohenurach | Gipfelburg | Ruine | Kleinquader Quader Bruchstein | Umfassungsmauer Palas |
| 26. Schorren | Höhlenburg | Spuren am Fels | – | – |
| 27. Hohenwittlingen | Spornburg | Ruine | Kleinquader Quader Buckelquader Bruchstein | Schildmauer Umfassungsmauer |
| 28. Baldeck | Spornburg | Geländespuren geringe Mauerreste | Kleinquader Quader | – |
| 29. Blankenhorn | Spornburg | Geländespuren geringe Mauerreste | Kleinquader | – |
| 30. Seeburg | Spornburg | Geländespuren geringe Mauerreste | Kleinquader | – |
| 31. Littstein | Talrandlage | Geländespuren | – | – |
| Uhenfels | Gipfellage | erhalten Schloß | – | – |
| 32. Fischburg | Spornburg | Geländespuren | Kleinquader | – |
| 33. Reichenau | Spornburg | Geländespuren | – | – |
| Hohloch | Gipfelburg | Geländespuren | – | – |
| 34. Münsingen Stadtschloß | Ecke Stadtbefestigung | erhalten | – | – |
| Gomadingen | Spornburg | Geländespuren | – | – |

|  | Typologie nach geographischer Lage | Erhaltungszustand | Mauerwerksmerkmale an Burgen | Bauteile des 12. und 13. Jahrhunderts deutlich |
|---|---|---|---|---|
| 35. Achalm | Gipfelburg | Ruine | Kleinquader Bruchstein | Umfassungsmauer Bergfried |
| 36. Pfullingen Schloß | Tallage | Teile erhalten | – | – |
| Schlößle | Tallage | erhalten | – | – |
| 37. Hochbiedeck | Spornburg | Geländespuren | – | – |
| 38. Obergreifenstein | Talrandlage | Ruine | Bruchstein Quader | Umfassungsmauer |
| Untergreifenstein | Spornburg | Geländespuren geringe Mauerreste | Kleinquader | – |
| 39. Stahleck | Talrandlage | Geländespuren | – | – |
| 40. Lichtenstein | Talrandlage | erhalten | Quader Buckelquader Kleinquader Bruchstein | – |
| 41. Alter Lichtenstein | Spornburg | Ruine | Quader Bossenquader Kleinquader Bruchstein | Schildmauer Umfassungsmauer |
| 42. Meidelstetten | Talrandlage | Geländespuren geringe Mauerreste | Kleinquader | – |
| 43. Hohengenkingen | Gipfelburg | Geländespuren Mauerreste | Kleinquader Bruchstein | Umfassungsmauer |
| 44. Burgstall Genkingen | Spornburg | Geländespuren | – | – |
| 45. Stöffeln | Spornburg | Geländespuren geringe Mauerreste | – | – |
| 46. Alte Burg | Gipfelburg | Geländespuren geringe Mauerreste | – | – |

## Alphabetisches Burgenverzeichnis

| | |
|---|---:|
| Achalm | 275 |
| Aichelberg (Turmberg) | 9 |
| Alte Burg (Alt-Stöffeln) | 359 |
| Alter Lichtenstein | 333 |
| Alt-Stöffeln (Alte Burg) | 359 |
| Alt-Wielandstein | 146 |
| | |
| Baldeck | 237 |
| Blankenhorn | 243 |
| Burg an der Lindach (Neidlingen) | 57 |
| Burg Pfälen (Urach) | 207 |
| Burgstall Genkingen | 350 |
| Burgstein (Greifenstein) | 308 |
| | |
| Diepoldsburg, Obere | 113 |
| Diepoldsburg, Untere (Rauber) | 116 |
| Drackenstein | 21 |
| Dürrenberg (Gruibingen) | 17 |
| | |
| Erkenberg (Merkenberg) | 61 |
| | |
| Fischburg | 259 |
| | |
| Genkingen Burgstall und Steinhaus | 347 |
| Genkingen, Hohen- | 341 |
| Gomadingen (Münsingen) | 274 |
| Greifenstein, Ober- | 307 |
| Greifenstein, Unter- | 308 |
| Gruibingen (Dürrenberg) und Mühlhausen | 15 |
| | |
| Hahnenkamm | 91 |
| Heimenstein | 47 |
| Hinterer Wielandstein | 149 |
| Hochbiedeck | 297 |
| Hofen | 153 |
| Hohengenkingen | 341 |
| Hohengutenberg und Wuelstein | 157 |
| Hohenneuffen | 177 |
| Hohenurach | 209 |
| Hohenwittlingen | 229 |
| Hohloch | 266 |
| | |
| Lenningen, Ober- | 129 |
| Lichteneck | 75 |
| Lichtenstein | 315 |
| Lichtenstein, Alter | 333 |
| Lichtenstein (Neidlingen) | 69 |
| Limburg | 85 |
| Littstein | 255 |
| Littstein und Uhenfels | 253 |
| | |
| Meidelstetten | 337 |
| Melchior-Jäger-Schloß (Neuffen) | 174 |
| Merkenberg (Erkenberg) und Windeck | 61 |
| Mittlerer Wielandstein | 147 |
| Mühlhausen | 19 |
| Münsingen mit Gomadingen und Steingebronn | 267 |

| | |
|---|---|
| Neidlingen | 53 |
| Neuffen | 169 |
| Neuffen, Hohen- | 177 |
| | |
| Obere Burg (Pfullingen) | 289 |
| Obere Diepoldsburg | 113 |
| Obere und Untere Diepoldsburg | 109 |
| Obergreifenstein | 307 |
| Oberlenningen | 129 |
| Ober- und Untergreifenstein | 301 |
| | |
| Pfälen (Urach) | 207 |
| Pfullingen (Obere Burg, Schloß und Schlößle) | 287 |
| | |
| Randeck | 81 |
| Rauber (Untere Diepoldsburg) | 116 |
| Reichenau | 265 |
| Reichenau und Hohloch | 263 |
| Reußenstein | 35 |
| | |
| Schlößle Pfullingen | 294 |
| Schloß Pfullingen | 292 |
| Schloß Urach | 205 |
| Schorren (Venedigerloch) | 225 |
| Seeburg | 247 |
| Sperberseck | 163 |
| Stahleck | 311 |
| Steingebronn (Münsingen) | 274 |
| Steinhaus Genkingen | 350 |
| Stöffeln (Stöffelberg) | 351 |
| Sulzburg | 119 |
| | |
| Teck | 95 |
| Turmberg (Aichelberg) | 9 |
| | |
| Uhenfels | 256 |
| Untere Diepoldsburg | 116 |
| Untergreifenstein | 308 |
| Urach (Wasserburg, Schloß und ehem. Burg Pfälen) | 197 |
| Urach, Hohen- | 209 |
| | |
| Venedigerloch (Schorren) | 225 |
| Vorderer Wielandstein | 144 |
| | |
| Wasserburg (Urach) | 204 |
| Wielandstein | 137 |
| Wielandstein, Alt- | 146 |
| Wielandstein, Hinterer | 149 |
| Wielandstein, Mittlerer | 147 |
| Wielandstein, Vorderer | 144 |
| Wielandstein, Zwischen- | 149 |
| Wiesensteig | 27 |
| Windeck | 67 |
| Wittlingen, Hohen- | 229 |
| Wuelstein | 161 |
| | |
| Zwischen-Wielandstein | 149 |

# Historische Burgenkarte

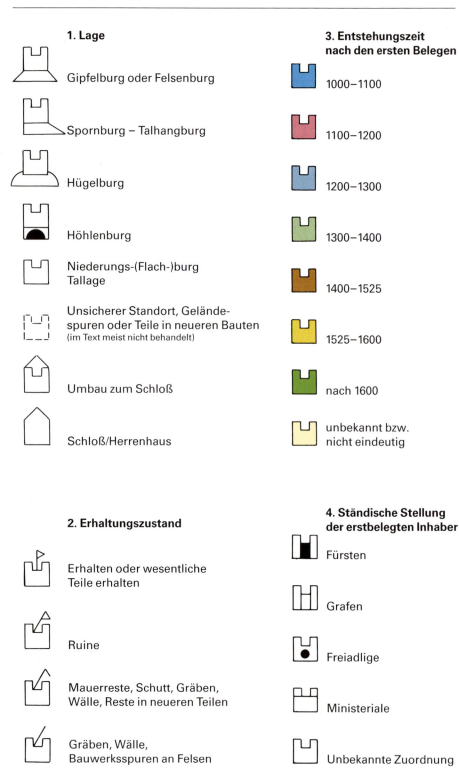

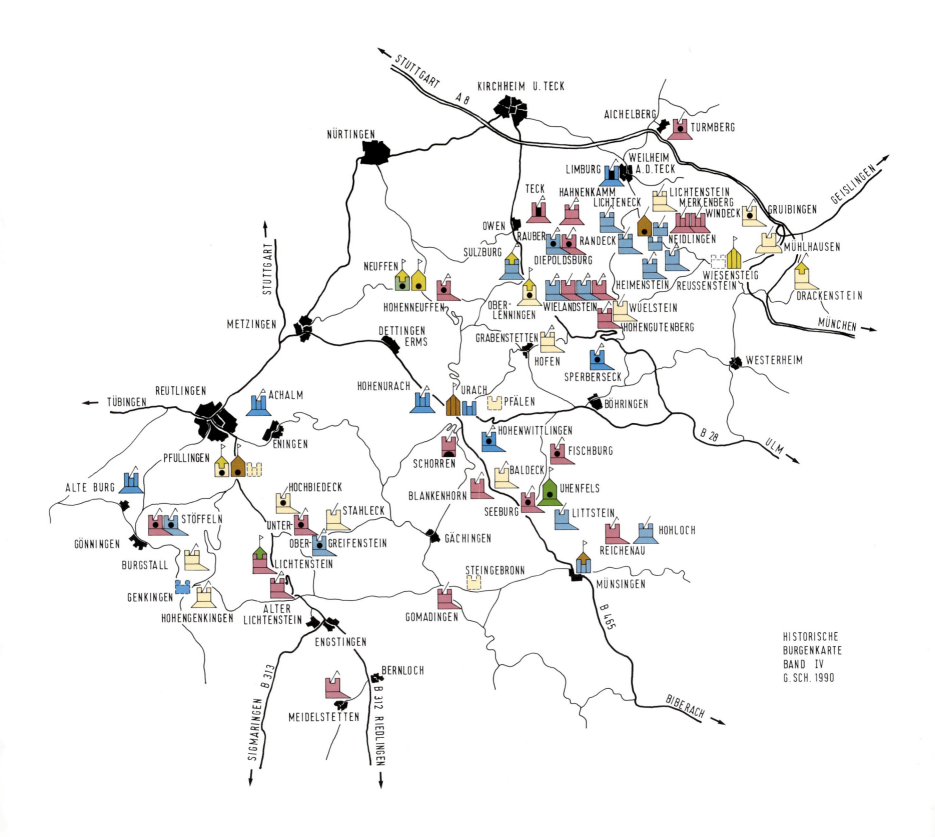

**Günter Schmitt**

geboren 1946 in Biberach an der Riß
Kinder- und Jugendjahre sowie Besuch des Gymnasiums
in der Geburtsstadt
Berufsausbildung und Studium
Mitarbeit in Architekturbüros in Biberach, Stuttgart und
in der Schweiz
seit 1975 selbständig als Freier Architekt in Biberach/Riß tätig
besonders engagiert im Bereich der Denkmalpflege
Mitglied der Deutschen Burgenvereinigung